Horst Haftmann

Oft spuckt mir Neptun Neptun Gischt aufs Deck

DELIUS KLASING VERLAG

Die Deutsche Bibliothek – CIP-Einheitsaufnahme

Haftmann, Horst:
Oft spuckt mir Neptun Gischt aufs Deck / Horst Haftmann. –
Bielefeld: Delius Klasing, 1993
   (Segeln & Abenteuer)
   ISBN 3-7688-0788-6

© Copyright by Delius, Klasing & Co., Bielefeld
Umschlag: Ekkehard Schonart
Zeichnungen: Kurt Schmischke
Printed in Germany 1993
Druck und Bindung: Clausen & Bosse, Leck

INHALT

I

Stapellauf von AZIMUTH — Episoden mit Lohengrin —
Auf Schiet — Karl und seine Schleuse —
In der Schwei: Probe aufs Exempel — Der Motor streikt —
Impressionen einer Nacht

AZIMUTH. So habe ich mein Schiff getauft. Dieser uralte Name
kommt aus dem Arabischen und läßt sich etwa bis ins zweite Jahrtausend vor Christus zurückverfolgen. Klangvolle und für meine Begriffe
wunderschöne Namen gaben die ehrwürdigen, weisen arabischen Astronomen damals ihren Sternen. Antares, Aldebaran, Deneb, Fomalhaut,
Atair heißen sie heute noch. Zu ihnen steht mein Schiffsname in enger
Beziehung, denn das Azimut ist eine bestimmte Winkelgröße, die man
zur astronomischen Errechnung seines Schiffsstandortes auf hoher See
braucht. Seit jeher bin ich in diesen alten Namen verliebt, und wenn
meine Frau und der heimlich von mir ins Vertrauen gezogene Standesbeamte mir nicht ernstlich auf die Finger geklopft hätten, hieße meine
erstgeborene Tochter Azimut.

Doch ich muß dieser Sympathiekundgebung für den Namen meines
Schiffes gleich eine Erklärung hinzufügen, die schon erheblich nüchterner klingt. Normalerweise schreibt man Azimuth am Ende nicht mit th.
Das machen nur die Engländer. Wenn ich es dennoch getan habe, dann
nicht aus billiger Nachäfferei feiner englischer Art, sondern aus Ungeschicklichkeit.

Mein Schiff ist ein moderner Kunststoffbau. Und weil Kunststoff
auf Kunststoff gehört, erhandelte ich die Kunststoffbuchstaben A-Z-I-
M-U-T — ohne H am Ende, in deutscher Schreibweise also. Dann

7

machte ich mich ans Werk und klebte diese sechs Buchstaben unter Zuhilfenahme eines Zweikomponentenklebers unauflöslich auf den Spiegel.

Natürlich hatte ich vorher mit künstlerisch lockerer Hand die Stellen für die Buchstaben mit Bleistift markiert. Aber Graphit faßt auf Kunststoff nicht besonders gut, und so gerieten diese Markierungen nicht so klar sichtbar, wie es wünschenswert gewesen wäre. Als ich das Werk — ein Auge zugekniffen — betrachtete, stellte ich unangenehm berührt fest, daß alles zwar gut lesbar und seewasserbeständig auf dem Spiegel backte, der erste Buchstabe aber um eine Breite zu weit backbords gerutscht war. Um das wieder in Ordnung zu bringen, hätte ich auf der zartschimmernden Schiffshaut herumschmirgeln müssen. So etwas tut man nicht. Ich begann also nachzudenken und kam verhältnismäßig schnell auf den rettenden Einfall, aus Azimut einfach Azimuth zu machen. Ich klebte ein H dahinter, und schon war sie da — die feine englische Art. Alles war nun wohlausgewogen, symmetrisch und angenehm im Anblick. Den Namen des Vereins und des Heimathafens darunter anzubringen, erwies sich als kein Problem und gelang zufriedenstellend.

Es ist ein uralter Brauch, sein Schiff zu taufen. Wenn man dieses Ritual unterläßt, geht man schon auf der ersten Reise zu den Fischen. Von meiner Schiffstaufe ist eigentlich nur zu berichten, daß die ihr vorausgehende Kalkulation — was die Bezahlung des hochprozentigen Taufwassers anbelangt — auch wieder ein Schuß in den Ofen war. Jedenfalls mußte ich dieser Taufe wegen den Kauf eines Spinnakers um ein Jahr zurückstellen. Nie hätte ich gedacht, so viele Freunde zu haben.

Besondere Umstände hatten es notwendig gemacht, das Schiff schon im Morgengrauen mittels eines Krans zu Wasser zu bringen. Nur die Kranmannschaft und ich waren am Ufer. Da hing meine AZIMUTH nun am Kranhaken. Knappe acht Meter lang, 2,50 m breit, 1,20 m Tiefgang, ein sogenannter Vierteltonner. Dieser Typ hatte vor und um Helgoland einige Regattapötte gewonnen, und, einhand gesegelt, auch den Atlantik schon geschafft. Das alles war für mich der Anlaß gewesen, das Schiff nach einigen Besprechungen auf der Werft zu kaufen.

Die Kranmannschaft, der ich fälschlicherweise den ihr zugedachten Kasten Bier schon vorher ausgehändigt hatte, ließ AZIMUTH so unsanft aufs Wasser klatschen, daß es hoch aufspritzte. Ein Angehöriger dieser Mannschaft wollte das geplagte Schiff an den Anlegesteg reißen. Der Festmachertampen war jedoch so schlecht belegt, daß er mühelos durch die Lippklampe ins Wasser rauschte, AZIMUTH jegliche Verbindung zum Land verlor und sich daranmachte, gemächlich die Weser bergab zu treiben.

Nun erst war der Augenblick gekommen, den die Kranisten für angemessen hielten, mich als den Eigner endlich in Tätigkeit treten zu lassen. Ich griff mir ein Boot, belegte eine Schleppleine ordnungsgemäß auf der Schleppklampe von AZIMUTH, pullte mein Schiff an seinen Liegeplatz und machte dort gewissenhaft fest. Alle drei Kranisten belobigten mich sehr und fuhren dann singend davon, nicht ohne den halbgeleerten Kasten Bier mitzunehmen. Ich jedenfalls hatte nicht den Eindruck, daß sie irgendwie peinlich berührt gewesen wären.

Zwei Tage vergingen, an denen eine Karawane von Freunden, Besichtigern, fröhlichen Zechern, Kritikern, Meckerern und Neidhammeln über das Schiff wanderte. Dann wurde es still um uns beide. Mein Schiff und ich waren allein. Ein leiser Frühlingswind spielte mit dem jungen Pappellaub, die Sonne wob eine schimmernde Gloriole um die perlweißen Konturen von AZIMUTH, kleine Wellen brachen sich freundlich plaudernd an ihrem Heck. Obgleich mein Schiff ohne Mast, ohne Stagen und Wanten zugegebenermaßen ein bißchen nach einem schwimmenden Eisschrank aussah, blickte ich darüber hinweg und kletterte, nicht gerade übermäßig gelenkig, denn ich bin über sechzig, über die Seereling an Deck, zog die Steckschotten heraus, verschwand in der Kajüte und setzte mich auf ein Kojenpolster.

Alles roch nach Polyester, Aceton und frischem Lack. Die Teakholzverkleidungen waren glatt, neu, makellos gemasert, aber ohne einen unterbrechenden Farb- oder Metallreflex. Als ich die lackspiegelnden Bodenbretter unter mir betrachtete, warfen sie — gewissermaßen höhnisch — ein zerknittertes, stoppelbärtiges Gesicht unter einer faltenreichen Schiffermütze zurück, dessen Augen zweifelnd, wenn nicht gar bange waren.

Wer immer nur mit warmen, altmodischen Holzschiffen zu tun hatte, muß sich wohl erst an ein zweckmäßig und modern gebautes Schiff gewöhnen, in dem alles quietscht und nicht knarrt, in dessen Ecken Licht und Hygiene strahlen, aber keine verstaubte, geheimnisvolle Klabautermannatmosphäre herrscht, wo Elektrizität leuchtet, aber kein Petroleum goldenes Licht herschenkt.

Dumme, altmodische Gedanken eines Älterwerdenden. Der Messingreflex einer Petroleumlampe, Barometer und Schiffsuhr an den Wänden, ein warmer Teppich auf den Bodenbrettern würden das mit einem Schlage beheben und wohnlich machen. AZIMUTH und ich waren einander eben noch zu fremd. Wir würden Freunde werden, in deren gu-

9

tem, kameradschaftlichem Verhalten sich einer auf den anderen würde verlassen können.

Der mir bevorstehende, dornenvolle Weg der Einhandsegelei wurde von mir voll übersehen. Bald würde ich an keine Dienstobliegenheiten mehr gebunden sein, die lockende See lag gewissermaßen vor der Haustür, ich würde allein sein und dem Teufel den Schwanz absegeln.

„Auf geht's Alter!" spuckte ich mir in die Hände und machte mich daran, mein Schiff aufzuriggen. Da ich es allein segeln wollte, lag nichts näher, als es auch bis zum letzten Handgriff allein segelklar zu machen. Es war gar nicht so einfach, ohne fremde Hilfe den Metallmast sauber und unbeschädigt in den Mastkoker zu bolzen, aber irgendwann im Laufe des Tages waren alle Wanten, Stagen und Fallen zuverlässig angebracht. Ich schäkelte das Vorstag am Jüttbaum an, machte die Talje fest, stemmte die Füße aufs rutschfeste Deck und fing an, dichtzuholen. Der große Augenblick kam. Langsam hob sich der Mast aus der Waagerechten in die Senkrechte und stand dann gold-eloxiert glänzend fest und sicher im Koker. Fröhlich zappelte der Vereinsstander über ihm im Abendhimmel.

Guten Mutes begab ich mich unter Deck. Bald fauchte der Primuskocher auf beiden Flammen. Eine für Spiegeleier, Speck und Champignons, die andere für die Heißwasserzubereitung, wie sie ein guter Grog erfordert. Dann setzte ich mich mit der Pfeife ins Cockpit — bei einem Kunststoffboot sagt man vermutlich nicht mehr Plicht. Die silberne Mondsichel stand zart über den Flußnebeln, der Große Bär wurde sichtbar und drehte sich mit dem funkelnden Fischschwanz der Kassiopeia in urweltlichem Tanz um den Polarstern. Zufrieden mit dem vollbrachten Tagewerk, kroch ich in die warme Koje, hörte noch eine Weile dem leisen Gezitter des Verklickers im Masttopp zu, wenn eine leichte Nachtbrise mit ihm umherspielte, und schlief dann zufrieden die erste Nacht auf meinem Schiff.

Elstern, Möwen und Stare weckten mich, als der Tag zu grauen begann. Verschlafen sah ich ins Wetter. Lohengrin kam in den Hafen gesegelt. Er ist ein Höckerschwanenmann und mit mir befreundet. Normalerweise lebt er mit seinen Artgenossen zusammen auf der Weser, hat aber im Gegensatz zu den anderen schneller begriffen, daß sich ein Frühstück im Hafen leichter erbetteln als in freier Wildbahn mühselig erarbeiten läßt. Er liebt besonders helles Brot, wenn möglich ohne zu harte Kruste, dafür aber mit einigen Tropfen Rum benetzt. Da meine Grundnahrungsmittel ganz ähnlich beschaffen sind, frühstückten wir gemeinsam. Dann ließ ich den Motor warmlaufen. AZIMUTH und ich verließen den Hafen. Dankbar und anhänglich kam Lohengrin hinterhergepaddelt.

Die Mittelweser hatte kaum Strom, ein sicheres Zeichen, daß nur wenig Wasser über das weit unter mir befindliche Hemelinger Wehr lief. Für mich war das sehr vorteilhaft. Ich gab noch einmal Vollgas, stellte den Motor ab und legte die Pinne in die Arretierung. Einen Augenblick lang beobachtete ich das Schiff. Es hielt, auf sich allein gestellt, tadellos Kurs. Dann hastete ich zum Vorstag: Stagreiter ran, Fockfall eingeschäkelt, hoch mit der Genua, durchgesetzt und zurück zur Pinne. Die halbe Geschwindigkeit hätte genügt, aber was tut man nicht alles, wenn man's zum erstenmal allein macht. Ich brachte AZIMUTH an den Wind. Es war nur eine schwache Morgenbrise, die da ins Vorsegel blies, aber die Genua stand mit blütenweißem, flachem Bauch über dem Vorschiff und fing an zu ziehen. Erstmalig segelte mein Schiff mit leise rauschender Bugwelle durchs Wasser.

,,Schön wie ein Schwan'', dachte ich beglückt und sah zu Lohengrin herüber. Der schwamm mißtrauisch in einiger Entfernung und beäugte das Unternehmen mit schiefem Kopf. Ich hatte den Eindruck, daß ihm hier vielerlei zu hektisch vorkam. Das anfängliche Geflatter des Segels, das Knarren der Schotwinsch und nicht zuletzt meine Umherspringerei störten seine sensible Tierseele empfindlich. Sicher hatte er mich bisher auch für einen gesetzten Menschen und Tierfreund gehalten und sah sich nun enttäuscht. Mit seinen gewaltigen Schwingen begann er klatschend das Wasser zu peitschen und mit seinen großen, schwarzen Paddelfüßen über die Wasseroberfläche zu laufen. Dann strich er mit pfeifendem Schwingenschlag weseraufwärts davon — vermutlich angewidert. Ich ließ den beleidigten Lohengrin sausen und kümmerte mich um mein Großsegel. Halbwegs zufriedenstellend stand es bald schmal, hoch und modern über dem Mittelschiff. Kleine Unebenheiten würden sich in naher Zukunft ausbügeln lassen.

Hoch am Wind segelten mein Schiff und ich mit leichter Krängung nach Backbord die Weser aufwärts. Begreiflich die Neugierde, wie es sich bei dieser Segelstellung ohne den Mann an der Pinne verhalten würde. Als künftiger Einhandsegler war ich auf dieses Verhalten sehr angewiesen. AZIMUTH hielt auch ohne mich — von geringfügigen Korrekturen abgesehen — sauber ihren Kurs. Ich nahm mir vor, abends auf das Wohl ihres Konstrukteurs einen zu heben. Ich verließ die Pinne, begab mich gemessenen Schrittes in die Kajüte, holte mir Pfeife und Feuer, rauchte und war ein zufriedener, glücklicher Segler.

AZIMUTH und ich halsten, wendeten und fuhren um alle Fahrwasser-begrenzungsstangen die tollsten Kapriolen — Manöver nennt man das. Allerdings nicht sehr lange. Das Frühlingshochwasser führt jedes Jahr viele Schwemmstoffe den Fluß herunter, hatte es demzufolge auch dieses Jahr so gehalten und das Flußbett nicht unerheblich verändert. Jedenfalls war da, wo sonst keine war, diesmal eine Untiefe. Ich brummte auf. Segelt man zu zweit, ist das eine unproblematische Sache. Einer hängt sich so weit wie möglich außenbords in die Wanten und krängt das Schiff in einen Winkel, der den Kiel hebt und vom Grunde löst. Der andere gibt am Motor „voll zurück", und schnell ist man wieder flott.

Nicht so, wenn man allein ist. Ich hing zwar wie ein Affe in den Wanten, auch die Schraube lief im Rückwärtsgang, aber AZIMUTH war störrisch und rührte sich nicht vom Fleck. Ein Tankschiff kam mit rauschender Bugwelle weserabwärts, machte ein gewaltiges Wellengeschwabbel und mahlte uns noch tiefer in den Sand. Kein Peekhaken, kein ausgebrachter Anker half. Ich hatte zwar das Segelgeflatter geborgen, auch ein bißchen geflucht, aber meine größte Sorge war eine ganz andere. Nicht mehr lange, und die betrübliche Szenerie würde sich mit Booten und den dazugehörigen Seglern meines Vereins beleben. Bisher hatte ich selber zum Chor der herzhaften Lacher gehört, wenn wir mit vielerlei Ratschlägen für die Zukunft in ähnlichen Fällen zu tätiger Hilfeleistung schritten. Diesmal war ich der Betroffene und dazu noch mit einem neuen Schiff.

Aber es kam anders, keineswegs jedoch besser. Ein Boot der Wasserschutzpolizei fuhr die Weser herunter. Die drei Besatzungsmitglieder kannten mich gut. Sie sind solche verdammten Spötter, daß sie genausogut Segler sein könnten. Ihre erste Frage galt dementsprechend dem Biervorrat an Bord. Mein Gott, wie waren sie für diese Abwechslung hier dankbar! Sie beeilten sich daher in keiner Weise, mich freizuschleppen. Umständlich haspelten sie die ihnen zugeworfene Schleppleine auf ihrem Boot fest, ließen mir das Schraubenwasser um die Ohren spritzen und hatten mich dann in wenigen Sekunden frei. Einige Bierdosen wechselten den Besitzer.

Zufrieden mit sich und ihrem Dasein, machten sie sich wieder auf den Weg, tippten chevaleresk mit einem Finger an den Mützenrand und verklarten mir noch schnell, wie teuer mich eine so komplizierte Bergung im freien Seeraum durch eine Bergungsfirma zu stehen gekommen wäre. Sie taten aber noch ein Übriges. Dem nächsten Vereinsboot erzählten sie in epischer Breite von dem Grundsitzer mit dem funkelnagelneuen Schiff. Nein, sie sind wirklich nicht besser als wir!

Ich setzte meine Segel wieder und segelte weiter weseraufwärts. Nach etwa einer halben Stunde passierte ich Lohengrin. Er stand auf einer Sandbank und ordnete satt und selbstzufrieden sein schneeiges Schwanengefieder. Mich würdigte er trotz freundlichen Zurufs keines Blickes. Ich wendete, segelte nach Hause und stellte mich der Schar meiner Freunde, die mich mit hämischem Grinsen am heimatlichen Gestade empfing.

Eine Woche lang bastelte ich an den Abenden an AZIMUTH herum, machte hier etwas gängiger und dort etwas schwergängiger, hieß das eine gut und verwarf das andere und wußte nur zu gut, daß dem Schiff und mir nur die Praxis zu helfen vermochte, denn weit und breit hatten wir kein Vorbild, dem wir etwas abgucken konnten. Ich wollte das auch nicht. Hochsee-Erfahrung besaß ich genügend, Zeugnisse einer Seefahrtsakademie auch, aber Testate allein würden weder AZIMUTH noch mich über See bringen.

Am Sonnabend stahl ich mich bei Tagesanbruch aus dem Hafen und hielt auf die Seeschleuse Hemelingen zu, um die Seeschiffahrtsstraße und, wenn es ging, Bremerhaven zu erreichen. Unzählige Male hatte ich diese Schleuse schon passiert, aber sie diesmal im Alleingang zu nehmen, stimmte mich doch etwas bedenklich, und wie man gleich sehen wird, bestanden diese Bedenken zu Recht.

Als ich in die große Vorschleuse einlief, standen die Lichter auf Rot. Ich machte an der steuerbordseitigen Spundwand fest und begann sofort mit der Arbeit. Zwei Fender steuerbords — wundervolle, knallrote, aufblasbare aus Norwegen —, backbords hingegen einen blau-weißen. Attraktiv und farbenprächtig sah das aus. Dann war noch das Vorstag an den Jüttbaum zu schäkeln, um später den Mast legen zu können, denn ich mußte unter vier Brücken hindurch. Ich merkte, daß alle diese Arbeiten allmählich zur Routine wurden, ich machte sie sozusagen traumwandlerisch sicher. Nun waren nur noch die Anordnungen des Schleusenmeisters zu beachten. Ich nahm das Glas zur Hand, um festzustellen, wer dran war: Mein Freund Karl mit seiner Mannschaft hatte Dienst. Das war recht günstig für mich. Karl hatte zwar zwei Tage zuvor erst einige Runden im Skat an mich verloren — das sind Dinge, die ihn verdrießen —, aber ich war guter Hoffnung, daß er mich das in der Schleuse nicht würde entgelten lassen.

Die Schleusenlichter sprangen auf Grün um. Den Strom herunter kamen drei deutsche Binnenfrachtschiffe, genannt Bockschiffe, etwas später ein großes holländisches. Alle vier schoben sich langsam in die

Schleusenkammer. Dann krähte Karls Stimme durch die Sprechanlage: ,,Sportboot einlaufen! An Backbordseite festmachen! Beeilung!''

Karl hatte mich, weil er AZIMUTH bis dahin noch nicht gesehen hatte, also nicht erkannt, sonst hätte er sich das ,,Beeilung!'' erspart. Ich würde ihn das nachher wissen lassen. Außerdem wollte ich nicht, wie Karl angeordnet hatte, auf der Backbordseite, sondern auf der Steuerbordseite festmachen, denn dort waren ja zwei Fender ausgebracht. Der blau-weiße auf der Backbordseite war eigentlich nur so zur Zierde oder allenfalls für ein eventuell noch nach mir einlaufendes Sportboot, das bei mir längsseits gehen wollte.

Aber die Zeit reichte nicht mehr für großartige Umtakeleien. Ich ließ die Fender wie sie waren und lief ein. An der Backbordschleusenmauer erwischte ich eine Eisenleiter, gegen die sich mein einzelner Fender sanft legte. Ich machte fest. Sehr notdürftig allerdings, denn der Holländer unmittelbar vor mir ließ aus unerfindlichen Gründen seine Maschine laufen. Das Schraubenwasser drückte meinen Bug zur Schleusenmitte. Mittschiffs auf Backbordseite stehend, griff ich in die rostigen Leitersprossen, zog mein Schiff parallel zur Schleusenwand und hielt es fest. Karl war nirgends zu sehen. Er hatte wohl mit der Vorbereitung der Flutung alle Hände voll zu tun.

Donnernd schloß sich das Schleusentor. Damit ging es los. Gurgelnd, schäumend und mit gewaltigem Schwell brauste das Wasser in die Schleuse. Der Tidenhub beträgt hier etwa drei Meter achtzig. Das bedeutete, daß Vor- und Achterleine bald im steigenden Wasser verschwinden würden. Ich mußte sehen, daß ich sie schnellstens irgendwie losbekam. Loslassen konnte ich nicht, denn das Heck strebte unter den tosenden Wasserstrudeln mit aller Gewalt zur Schleusenmitte. Aus Leibeskräften hielt ich meine Leitersprossen fest. Der Holländer vor mir schien ziemlich begriffsstutzig zu sein, denn es dauerte eine Ewigkeit, bis er meine Lage erkannte und seine verdammte Maschine endlich abstellte. Trotzdem wurden durch den enormen Wasserdruck meine klammernden Arme allmählich aus den Gelenken gezogen und lang wie die eines Affen. Das Wasser stieg unaufhaltsam, und meine Leinen waren immer noch fest. Als ich den Kopf drehte, sah ich Karl auf der gegenüberliegenden Schleusenmauer stehen. Er grinste mich freundlich, wegen des hübschen neuen Schiffes sogar ein wenig anerkennend, an. Als er aber die Mordlust grün und gefährlich in meinen Augen glimmen sah, machte er sich schnell davon.

Zwei Minuten später strömte das Wasser mit halber Kraft in die Schleusenkammer. Die Schiffer merkten nichts. Karl und ich aber schwiegen. Mir blieb nun Zeit, die Festmacher neu zu belegen und vor allem darüber nachzudenken, wie ich es das nächstemal — und das würde schon am folgenden Tag bei der Rückkehr sein — anders und besser machen könnte. Niemals wieder durfte auf der Anlegeseite nur ein Fender ausgebracht sein, um den das Schiff wie eine Wippe herumschwojen konnte.

Aber ich wußte auch, daß der Leidenskelch noch lange nicht bis zu Ende ausgekostet war. Noch stand mein Mast, denn bei seiner Länge wäre er liegend in der engen Schleusenkammer beschädigt worden. Er mußte jedoch gelegt werden und dann auch so lange liegenbleiben, bis ich die Brücken vor mir passiert hatte. Und die waren schön gleichmäßig auf etwa sechs Flußkilometer verteilt.

Der Holländer vor mir legte ab, ließ noch — nur so zum Spaß —

einen gewaltigen Schraubenwirbel durch die Schleuse tanzen und tuckerte mit einem verständnisinnigen und gleichzeitig schadenfrohen Grinsen aus der Schleuse. Da ich keinen der Situation angemessenen holländischen Fluch parat hatte, gab ich ihm einen sehr passenden plattdeutschen mit auf die Reise. Das verstehen die ja offensichtlich auch, denn zufrieden konnte ich noch feststellen, daß sich seine Fäuste ballten. Man mag hieraus ersehen, daß er und ich für den europäischen Einigungsgedanken noch in keiner Weise reif waren.

Ich tuckerte hinter ihm her auf die erste Brücke zu. Alles ging — so glaubte ich wenigstens — wunderbar. Ich ließ das Schiff treiben, sauste nach vorn, löste die Jüttvorrichtung und ließ den Mast sanft auf einen dicken, auf dem Kajütdach festgezurrten Fender sinken. Dabei hatte ich mir ausgerechnet, daß er da nicht nur weich und ungefährdet läge, sondern darüber hinaus auch noch in einen günstigen Winkel geriete, der mir sein späteres Aufrichten in die Senkrechte außerordentlich erleichtern würde. Ich eilte zur Pinne zurück und ließ den Motor wieder an. AZIMUTH und ich passierten ungefährdet und nicht unelegant die erste Brücke. „Klappt großartig!" dachte ich und klopfte mir im Geiste anerkennend auf die Schulter.

Bockschiff auf Bockschiff arbeitete sich jetzt die Weser hoch auf die Schleuse zu. Sie hatten es eilig, den Mittellandkanal zu erreichen. Mir gefiel es, wie sie da so mit breitem Bug gegen die ablaufende Tide angeschäumt kamen. Als mich das erste passiert hatte, schlug allerdings meine Sympathie für sie in unverhohlenes Mißfallen um. Sie zogen ziemlich hohe Heckseen hinter sich her. Also begann mein Mast auf dem weichen Fender zu arbeiten. Zunächst war es wie ein leichtes Vibrieren, dann wie ein kräftiges Wippen und schließlich wie das Zucken eines nervösen Lämmerschwanzes. Das konnte der Mast nicht lange durchhalten. Er hätte eben nicht auf diesen weichen Fender, sondern auf eine ordnungsgemäß montierte Schere oder einen Galgen gehört. Aber den besaß ich noch nicht. Ich nahm also die Pinne zwischen die Beine, ergriff mit beiden Armen die dicht über meinem Kopf befindlichen Salingstützen des Mastes und stemmte ihn bei jeder Welle nach oben. Was in der Schleuse an den Armen langgezogen worden war, wurde jetzt mit etwa gleicher Kraft wieder zurückgedrückt. Ich begriff jedenfalls ungewöhnlich schnell, was es mit der Einhandsegelei auf sich hat. Zu zweit wäre das alles eine Spielerei gewesen. Aber ich wollte das ja so und setzte daher ungebrochenen Mutes meine Reise fort.

Nicht weit von der letzten Brücke entfernt liegen die Bremer Überseehäfen. Der Teufel war hier los. Bugsierschlepper zerrten an langen

Schlepptrossen Überseeschiffe in die Hafeneinfahrten, gewaltige Kräne quälten sich durchs Wasser, Polizeiboote schossen dazwischen umher, Passagierschiffe machten Hafenrundfahrten. Es tutete, hupte und bimmelte allerorten. Durch dieses Getümmel jonglierte ich AZIMUTH mit der Pinne zwischen den Knien, besorgt meinen Mast nach oben stemmend. Wir schafften es jedenfalls.

Zwei Flußkilometer weiter unten, Hasenbüren heißt der Ort, war ein neuer Sportboothafen enstanden. Ich lief in das ruhige Wasser des Hafenbeckens ein, stellte den Motor ab, ließ den Anker fallen und sank erschöpft auf die Backskiste. „Eine Menge falsch gemacht", dachte ich, aber immerhin war ich gut angekommen. Ich machte mich daran, AZIMUTH segelfertig zu machen, da ich die ablaufende Tide bis zuletzt auszunutzen gedachte. Dreißig Minuten später liefen wir raumschots bei Windstärke vier in eiliger Fahrt auf Vegesack zu. Mein Bordradio dudelte, Katja Ebstein sang wie eine Lerche, die Frühlingssonne wärmte mich, behaglich schnurrend wie ein alter Kater hockte ich hinter der Pinne. Ich hatte Zeit, schon jetzt das Fazit aus den bisherigen Unternehmungen zu ziehen. Ich kam zu dem Ergebnis, daß das Einhandsegeln auf breitem Strom oder hoher See kein besonderes Kunststück ist. Schwierig wurde es in engen Fahrwassern, in Schleusen, beim An- und Ablegen, beim Vorsegelwechseln, wie überhaupt allen Arbeiten auf dem Vorschiff — und damit mußte ich fertig werden.

Doch jetzt segelte ich erst einmal. Gurgelnd brauste der Ebbstrom um die Fahrwassertonnen und ließ sie wie Angelkorken um ihre Verankerungen tanzen. Große Überseeschiffe zogen riesige Heckseen hinter sich her, in die AZIMUTHS Bug klatschend einsetzte. Die großen Werften machten einen Höllenlärm. Überall zuckte das Geblitze der Schweißgeräte. Die Hebewerke der Bagger arbeiteten polternd mit rostigem Kettengequietsch. An gewaltigen Schiffsrümpfen segelte ich vorüber, deren Wulstbüge AZIMUTH mit stehendem Mast hätten aufnehmen können. Ich war fasziniert und eigentlich auch stolz, in diese Welt der Seefahrt mit hineinzugehören.

Bald wurde es still. Richtig verträumt. Der Strom lief jetzt durch flaches Wiesengelände. Der Wind rauschte in den Weiden am Ufer und ließ die Unterseiten ihres Blattwerks silbern aufleuchten. Die Sonne warf zitternde Lichtreflexe über das dunkle Wasser. Ab und an kam auf flinken Füßen eine Bö über das Wellengefunkel gehüpft und hinterließ dort, wo sie einfiel, ein zittriges Wellengekräusel. Ernst wanderten Wolkenschatten über diese schöne Flußlandschaft. Möwen schrien. Mit schwerem Schwingenschlag zogen Reiher durch den hellen Frühlings-

himmel. Durch alle diese Herrlichkeiten segelten AZIMUTH und ich.
Nichts Schöneres auf der Welt, als Segler zu sein!

Gegen Mittag schlief der Wind fast ein. Er wurde so schwach, daß
ich gerade noch Ruder im Schiff hatte. Für mich bedeutete das, daß ich
Bremerhaven mit dieser Tide nicht würde erreichen können, es sei denn

unter Motor. Nichts lag mir jedoch ferner, als diesen Frieden mit Gestank und Geratter zu stören.

Ich passierte Brake. Der Ebbstrom lief nur noch ganz schwach. Tonnen und Bojen stellten sich langsam senkrecht. Stauwasser — der Strom fing an zu kentern. Schwei-Bake kam in Sicht, die Ansteuerung für die Schwei, einen flachen Nebenarm der Weser. Hier wollte ich den Flutstrom abwarten, um am Abend, wenn der Strom wieder kenterte, nach Bremerhaven weiterzusegeln. Ich ließ AZIMUTH treiben, barg die Segel und warf den Motor an, um in die Schwei einzubiegen. Ich kannte sie gut. Wenn Wind und Wasser es nicht zuließen, die See zu erreichen, ankerten wir hier immer und gingen mit der nächsten Tide weiter.

Ich traute meinen Augen nicht, als ich in der Mitte des ohnehin schmalen Flußbettes eine viele hundert Meter lange Bojenreihe entdeckte, prächtig ausgerichtet wie rote Perlen an einer Schnur. Gegen zehn Meter betrug der Abstand von Boje zu Boje, und jeder hatte man im Topp ein schönes, rundes Auge aufgeschweißt. Der Grund war mir sofort klar: In den Vorjahren hatte hier jeder Segler so viel Ankerkette ausgesteckt, wie er für notwendig hielt, um mit anderen Schiffen nicht zu kollidieren. Da der Strom alle sechs bis sieben Stunden in die entgegengesetzte Richtung läuft, schwojten die Schiffe kurz nach Stauwasser um ihre Ankerketten herum, drehten ihre Nasen gegen den Strom und legten sich wieder gemütlich an ihre Trosse. Kurz und gut, bei diesem Herumschwojen war es zu Kollisionen gekommen, es gab Proteste, und der Segelclub hatte durch eben diese Bojenreihe Abhilfe geschaffen. Die Yachten lagen jetzt zwischen zwei Bojen gewissermaßen stationär, die Kollisionsgefahr war gebannt.

Alles gut und schön, aber ich unglücklicher Einhandsegler stand nun vor dem Problem, mein Schiff zwischen zwei dieser Bojen zu manövrieren und es vorn und achtern festzumachen. Der Flutstrom hatte inzwischen eingesetzt. Die ersten Stromwirbel bildeten sich hinter den Tonnen. Eine Yacht lag bereits zwischen den ersten beiden roten Bällen. Ich bin ein verhältnismäßig ordentlicher Mensch, der keine Lücken duldet, und so beschloß ich, des guten Gesamtbildes wegen, die folgenden beiden Bojen zu nehmen. Zwar sagte mir eine innere Stimme, daß es vielleicht besser wäre, hundert Meter weiterzugehen, aber mein Stolz ließ das nicht zu. Aufgeregt hampelte der Vereinsstander über mir umher. Eine Mahnung, die Vereinsfarben bestmöglich zu vertreten. In der Plicht der Yacht, hinter der ich festzumachen gedachte, saßen vier Leute, drei Männer und ein sehr schönes, rotblondes Mädchen mit graugrünen Augen. Von jeher für weibliche Schönheit überaus empfänglich, hob ich die Hand besonders höflich zum Gruß. Die Unterhaltung der vier brach unvermittelt ab, sie ließen die halberhobenen Bierflaschen sinken und wandten mir ihre ungeteilte Aufmerksamkeit zu.

Wie ich — auf mich allein gestellt — mein Schiff zwischen die Bojen kriegen sollte, mochte der Teufel wissen. Die vier Beobachter trugen auch nicht gerade zu meiner Beruhigung bei. Ich beschloß also, das Tempo vorsichtig zu dosieren, damit AZIMUTH gerade soviel Fahrt hatte, um an der Vorboje zum Stehen zu kommen. Dann aufs Vorschiff, schnell einen Festmacher durch das Bojenauge bringen und auf einer Klampe belegen. Das Schiff — so nahm ich an — würde sich dann mit dem Strom so einpendeln, daß ich die Achterboje leicht erwischen und daran festmachen konnte.

Ich machte mich ans Werk, nahm Fahrt auf, wendete hart gegen den Strom, stellte den Motor auf Leerlauf und begab mich eilends aufs Vorschiff. Leider hatte AZIMUTH zuviel Fahrt. Also bekam ich meinen Tampen nicht durch das Auge gefädelt. Die vier auf dem Nachbarschiff schienen wohlerzogene Leute zu sein, denn sie sahen höflich in eine andere Richtung, als ich zur Pinne zurücksprang, mein Schiff wendete und einen erneuten Anlauf nahm. Aber auch der mißlang, denn diesmal traf ich die Boje direkt auf den Kopf, mußte mich halben Leibes über den Bugkorb beugen und erwischte das Auge wieder nicht. Der Älteste der vier ergriff eine Leine und wollte sie mir zuwerfen, um mich so an die Boje schwojen zu lassen. Ich hob mit einer Geste, in der sich Dankbarkeit gepaart mit Ablehnung ausdrücken sollte, die Hand. ,,Stolz wie ein spanischer Grande'', dachte ich. ,,Stur wie ein Präriebüffel'', dachten vermutlich die anderen.

Ich bereitete mich nunmehr auf die dritte Aktion vor. Zunächst legte ich mir den Peekhaken bereit. Dann motorte ich ganz langsam auf die Achterboje zu, zog den Festmacher im Vorbeifahren durch das Auge und belegte ihn flüchtig auf der Achterklampe, gab AZIMUTH darauf einen leichten Motorschub, ging aufs Vorschiff, holte die Vorderboje mit dem Peekhaken hart an Backbord und machte fest. Ich hatte lediglich noch ein wenig an den Leinenlängen herumzukorrigieren und lag dann fest und sicher zwischen den Bojen. So leicht ist das.

,,Böse?'' fragte ich die vier, deren Hilfsbereitschaft ich soeben abgelehnt hatte.

,,Nee!'' erwiderten sie.

,,Wir haben es auch erst beim drittenmal geschafft'', sagte das Mädchen.

20

Man sah deutlich, daß diese Äußerung gar nicht nach dem Geschmack des Skippers war, aber schließlich lachte er mit, ließ sein Beiboot zu mir hertreiben, ich stieg ein, er zog mich längsseits. Vergnügt tranken wir Bier und erzählten uns was, bis es Zeit war, die Pötte zum Mittagessen vorzukriegen. Sie auf ihrem, ich auf meinem Schiff.

Den vieren bin ich sehr viel später noch einmal begegnet: zwischen Bornholm und Gotland. Es war hartes Wetter, ich lief auf Gegenkurs, und weder sie noch ich konnten bei dem Windgejaule in den Wanten verstehen, was wir einander zuschrien, aber wir wußten auch so, daß es Worte gegenseitiger Achtung und Zuneigung waren. Fünf verträgliche Angehörige der großen Seglerfamilie, die da aneinander vorüberschipperten.

Andere Yachten kamen und machten fest. Auf Anhieb brachte jedoch keine eine überzeugende Leistung zustande. Das nächstemal würden wir es alle können.

Am Nachmittag, zwei Stunden vor Hochwasser, briste der Wind auf. Die Besatzung der Yacht vor mir lag noch im tiefsten Schlaf, als ich mich leise aufs Vorschiff begab und die Genua setzte — ich wollte sie nicht mit Benzingestank und Motorgeknatter wecken. Außerdem stach mich wieder der Hafer, ob ich es wohl fertigbrächte, unter Segel aus den Bojen zu kommen. Es klappte großartig. Mit uns außerordentlich zufrieden, machten AZIMUTH und ich uns auf den Weg und segelten hoch am Wind gegen den Flutstrom auf Bremenhaven zu. Als ich Nordenham querab hatte, kenterte der Strom. In schneller Fahrt, mit schäumender Bugwelle passierten wir kurz darauf die Tonnen der Reede von Blexen. Die beiden Feuer der Geeste-Einfahrt kamen auf.

Dies war der Zeitpunkt, als mir der Teufel ins Ohr flüsterte: ,,Na Alter, wenn du schon so weit gekommen bist, wirst du doch deine hübsche weiße AZIMUTH mal wenigstens die Nase ins Salzwasser stecken lassen!'' Solcherlei Einflüsterungen lieh ich mein Leben lang stets ein offenes Ohr und tat es demzufolge auch diesmal. Trotzdem muß ich zu meiner Ehrenrettung ins Feld führen, daß ich, ehe ich am schützenden Hafen vorbeisegelte, eine Art Wahrscheinlichkeitsrechnung aufmachte. Morgens hatte die Sache mit der Schleuse sehr schlecht geklappt; die Schinderei mit dem wippenden Mast sprach auch nicht gerade zu meinen Gunsten, wie auch die Festmacherei zwischen den Bojen nicht als seemännisches Bravourstück bezeichnet werden konnte. Also folgerte ich, daß jetzt der Zeitpunkt gekommen sein mußte, von dem ab ich mit besonderen Unannehmlichkeiten nicht mehr zu rechnen brauchte. Schließlich wollte ich ja auch nicht sehr weit hinaus. Vielleicht so bis

Steuerbordtonne „W", und die lag nur wenige Seemeilen vor Bremerhaven.

Das Fahrwasser kannte ich wie meine Westentasche. Es war noch hell, der Wind gut, und so machte ich mich frohen Mutes auf den Weg. Vorweg sei gesagt, daß auch dieses Unternehmen keinen besonders guten Verlauf nahm und in eine Nacht ausartete, die an Turbulenz nichts zu wünschen übrig ließ. AZIMUTH und ich waschen unsere Hände in Unschuld, denn unsere Weste blieb blütenweiß. Eine gewisse Schuld muß ich einem großen Bremerhavener Kaufhaus anlasten; erbittert aber bin ich über einen von uns, über ein schwarzes Schaf in der christlichen Seefahrt. Doch der Reihe nach.

Als ich den gewaltigen Container-Terminal von Bremerhaven querab hatte, beugte ich mich außenbords, steckte den Finger in die See und prüfte den Salzgehalt. Ja, ich hatte bereits Nordseewasser unter dem Kiel. Vorsorglich warf ich noch einen Blick auf die Verkehrsverhältnisse auf dieser starkbefahrenen Seeschiffahrtsstraße und fand sie günstig. Ich überließ das Schiff sich selbst — AZIMUTH segelte sicher und kursstabil ihres Weges — und begab mich unter Deck, um die Rumbuddel zu holen. Wieder an der Pinne, füllte ich ein großes Whiskyglas mit Rum und goß es dann langsam, mit einer gewissen Andacht über Bord. Es war eine Opfergabe für Rasmus, den ich mit diesem alten Seemannsbrauch für mein Schiff und mich um Gewogenheit, Hilfe und Nachsicht auf See bat. Ich selber gönnte mir lediglich ein halbes Glas, nicht etwa aus Gründen der Abstinenz, sondern um darzutun, wie groß ich den Abstand dieses gewaltigen Windgottes zu mir kleinem Segelwurm einschätzte.

Meine damalige Schätzung war falsch, die Opfergabe zu gering. Viele Monate später erfuhr ich vom Kapitän eines Heckfängers, daß er beim Erreichen des Englischen Kanals zwei volle Flaschen Rum über Bord gehen lasse. Er hätte kaum Maleschen und sei mit Rasmus gut Freund. Mir erscheint das übertrieben, wenn ich auch zugeben muß, daß ich nach diesem Gespräch die Rumration für Rasmus nicht unerheblich erhöhte. Andererseits kannte ich einen Segler, der Rasmus überhaupt nichts gab und ihn und uns obendrein noch verhöhnte. Aber da lag die Sache wieder so, daß dieser Segler über Helgoland nie hinauskam. Ich nehme an, daß Rasmus sich mit solchen Pinnenschietern erst gar nicht einläßt. Mit mir dagegen ließ er sich mehrfach ein.

Ich segelte also vergnügt in den Abend hinein. Der Wind ließ nach. Ich verließ meinen roten Backbordtonnenstrich und hielt auf die schwarze Steuerbordtonne „Y" zu. Dort wollte ich wenden, um mit achterlichem Wind Bremerhaven anzulaufen. Als ich aufmerksam das breite Fahrwasser querte, sah ich dwars einen gewaltigen Überseeliner aufkommen, recht voraus kam in schneller Fahrt ein Lotsenboot auf mich zu, dahinter, auch auf Gegenkurs, ein großer Tanker. Kollisionsgefahr bestand kaum. Trotzdem beschloß ich, den Motor zu Hilfe zu nehmen und das Fahrwasser schnell und auf kürzestem Wege zu queren. Der Motor sprang sofort im Leerlauf an, aber weder Vorwärts- noch Rückwärtsgang ließen sich einlegen. Trotz mehrfacher Versuche gaben beide lediglich ein beängstigendes quietschendes Pfeifen von sich.

„Mensch, Rasmus!" murmelte ich bestürzt, fiel ab und lief quer zum Ebbstrom auf die Steuerbordtonne zu. Der Lotse mußte geringfügig seinen Kurs ändern. Seinen Unmut darüber machte er deutlich, indem er mir mit dem Finger drohte. Ich zuckte mit den Schultern, zeigte auf die Schraube und gab meinem Bedauern in vielerlei Gesten Ausdruck. Sie verstanden das offensichtlich auch, denn der Mann am Ruder des Lotsenbootes, der schon die Hand gehoben hatte, um sich unmißverständlich an die Stirn zu tippen, ließ sie wieder sinken und blickte dafür besorgt nach dem schon ziemlich weit aufgekommenen Tanker. Der passierte mich in etwa dreißig Meter Entfernung. Das ist wenig und wird sicherlich der indischen Besatzung, die hoch über mir über der Reling lehnte, Grund zu dieser oder jener abfälligen Bemerkung gegeben haben. Ich jedenfalls trieb in Lee des Tankers mit dem reißenden Ebbstrom dahin. Das bißchen Wind nahm er mir auch noch weg. Mit dem letzten Lufthauch kam ich gerade noch aus dem Fahrwasser heraus hinter die Steuerbordtonne, eben so weit von ihr entfernt, daß keine Gefahr bestand, bei Ebbe auf das Watt zu geraten. Dann ließ ich den Anker fallen, setzte das Ankerlicht am Vorstag und mich auf die Backskiste. Was mochte mit dem Motor nur los sein?

Als ich mein Schiff kaufte, wäre es mir lieber gewesen, wenn es über einen Einbaumotor verfügt hätte. Es besaß statt dessen einen Motorschacht für einen 10-PS-Außenborder. Der Schacht war mit einer Art Lukendeckel verschließbar, der Motor mithin nicht sichtbar. Das alles hatte den Vorteil, daß man beim Segeln den Motor in einer Backskiste verstauen konnte. Dadurch, daß die Schraube nicht bremste, war das Schiff schneller.

Ich nahm diese Konstruktionsart damals in Kauf, und es erwies sich jetzt als sehr günstig, den Motor herausnehmen und den Schaden ermitteln zu können. Im Hafen oder auf glattem Wasser ist das kein Problem. Nicht so hier. AZIMUTH hing vibrierend vor ihrem Danforth-

Anker im reißenden Strom an der Kette. Das mochte noch hingehen. Schlimmer war es um den Seegang bestellt, den der Schiffsverkehr verursachte. Das Schiff schwojte, schlingerte, rollte und stampfte, so daß es trotz aller Anstrengungen unmöglich war, die Schraube durch den schmalen Ausschnitt im Heck nach oben zu bekommen, ohne sie zu beschädigen. Ich ließ den Motor also dort, wo er war. Bei Tageslicht würde ich mich seiner annehmen.

Der Wind war eingeschlafen, die Dämmerung kam, die Nacht brach an. Sie war so zauberhaft, daß ich zunächst alle meine Sorgen vergaß. Sechzig mühselige Jahre mußte ich auf dem Buckel haben, um zu begreifen, was es mit einer solchen Nacht auf sich hat.

Es wäre wohl noch zu erklären, warum mir, der ich doch eingangs von einer Menge Hochsee-Erfahrung geschwätzt hatte, nun plötzlich dieses bißchen Außenweser ein solches Entzücken abnötigte. Natürlich bin ich schon in vielen Nächten auf dem Wege von Bremerhaven nach Helgoland oder sonstwohin auf der Außenweser gesegelt. Nur die Situation war dabei eben eine völlig andere, so etwa:

Man verläßt nachts den Vorhafen der Geeste in Bremerhaven, um am Vormittag die roten Felsen Helgolands über die Kimm kommen zu sehen. Kein Mensch tut so etwas gern, aber die Gezeitenverhältnisse nehmen auf Sonderwünsche wenig Rücksicht. Man geht also mit ablaufendem Wasser um das rote Molenfeuer herum und hält sofort hart steuerbords, damit man so schnell wie irgend möglich aus dem Großschiffsverkehr herauskommt. Auf dieser Steuerbordseite herrscht nun zwei Seemeilen lang taghelle Festbeleuchtung. Hier geht nämlich ein Hafen in den anderen über, und jeder schüttet strahlende, grünweiße Neonlichtkaskaden über das nachtdunkle Wasser. Das geht so bis zum Container-Terminal, also etwa bis dorthin, wo Rasmus von mir am Spätnachmittag seine Rumration zugeteilt bekam. Aus dieser Lichterflut heraus blinkt, funkelt und blitzt es. Doch hier interessieren sie uns noch wenig, diese Feuer und Feuerchen, weil wir bei soviel Helligkeit unseren Weg auch ohne sie finden.

Jedoch nicht mehr lange, dann werden die Rhythmen der Lichterscheinungen für Schiff und Besatzung lebenswichtig, denn dicht neben dem seeschifftiefen Wasser beginnen die Wattgebiete. Jetzt hat man plötzlich viel zu wenig Augen, um Kompaß, Leitsektor und Warnsektoren neben der Lichterführung der Berufsschiffahrt noch schön auseinanderzuklamüsern, von Ober-, Unter- und Quermarkenfeuer gar nicht zu reden. Die riesenhaften Rümpfe der Seeschiffe decken uns auf unseren kleinen Schiffen ohne sonderliche Höhe über der Wasseroberfläche

24

wo sie nur können den Sichtwinkel ab. Rundum ist ein unaufhörliches Kommen und Gehen, ein Heran- und Davonwandern von rotem, grünem und weißem Licht, und es bedarf aller Aufmerksamkeit, um sich aus diesem Lichtertanz sein zuständiges Licht herauszupicken.

Dann sind da aber auch noch die Arbeitslichter, die sie zusätzlich zur Illuminierung ihrer Kähne brauchen. Lange, in die Höhe gestaffelte Lichterzeilen von Passagierschiffen schieben sich vorbei. Wenn schließlich auch noch die Marine — und sie tut das oft — mit den merkwürdigsten Lichtsignalen auf See herumfuhrwerkt, sträubt sich dem armen Navigator auf einer kleinen Yacht das Gefieder. Auf einen groben Nenner gebracht, will ich ja auch nur sagen, daß ein Segler in der Nacht jedes Licht zum Teufel wünscht, das ihm bei Kursfindung nicht weiterhilft.

Vielleicht ist jetzt verständlich, daß ich in solchen durchsegelten Nächten mehr geflucht als mich um die Schönheit dieser Lichterscheinungen gekümmert habe. Und eben jetzt war es das erstemal anders, in dieser Nacht, in der AZIMUTH mit defektem Motor zitternd hinter ihrer Ankertrosse hing. Ich war von keinem dieser Lichter abhängig. Mein Anker hielt, die Verbundenheit mit meinem Schiff wurde immer stärker, und ich konnte mich ganz dem Zauber dieser Nacht hingeben.

Da war zunächst der Mond; seine rote, ein wenig rauchige Scheibe hing dicht über der Kimm. Auf einer Seite etwas eingebeult, war er ohne Leuchtkraft und Glanz. Das änderte sich aber sehr schnell. Er wurde heller. Ich betrachtete ihn voller Interesse, allerdings mit einer gewissen Reserviertheit. Weniger deswegen, weil eine Menge von Flaggen und sonstigem kosmonautischen Gerümpel auf ihm herumliegen und ihn damit seiner Romantik berauben, sondern weil er in Erdnähe wie ein Irrwisch zwischen Planeten und Fixsternen umhergeistert und daher für eine vernünftige Schiffsortbestimmung mit dem Sextanten nur bedingt brauchbar ist. Unser Verhältnis zueinander ist daher ein wenig gespannt.

Nicht so in dieser Nacht. Versöhnlich ließ er einen schmalen Silberfaden über das nachtdunkle Wasser auf AZIMUTH zurollen. Der kam zierlich über die Wellen gehüpft und zersplitterte in vielen schimmernden Lichtpünktchen auf den Stromwirbeln hinter dem Schiff. Je heller der Mond, desto breiter der Silberfaden — bis schließlich eine breite, glitzernde Lichtbahn auf mich zukam, die tausend schimmernde Reflexe über Bugkorb, Rigg und Schiffsbeschläge tanzen ließ. Es war ein merkwürdig huschender Tanz, der sich jeweils der Krängung anpaßte, hier ein aufstiebendes Funkengewirbel, dort ein Versinken in nachtschwarze Schatten.

Am dunkelsten schien mir der Nachthimmel im Westen. Aber aus dieser Dunkelheit heraus funkelte die Capella wie ein Diamant und überstrahlte alle die Sternchen in Fuhrmann und Stier, die ein bißchen zaghaft zu mir herunterblinzelten.

Etwa in halber Höhe des westlichen Nachthimmels, so auf 40°, standen Castor und Pollux, die Zwillinge. Es lief mir auf einmal kalt über den Rücken. Natürlich war es Unsinn. Ich lag dicht an der flachen Kante des Langlütjensandes, der in Kürze trockenfallen mußte. Die Sände springen zu dieser Ebbzeit dann ein wenig zurück und bilden eine Bucht, in der das Wasser glatt und ruhig dahinzieht. Und eben aus dieser reglosen Schwärze sahen mich zwei Augen an, tief vom Grund her. Nicht gerade kalt wie ein Fischblick, aber eindringlich, abschätzend und beobachtend. Natürlich war das nicht der Wassermann oder eins seiner zahlreichen Kinder, das sich da an AZIMUTH und mich heranmachen wollte, sondern die Spiegelbilder von Castor und Pollux. Weil wir an der Küste aber alle ein wenig abergläubisch sind, drehte ich mich lieber von diesen Augen weg, nach Nordosten zu. Da flog ein riesiger Schwan, golden eingestickt in den schwarzen Samt der Nacht, die Milchstraße entlang — Deneb heißt sein funkelnder Hauptstern.

Die Vibrationen der Ankerkette ließen im Laufe der Nacht etwas nach und damit auch das Rauschen vor dem Bug. Bald war es nur noch ein Plätschern, das allmählich in ein einschläferndes Murmeln überging. Der für mich immer wieder geheimnisvolle Augenblick des Stauwassers kam, jener Augenblick des Stillhaltens dieser gewaltigen Wassermassen, der gleichzeitige Stau unheimlicher magnetischer Kräfte von Sonne und Mond, der diese Gezeitenströme, diese Spring- und Nipptiden bewirkt, den ich fühle, der unser Leben an der Küste prägt, der über glückliche Geburt, gelungene Operation und über die Todesstunde entscheidet. Mir scheint es der Rhythmus einer Weltuhr zu sein, deren gewaltiges Pendel in Ebbe und Flut sichtbar wird, gleichmäßig und unheimlich, unbarmherzig und großartig. Sicherlich gehen das bißchen Gezitter meines Pulses und der bange Schlag meines Herzens darin unter. Vor Rasmus habe ich Respekt, aber keine Angst. In die Enge getrieben, kann ich mich wehren und ihm die Zähne zeigen. Aber hier ist etwas so Gigantisches am Werk, daß ich mich diesen Kräften ohnmächtig und widerstandslos ergeben muß und nur hoffen kann, selber ein Teil dieser kosmischen Gewalten zu sein.

Nun kam in den gewaltigen, überirdischen Magnettriebwerken auch das kleinste Rädchen zum Stillstand. Das riesenhafte Schwungrad begann sich ganz langsam gegenläufig zu drehen und das nachtdunkle

Wasser auf Gegenkurs vor sich herzuschieben. Flüsternd und wispernd brachten sie AZIMUTH wieder auf den Weg, den sie vor Stunden gekommen war, trugen sie behutsam über ihren Anker hinweg, drehten den Bug gegen die Strömung, so daß das Schiff sich wieder vor Kette und Trosse legen konnte. Alles wendete sich damit zu meinen Gunsten.

Der Morgen graute, der Schiffsverkehr und mit ihm der Wellenschlag wurden geringer, ein leiser Nordwestwind trug außerdem noch zu ruhiger, ausgeglichener Schiffslage bei. Ich machte mich an die Arbeit, hob den Motor an, jonglierte die Schraube vorsichtig durch die Öffnung im Heckboden und legte den Motor schließlich auf die Gräting des Cockpits. Ja, da hatte ich sie nun, die Bescherung. In die Schraube hatte sich eine der handelsüblichen Plastiktüten gedreht.

Das hört sich soweit ganz harmlos an, jedenfalls für den, der damit noch nichts zu tun gehabt hat. Ich versichere aber, daß sich diese Plastikfolien wie Kautschuk, Kitt oder erhärteter Alleskleber um Schraube und Schraubenwelle drehen.

Weit über eine Stunde schnitzelte und piekste ich mit Messer und Marlspieker darin herum, bis der Schaden behoben und alles wieder ordentlich und wohlgeschmiert an Ort und Stelle war. Das gleiche ist mir später noch einmal im Oslofjord passiert. Seitdem weiß ich, daß ein Schachtmotor sehr vorteilhaft sein kann. AZIMUTH hätte sonst schon mehrfach auf Slip oder Kranhaken müssen, weil man an die Schraube sehr schwer herankommt. Jeder Krämer lobt seine Ware, ich also meinen Schachtmotor, der für mich ohnedies nur ein Flautenschieber ist, den ich haben muß, weil man ohne ihn mit den heutigen Hafenverhältnissen nicht mehr fertig werden kann. Es stört mich lediglich, daß er sich am Schiffsende befindet und ziemlich schwer ist. Segler haben die Gewichte aus Stabilitätsgründen am liebsten möglichst tief und mittschiffs.

Wenig später befanden sich mein Schiff und ich wieder auf Heimatkurs, die Weser aufwärts. Müdigkeit machte sich störend bemerkbar. Gähnend und ein wenig mißmutig dachte ich daran, daß der Umweltverschmutzer, der die Plastiktüte ins Wasser geworfen hatte, sich in seinem warmen Bett jetzt vermutlich behaglich grunzend auf die andere Seite drehen würde. Da ich auch nur ein Mensch bin, wünschte ich ihm einen hübschen kleinen Alptraum, Strandung, Schiffsuntergang und zwei Stunden Schwimmen im kalten Wasser inbegriffen.

Ich hatte eine Menge Zeit verloren, mußte deswegen Vegesack anlaufen und von dort aus telefonisch vor meinem Brotgeber zu Kreuze kriechen. Schließlich begriff er, daß er auf einige Stunden meiner Mitar-

beit verzichten mußte, und ergab sich seufzend in sein Schicksal. AZI-
MUTH und ich erreichten unangefochten Bremen. Geduldig wie ein La-
stenkuli stemmte ich meinen Mast durch das Kabbelwasser und passierte ziemlich elegant die Schleuse. Im Hafen nahm mir jemand die Vorleine ab. Ich erfuhr, daß meine Schwierigkeiten in der Schleuse auf der
Hinfahrt dem Verein bereits in allen Einzelheiten bekannt waren. Gelassen bereitete ich mich auf einen händereibenden Empfang vor, von
dem ich wußte, daß hinter all den Anzüglichkeiten echte Sympathie
und Anerkennung meiner Bemühungen um die Einhandsegelei standen.

II

Wenn ich mein Garn so weiterspinnen würde, wie ich's begonnen habe, dann kämen jetzt, hübsch der Reihe nach, Helgoland, dann der Nord-Ostsee-Kanal, Dänemark, Schweden und an Schwedens Endzipfeln Norwegen und Finnland. Tausende erlebnisreicher Seemeilen, die AZIMUTH und ich abgeschrubbt haben. Inzwischen war ich nämlich Ruheständler, Rentner, Pensionär geworden. Ehrlich gesagt, ich kratze mir heute noch bedenklich den Kopf, weil ich vorher nicht ahnte, daß ein Ruhestand, in dem man doch eigentlich nach einem arbeitsreichen, erfüllten Leben die Hände in den Schoß legen oder, an jeder Hand ein Enkelkind, langsam in der Sonne spazierengehen sollte, so strapaziös werden könnte wie meiner.

Das fing schon mit meiner Verabschiedung im Amt an. Es war am 31. Mai. Am Tag zuvor war mir mitgeteilt worden, daß ich mich pünktlich um 11.00 Uhr in einem Sitzungsraum einfinden möge, damit mir ein hoher Vorgesetzter Dank und Anerkennung für geleistete Dienste aussprechen könne. Das war durchaus in meinem Sinne. Weniger wegen des Dankes und der Anerkennung als vielmehr wegen der Uhrzeit. Aus gleichgelagerten Fällen wußte ich, daß der Festredner, wer es auch immer sein mochte, ab 12.00 Uhr alles Interesse an meiner Person verlieren und dieses statt dessen voll dem zu erwartenden Mittagessen zuwenden würde. Auf dieser Erfahrungstatsache aufbauend, hatte ich mich an den mir befreundeten Schleusenmeister Karl mit der Bitte gewandt, mich an meinem Ehrentage unter allen Umständen in die Schleusenkammer zu lassen, und zwar um 13.15 Uhr, denn er wisse ja wohl auch, daß um 13.30 Uhr Hochwasser sei. Ich könnte dann den einsetzenden Ebbstrom benutzen, um möglichst schnell über Bremerhaven aus der Dreimeilenzone heraus und in den Frieden des offenen Seeraums zu gelangen.

,,Natürlich'', sagte Karl, und das nicht nur wegen des in Aussicht gestellten Kastens Bier, sondern aus schlichter, purer Freundschaft. Trotzdem erwähnte er, damit der Anstand gewahrt blieb, sein stets durstiges Schleusenpersonal. Ich machte mir trotzdem keine Sorgen, daß er zu kurz kommen könnte. Immerhin bedeutete meine Bitte für Karl, daß er unter Umständen ein klein wenig an der Reihenfolge der Binnenschiffe herumbasteln mußte, um AZIMUTH unterzubringen. Für mich bedeutete es, daß ich pünktlich um 13.15 Uhr vor der Schleuse zu liegen hatte, da für Karl keine Unannehmlichkeiten entstehen durften.

Ziemlich apathisch, denn ich hatte mit vielerlei Leuten allabendlich Abschied gefeiert, fand ich mich wie angeordnet im Sitzungssaal ein. Aber sei es, daß mein hoher Chef Krach mit seiner Frau hatte oder auf ärztliches Anraten an diesem Tage nichts essen durfte: Er redete um 12.15 Uhr immer noch. Hochaufgerichtet stand er vor mir, seine Hände manchmal vor der Brust gekreuzt, so daß ich Sekunden- und Minutenanzeiger seiner Armbanduhr munter auf 12.30 Uhr zuhüpfen sah. Natürlich hätte ich einen Tag später in Ruhe durch die Schleuse gehen können, denn ich hatte monatelang Zeit vor mir und eigentlich nur darauf zu achten, vor Einsatz der Eisbrecher wieder in Bremen zu sein.

Ich gebe zu, daß ich selber diese Hektik in mein Leben bringe. Ich kann aber nicht anders, und ich will es eigentlich auch gar nicht. Diese ungeduldige Zappeligkeit ändert sich jedoch mit dem Moment, wo ich auf See bin, wo ich, allein auf mich gestellt, gelassen und ruhig mit ihrer Großartigkeit und ehrlichen Unbarmherzigkeit fertig werden muß.

Es wurde 12.30 Uhr, als mir der Boß auf die Schulter klopfte. Um 12.32 Uhr hatte ich mich bedankt, um 12.40 Uhr bestieg ich ein Taxi, und um 13.10 Uhr erreichte ich, durch den Mittagsverkehr behindert, mein Schiff. So kam es, daß Karl mir statt um 13.15 Uhr erst um 13.20 Uhr finsteren Blickes entgegensehen konnte.

Alles wendete sich jedoch zum Guten, als Karl und seine Mannen sahen, wie ich mich vor der Schleuse meines dunklen Anzugs und der hellgrauen Krawatte entledigte, um mich ihnen wenig später im schlichten Gewande eines einfachen Hochseeseglers zu präsentieren.

30

An diesem 31. Mai kam ich nicht sehr weit. Als meine begreifliche Erregtheit wegen der Verabschiedung und der Hetzerei vor und in der Schleuse abgeebbt war und ich ganz allmählich begriff, daß das nun ein völlig freier Mann war, der an der Pinne seines Schiffes hockte und in die Freiheit segelte, überkam mich ein so tiefes Glücksgefühl, daß mein Herz zu trommeln begann, meine Hände zitterten und mein Atem anfing, stoßweise zu gehen.

„Na, na, mein Alter!" redete ich mir beruhigend zu. Aber mehr als dieser Versuch der Selbsttröstung half mir ein Schwall kalten Wassers. Zu verdanken hatte ich diese ernüchternde Abkühlung dem Schlepper STIER, der mit der typischen Geschäftigkeit der Berufsschiffahrt mit „voll voraus" die Weser heraufkam. In meiner Gefühlsseligkeit hatte ich seine erste Heckwelle gar nicht und seine zweite so schlecht angeschnitten, daß der Bug von AZIMUTH in sie hineindonnerte und die Quittung darin bestand, daß mich ein randvoller Eimer vertrauten Weserwassers erwischte. Der brachte mich zur Besinnung und erinnerte mich darüber hinaus daran, daß ich noch Wasser bunkern mußte. Durch die Turbulenz der letzten Tage war manches vernachlässigt worden.

Ungefähr bei Flußkilometer 30 barg ich meine Segel und lief unter Motor ein Stück die Hunte — ein Nebenflüßchen der Weser — aufwärts nach Elsfleth, wo ich bei einem Bockschiff längsseits ging. Ein alter Schiffer war an Bord, nahm mir die Leinen ab und machte mein Schiff so richtig solide und für die Ewigkeit berechnet fest. Ich kletterte zu ihm an Bord und gab ihm Auskunft, daß zunächst Helgoland mein Ziel sei, um dort Verpflegung, Schnaps und Tabak für weitere Unternehmungen in Nord- und Ostsee einzukaufen. Hier wolle ich nur eben schnell etwa 50 Liter Wasser holen und wo ich die wohl bekommen könnte. Ich brauchte nicht an Land, er gab mir das Wasser. Wir kamen ins Gespräch, und als ich nach einer Weile unruhig wurde, von einem Bein aufs andere zu treten begann und meine Aufbruchsbereitschaft in vielerlei Gesten deutlich machte, nahm er die Pfeife aus dem Mund und tat einen Ausspruch, der mir seitdem wie ein Angelhaken im Herzen sitzt und für einen Einhandsegler nicht weniger wertvoll ist als Echolot, Selbststeueranlage oder Fockroller. Ich erinnere mich seiner oft, meistens dann, wenn es mal nicht so klappt, wie ich will, oder wenn es nicht schnell genug geht. Er sagte:

„Och, Mann! Lot Schap schieten, Wull wast likes."

Ins Hochdeutsche übersetzt:

„Ach Mann! Laß die Schafe ruhig schieten, die Wolle wächst trotzdem." Oder: „Eile mit Weile."

Wir sahen uns an, ich setzte meine Wasserkanister ab und holte die Rumbuddel, mit der wir in dem gemütlichen dicken Eisenbauch des Bockschiffes verschwanden. Erst am nächsten Tag segelte ich weiter.

Alle Umstände sprachen für mich, was soviel heißen soll, daß es von hier aus kein sonderliches Kunststück mehr ist, Helgoland anzulaufen. Wenn die Leuchttürme Roter Sand und Alte Weser achteraus hinter der Kimm versinken, kommt Helgoland recht voraus bald über der Kimm auf. AZIMUTH und ich schipperten reinen Gewissens und selbstzufrieden durch die Mittagssonne und grüne See der roten Insel entgegen, eine nette, kleine, raume Brise im Segel. Auch Rasmus schien uns wohlgesonnen, denn er entbot uns seinen Gruß durch eines seiner hübschesten Seekinder. Ein Seehundskopf tauchte in etwa zwölf Meter Entfernung an Backbord aus der See. Die schwarzen, blanken Knopfaugen in seinem Kugelkopf betrachteten mich abschätzend.

Ich weiß, wie man sich freilebenden Tieren gegenüber zu verhalten hat, und weiß auch, daß sie den menschlichen Blick nur schwer zu ertragen vermögen. Also übersah ich ihn geflissentlich, machte mein dümmstes Gesicht und verhielt mich regungslos. Sein Interesse für mich erlosch schnell. Dafür wandte er mit schief nach oben gerichtetem Kopf alle seine Aufmerksamkeit dem roten, zappelnden Verklicker im Masttopp zu. Neugierde und Spieltrieb ließen ihn noch ein Stückchen näherkommen. Um optimal zu segeln, hätte ich jetzt die Pinne ein wenig nach Backbord legen müssen. Seinetwegen tat ich das nicht. Aber da fiel eine kleine Bö sachte ins Großsegel, das Achterliek fing ganz leicht an zu killen, und lautlos verschwand das dunkle Köpfchen in der grünen Tiefe — ein kleiner Wattbewohner, einer der letzten seines zum Tode verurteilten Geschlechts, zog sich angsterfüllt zurück und ließ mich, obgleich ich ihm wie einem kleinen Bruder zugetan war, schuldbewußt und beschämt an meiner Pinne hocken.

Das sind so Begebenheiten, wo es besser ist, an etwas anderes zu denken. Also wandte ich mich der nächstliegenden Sache zu, nämlich der Südkantine auf Helgoland, in der — nach nur noch knapp zwei Stunden — ein schäumender Bierseidel vor mir stehen würde. Aber immer kommt es ein bißchen anders, als man es gern möchte.

Ich hatte nicht bedacht, daß um diese Tageszeit noch etwa 4000 Eintagsfliegen die Insel bevölkerten. Das sind keine Insekten, sondern einzeln besehen ganz liebe Menschen, die mit täglich verkehrenden Bäderschiffen aus allen Himmelsrichtungen herbeieilen, teils, um die kleine Insel anzugucken, mehr aber, um zollfreien Whisky, Zigaretten und vielleicht auch einige Lebensmittel verbilligt einzukaufen. Wenn die Sonne im Zenit steht, werden sie ausgeladen und schwärmen dann in dichten Wolken über die Insel. Das ist die Zeit, in der die Helgoländer ihre Schnaps- und Biergläser sauber gespült haben, sich in die Hände spucken und die Eintagsfliegen in Kneipen und Kaufläden rupfen, so gut sie ihrer nur habhaft werden können, denn gegen 16 Uhr werden sie dem Zugriff der Insulaner schon wieder entzogen, auf die Schiffe verladen und abtransportiert. In dieser Zeit bleiben die Pensionsgäste normalerweise in ihren Pensionen und die Segler auf ihren Schiffen im Hafen. Nicht so ich, und das nicht nur um des schäumenden Bieres willen. Ich habe sie halbwegs gern, die Eintagsfliegen. Viele von ihnen stürzen sich auf Helgoland wie die Hausfrauen auf den Grabbeltisch im Ausverkauf, viele sind von verschmitzter Bauernschläue, stolz darauf, dem Zoll eins ausgewischt zu haben — nur so zum Spaß.

Im Helgoländer Hafen angekommen, machte ich AZIMUTH ordnungsgemäß fest und schritt zum Biere. Die Südkantine brodelte über von Gästen. In schlichtem, ein wenig verwaschenem Leinen (ärmlich, aber sauber), fand ich unter den gutgekleideten Gästen tatsächlich noch ein Plätzchen. Es wurde durch Zufall frei: Eine Frau hatte nach längerer Einkaufstätigkeit ihren Mann hier aufzuspüren gewußt. Unheilverkündenden Blickes segelte sie auf ihn zu, und dem eben noch so munteren Sänger erstarb das Lied auf den Lippen. Betrübten Blickes machte er sich daran, im Kielwasser seiner Fregatte achteranzusegeln.

Die verbleibenden männlichen Tischgenossen spähten besorgt in die Runde und nahmen mich als einen der Ihren in ihrem Kreis auf. Das so unliebsam unterbrochene Gespräch kam wieder in Gang. Die Wortführer waren ein Hamburger und ein Cuxhavener, die überzeugend darzulegen wußten, wie überaus einfach es doch sei, eine Flasche Whisky und eine Stange Zigaretten zusätzlich unangefochten durch den Zoll zu bringen. Man brauchte dazu eigentlich nur seine Ehefrau und seine halbwegs erwachsene Tochter, an denen es von geeigneten Verstecken nur so wimmelte. Ja, die beiden waren echte Robin Hoods der See, die wortreich dem Gesetz und seinen Häschern trotzten und sich in dem bewundernden Beifall ihrer Zuhörer sonnten. — Das war es im Grunde, was mich immer wieder in die Südkantine zog.

In Bremen und Bremerhaven hatte ich viele gute Freunde beim Zoll, die alle Winkel und Versteckmöglichkeiten bis ins letzte kannten. Der kleinste Dienstgrad unter ihnen wäre spielend in der Lage gewesen, diesen beiden Cowboys der See das Handwerk zu legen; ein Blick ins Gesicht hätte genügt. Doch meine beiden Zechkumpane schmuggelten ganz sicher nichts — das sah selbst ich ihnen an.

Der Wahrheit die Ehre: Es sind schon nette Leute, diese Eintagsfliegen, und mutig dazu, denn nur ganz wenigen von ihnen ist es gegeben, bei rauher See unangefochten Helgoland zu erreichen. Ich bin sicher, daß selbst Neptun den Kopf einzieht vor dem, was da so alles über Bord kommt. Die blütenweißen Schiffe sehen dann recht unansehnlich aus und stinken säuerlich vor sich hin. Und das haut schließlich auch den Seefestesten auf die Planken.

Jetzt aber hatten sie Land unter den Füßen, und diese tröstliche Tatsache nutzten wir, um noch vergnügt diese und jene Runde zu trinken.

Als sie wieder auf ihre Schiffe mußten, ging auch ich einkaufen — zu altvertrauten Schiffsausrüstern, wo es für Segler im übrigen noch ein bißchen billiger ist. Am späteren Abend marschierte ich noch einmal um die Insel und sah dem Leuchtfeuer zu, das mit blitzender Lichtsense die Dunkelheit in gleichmäßige Sektoren zerlegte. Vor der Düne zuckten warnend die Wrackfeuer über die nachtschwarze See. Zufrieden mit meinem Dasein, kroch ich steifbeinig zunächst über den Bugkorb und dann in die Koje.

Bei Tagesgrauen schrillte mein Wecker. Sein Standort ist so gewählt, daß ich aus der Koje muß, um ihn abzustellen. Diesem Umstand verdankt er ein langes Leben. Seinen Vorgänger erwischte ich schlaftrunken mit einer vollen Rechten, die Herrn Dr. h. c. Muhammed Ali, genannt Cassius Clay, alle Ehre gemacht hätte. Irgendwie hatte sich dieser Wecker eines Nachts dicht an eines meiner empfindlichen, musikliebenden Trommelfelle herangearbeitet und dort in unverkennbar übler

Absicht in schwärzester Nacht ein so atonales Alarmgeschrei ausgestoßen, daß ihn sein betrübliches Schicksal zu Recht ereilte. Irreparabel flog er außenbords und ruht jetzt im Hafen von Visby auf Gotland. Friede seinem Läutewerk! Damals galten eben derartige Maßnahmen zur Selbsterhaltung noch nicht als Umweltverschmutzung.

Ich erwarb an Ort und Stelle einen schwedischen Nachfolger großväterlicher Bauart, der nun — außerhalb meines nächtlichen Aktionsradius — schon viele Jahre zufriedenstellend seinen Dienst versieht. Er befindet sich — raffiniert durchdacht — auf dem Bord vor dem Rundfunkempfänger. Ich muß zwar zu ihm, kann aber dafür in einem Arbeitsgang mit dem Ringfinger das Läutewerk aus- und mit Daumen und Zeigefinger die Grenzwelle des Radios einschalten. In dem hier vorliegenden Helgoländer Fall passierte allerdings weiter nichts, als daß der Weckerton des Bordweckers durch den Weckerton von Norddeich Radio abgelöst wurde. Das ist nämlich deren Vorankündigung.

Vor meinem Empfänger liegt stets eine Logbuchseite mit Bordwetterkarte, in die ich im Textteil die für mein Seegebiet angegebene Seewettervoraussage eintrage und in dem Kartenteil mit grellroten Tief- und azurblauen Hochkugeln gewissenhaft die Wetterentwicklung festhalte. Das dauert logischerweise nur so lange, wie für meinen Bereich angesagt wird: etwa fünf Minuten. Ich mache das seit Jahren mehrfach am Tage. Man wird auf diese Art sehr schnell ein Wetterspezialist, der oft außerordentlich verwundert ist, warum die Wetterfrösche von Kiel, Rügen oder Warnemünde vor ihrer Ansage nicht wenigstens mal den Kopf aus dem Fenster stecken, ehe sie Nieselregen ansagen, wenn dann doch den ganzen Tag die Sonne scheint. Ich bin sicher, daß fast alle Segler und Motorbootfahrer diese Meinung teilen. Und doch: Jeder schaltet zur rechten Zeit seine Grenzwelle ein, in dem Bewußtsein, daß die Wettermacher eben doch zu 90 Prozent im Recht sind. Wenn ich ihnen an manchen Tagen nicht so recht traue — vielleicht hatte ja einer ihrer Satelliten da oben gerade eine kleine Ladehemmung —, mache ich mir mein Wetter selbst. Und mit dieser Methode bin ich nun schon viele Jahre ziemlich sicher gesegelt und vor allen Dingen immer noch über Wasser.

Hier auf Helgoland war es mit dem Wetter aber ziemlich einfach. Zwei Tage zuvor hatte ich eine rote Sturmtiefkugel südwestlich von Island in die Wetterkarte gemalt. Am Abend war sie über die Färöer bis zu den Shetlandinseln gerollt; im Laufe des Tages würde sie hier eintreffen. So ungefähr sagte Norddeich das Wetter auch an: Zunächst West 5, später bis 7 zunehmend. Ich änderte meinen Plan. Eigentlich wollte ich außenrum, das heißt unter Seglern: von Helgoland nach Norden, an Jütlands Küste längs über Esbjerg und Skagen ins Kattegat. Ich kannte diesen Trip gut und wußte, daß da eine viele hundert Seemeilen lange Barre vor der Küste verläuft. Eine ihrer Ausbuchtungen heißt Jammerbucht — weiß Gott nicht zum Spaß. Was hier im Laufe der Jahrhunderte an Schiffbrüchen und Strandungen vor sich ging, war alter Chronik zufolge wirklich ein Jammer. Da ich in keiner Weise lebensmüde bin, wählte ich den für diesen Fall vernünftigeren Weg über die Elbfeuerschiffe nach Brunsbüttel und von da durch den Nord-Ostsee-Kanal.

Noch in Lee von Helgoland baumte ich die Fock aus, sicherte den Großbaum durch eine Bullentalje und machte mich auf den Weg, der Elbmündung entgegen. War das ein Segeln! Der Wind nahm zu, die See wurde gröber, kam aber achterlich. AZIMUTH geriet ins Surfen und flog wie ein Vogel über die Seen. Ich hatte an der Pinne höllisch aufzupassen, daß wir die vor uns laufende See nicht unterschnitten. Doch mein Schiff pfefferte da wie der Teufel hinein, schnitt sie zischend, kletterte bis zum Kamm an ihr hoch — sausend fiel hier oben der Wind in Großsegel und Fock, Nationale und Verklicker knatterten —, verharrte ein wenig einsinkend auf dem Gipfel und jagte dann, behende wie ein Rennpferd, zusammen mit dem weißen Kammgischt der Welle nach.

In der Außenelbe empfingen uns die Möwen. Sie hatten an der Sache offensichtlich die gleiche unbändige Freude wie ich, warfen sich in den Wind, drehten unwahrscheinliche Steilkurven um den Mast und schrien vor Daseinsfreude. Müde und glücklich kamen wir in Brunsbüttel an, schoben uns mit einigen dicken Pötten in die Schleusenkammer, klarierten und bogen dann unmittelbar hinter dem kanalseitigen Schleusentor hart backbords in den Yachthafen ein. Der Hafenmeister und ich hoben zum Gruß den linken Zeigefinger. Das hieß seinerseits „ich sehe dich" und meinerseits „ich sehe dich auch; komm rüber, hab da einen kleinen in der Bilge zu liegen". Wir kannten uns gut.

Aber noch hatte er keine Zeit. Ich aber hatte sie, steckte zwei brettdicke Stullen in die Hosentasche, turnte eilig die steile Eisenleiter zur Schleusenanlage hoch und hockte mich auf einen der Eisenpoller. Steuerbords zog die Elbe schmutziggrau dahin, unter mir lag das lange Schleusenbecken, backbords schimmerte lichtüberglänzt das enge, gerade Silberband des Nord-Ostsee-Kanals — der wohl meistbefahrene Kanal der Welt. Ich machte mich gemächlich an meine Stullen und harrte der Dinge, die da kommen würden.

Weil ich zu den Leuten gehöre, die gern lachen und an harmloser Komik ihre helle Freude haben, war diese Schleuse für mich seit Jahren eine Quelle unerschöpflicher Heiterkeit. Da kam vor Jahren Kuli, Fernsehshowmaster und Publikumsliebling, mit seiner hübschen Segelyacht in die Schleuse. Die Festmacher erkannten ihn sofort, jubelten ihm zu und vernachlässigten die Berufsschiffahrt sträflich. Ich merkte, daß das dem Kuli gut gefiel. Nun hätte es meiner Auffassung nach genügt, wenn er mit dem Zeigefinger an den Mützenrand getippt und sein berühmtes Charmeurlächeln aufgesetzt hätte. Kuli war da anderer Ansicht. Er tippte zwar an den Mützenrand, doch er tat noch ein Übriges. Er griff hinter sich und warf schnell hintereinander drei Bierbuddeln zur Schleusenmauer hoch. Da das Schleusenpersonal aber in großer Verzückung so gut wie erstarrt war, gingen zwei der Buddeln zu Bruch. Die dritte wurde geschickt von einem Festmacher aufgefangen, der trotz aller Faszination seinen kühlen Kopf bewahrt hatte. Aber auch er enttäuschte mich. Statt die Flasche auf Kulis Wohl zu leeren, schob er sie unter seine Jacke und machte sich eilig davon. Und überließ mich der sicheren Vermutung, daß diese Flasche heute noch existiert und vielleicht auf einer Kommode einen Ehrenplatz einnimmt, dicht neben einer — ebenfalls in einer Buddel montierten — Viermastbark, die jetzt deklassiert vor sich hintrauert.

Die Scherben auf der Schleusenmauer jedoch wurden unverzüglich weggefegt — nicht von den Urhebern, also Kuli und seiner Crew, sondern von seinen Fans. Mich hätten sie das mit Handfeger und Müllschippe selber machen lassen, abgesehen davon, daß ich mich nie so versündigen würde, volle Bierflaschen durch die Luft zu schmeißen. Aber ich bin ja auch kein Kuli.

Doch man muß nur warten können — auch für mich lagen für diesen Tag noch zwei hübsche Delikatessen im Skat.

Auf dem Schleusentor zur Elbe hin bimmelte es. Die gewaltige graue Stahlmauer begann lautlos zur Seite zu fahren. In die Schleuse schob sich unhörbar ein großes, russisches Schiff, gab vor dem gegenüberliegenden Schleusentor ,,voll zurück'' und lag schnell festgemacht an der Mauer. Die Gangway wurde ausgefahren. Alles war gut, fachmännisch und fand meinen vollen Beifall. Am Heck standen an die Reling gelehnt zwei russische Seeleute.

Das nächste einlaufende Schiff war ein deutscher Zerstörer. Grau, mit hübschen Linien, kam er mit noch allerlei Fahrt in die Schleusenkammer. Schneidige Kommandos ertönten, verhinderten aber nicht, daß das Schiff dumpf an die seitwärts schwimmende Balkenlage donnerte. Das gequälte Holz schrie entsetzt auf und warf den Störenfried empört ein Stück zurück, dorthin, wohin er eigentlich gehörte.

Ich wandte meine ganze Aufmerksamkeit den beiden Russen zu, die vom Heck ihres Schiffes aus das alles mitangesehen hatten.

,,Junge, Kostja'', sagte der eine zum andern, ,, hast du das gesehen? Wie der Teufel rein in die Balken. Die fahren sich vielleicht was zusammen, die Deutschen!''

Ich verstehe ihre Sprache gut, weil ich viele Jahre bei ihnen in Gefangenschaft war und in den letzten beiden Jahren als so eine Art Industriedolmetscher gearbeitet habe. Somit hielt ich den Zeitpunkt für geeignet, mich schützend vor mein Land und dessen Marine zu stellen.

,,Minute, Brüder'', sagte ich zu ihnen, ,,ist nicht gerecht, was Ihr da sagt. Da steht sicher einer am Ruder, der das Anlegen lernen muß — für's Examen, versteht Ihr?''

Natürlich verstanden sie das. Zunächst waren sie sehr verlegen. Dann lachten wir drei und waren gerade dabei, einen munteren radebrechenden Seemannsschnack zu beginnen, als einer ihrer Schiffsoffiziere erschien, mir einen bösen Blick zuwarf und die beiden an ihre Arbeit jagte. Auch der deutsche Offizier betrachtete mich wegen unseres Lachens mit unverhohlenem Mißfallen. Ich verzieh ihm das, weil er ja nicht wissen konnte, daß ich für seine Waffengattung soeben eine Lanze gebrochen hatte. ,,Undank ist der Welt Lohn'', dachte ich nur und kletterte die rostige Eisenleiter zum Anleger herunter, an dem AZIMUTH lag.

Unter anderem bietet Brunsbüttel auch eine heiße Dusche, die man unter Einhaltung eines gewissen Rituals — da ist Geld an einem Kiosk zum Erhalt eines Schlüssels und einer Duschmarke zu hinterlegen, nach bestimmter Duschdauer ist der Schlüssel wieder abzuliefern usw. — sogar benutzen kann. Ich jedenfalls benutzte sie und saß dann frischrasiert, das schütter werdende Haupthaar gut gekämmt, sauber an Leib und Seele im Cockpit und ließ mir ein kühles Fläschchen Bier in die Kehle rinnen, als das zweite vergnügliche Ereignis dieses Abends eintrat.

Aus dem Kanalfahrwasser scherte eine wunderhübsche, leuchtendweiße Motoryacht aus, bog in die Hafeneinfahrt ein, stoppte dort ihre Maschinen und hielt nach einem für ihre Größe geeigneten Liegeplatz Ausschau. Am Ruder stand ein breitschultriger, rotgesichtiger uniformierter Mann. Auf dem Vorschiff machte sich ein Jungmann mit Fendern, Trossen und Leinen zu schaffen. In diesem Augenblick kam ein schlanker, weißhaariger alter Herr in blauem Jackett und weißer Mütze den Niedergang herauf und nahm dem Rotgesichtigen das Rad ab. Mein Interesse war sofort voll geweckt, weil mir klar war, daß hier nach alter, guter Seefahrermanier ein Schiffseigner sein Anlegemanöver selber fuhr. Das hat man auf diesen großen, gut mit Personal bestückten Yachten heutzutage nicht mehr allzuoft. Der hier aber machte seine Sache hervorragend. Als sein Heck zu mir hindrehte, sah ich, daß er holländischer Nationalität war. Da war kein Kommando zuviel, da wurde kein überflüssiges Manöver gefahren. Leicht und selbstverständlich legte sich die Yacht an den ihr zugewiesenen Platz, der ihr vorn und achtern nur den notwendigsten Raum ließ. Der alte Herr warf noch einen prüfenden Blick zur Anlegeseite hin, schien zufrieden und ging wieder in seinen Salon nach unten. Der Rotgesichtige — ein holländischer Kapitän, wie sich später herausstellte — prüfte die Leinenbelegung an Pollern und Klampen, hing höchstpersönlich noch einige Fender zur Wasserseite hin, falls später noch jemand längsseits kommen sollte, und verschwand dann auch unter Deck.

Die drei schienen allein zu sein. Still und in gediegener Vornehmheit lag die Yacht im dunklen Hafenwasser, das ihre silbernen, edlen Konturen leise zitternd reflektierte. Ich wartete noch eine Weile, denn man trägt sein Interesse an fremden Schiffen nur unter angemessenem Zögern zur Schau, und machte mich dann unter Wahrung aller Schicklichkeit auf den Weg zu diesem Meisterwerk niederländischer Schiffbaukunst. In Bewunderung versunken, stand ich in eben noch zu vertretendem Abstand vor so viel Schönheit, Eleganz und Zweckmäßigkeit. Auch nicht die geringste Spur von Neid war in mir — das hätte sich AZIMUTH gegenüber schon nicht gehört. Ich war vielmehr zutiefst zufrieden, daß so schöne Schiffe die Meere befuhren. Letztlich waren sie meine und meines Schiffes Weggenossen. Hinzu kam, daß mein Herz dieser hübschen Holländerin nie ganz gehören konnte, weil das schon an die großen Segelyachten verschenkt ist, die für mich, wenn sie, alle Segel gesetzt, unter Vollzeug die blaue See durchpflügen, das Schönste sind, das Gottes Sonne bescheint und sein Wind umweht. Diese Gedanken müssen sich wohl in Haltung und Blick bei mir widergespiegelt haben, denn der alte Herr stand unerwartet vor mir an Deck und sprach mich an.

,,Gefällt Ihnen mein Schiff?''

,,Sehr'', sagte ich wahrheitsgemäß.

,,Wollen Sie es betrachten, auch das Interieur? Verzeihen Sie, ich spreche nicht ohne Fehler Deutsch.''

,,Ich möchte das sehr gern'', sagte ich, ,,Sie machen mir damit eine große Freude. Ich werde mich umziehen, und Sie sagen mir die Zeit, wann ich kommen soll.''

„Kommen Sie doch gleich", meinte er, „so wie Sie sind. Wir werden uns was erzählen und, wenn Sie mögen, etwas trinken".

Ich sah mir also seine Yacht an. Mahagoni, Silber, Messing, Kristall, Marmor für die Gäste, aber Wärme und Gemütlichkeit für den Eigner und seine Besatzung. Der Holländer zeigte mir alles, was ich zu sehen wünschte, ohne übertriebenen Besitzerstolz und ohne jede Überheblichkeit. Er war 72 Jahre alt, Bankier in Amsterdam, hatte aber seine Bank einem seiner Söhne überlassen und wollte nun die Nase ein bißchen in die „sieben Seen" stecken, wie er sich ausdrückte. Er war für mich ein feiner, alter Seemann, mit dem man sich einfach verstehen mußte.

„Jetzt sagen Sie mir, was Ihnen am besten gefallen hat", wollte er wissen.

„Der Motorenraum und die Radaranlage", antwortete ich ohne Zögern, „ja, und dann noch der Salon, den Sie bewohnen".

Einen Augenblick lang sah er mich verdutzt an, lachte dann und sagte:

„Da haben Sie aber sehr recht. Gehen wir also in meinen Salon und trinken wir was. Was möchten Sie?"

„Vielleicht einen Genever?" sagte ich und hoffte, ihm mit der Wahl seines Nationalschnapses eine Freude zu machen.

„Sie sind ein höflicher Mann", meinte er, „treffen wir uns also in der Mitte, trinken wir Whisky. Kein Deutscher mag Genever so besonders gern".

Was mich betraf, hatte er damit recht. So kam es denn, daß ich mich behaglich im weichen Sessel räkelte, uralten Whisky trank und mit dem Holländer vom Hundertsten ins Tausendste geriet. Wir beide verstanden uns wirklich gut. Inzwischen war der Hafen beleuchtet, und ich zeigte durchs Fenster auf AZIMUTH, die uns gegenüberlag. Er aber wußte mit einem so kleinen Schiff nicht allzuviel anzufangen, horchte jedoch auf, als ich ihm mitteilte, daß ich auf dem Wege nach Mariehamn auf den Ålandinseln in Finnland sei und anschließend noch ein bißchen in den Bottnischen Meerbusen hineingucken wollte. Da kam er nämlich gerade her. Er empfahl mir einen Platz im Westhafen von Mariehamn, gleich hinter dem Großsegler POMMERN, vergaß natürlich sein eigenes Metier, die Geldwechselei, nicht und gab mir Einkaufstips. Er selber wollte weiter ins Mittelmeer, dort überwintern und dann gleich nach Weihnachten von Las Palmas aus in die Karibik gehen.

„Aber genug erzählt", sagte er plötzlich, „lieben Sie Musik und welche?"

Ich gab ihm ehrlich Auskunft, daß mich mein Vater von frühester Jugend an zum Geigenspiel angehalten, ich es auf diesem Instrument zu einer gewissen Fertigkeit gebracht und als junger Mann in einem Quartett mitgespielt hätte. Später aber sei das durch den Krieg unterblieben; außerdem sei ich Segler, und er wisse ja wohl auch, was Schoten und Fallen für Hände und Gelenke bedeuteten. Ich drehte meine Handfläche nach außen und wies ihm eine ehrliche, harte, schwielige Arbeitshand vor. Nein, nein, mit dem Geigenspiel sei das zu Ende, geblieben sei aber eine Vorliebe zu den Violinkonzerten der großen Klassiker, von denen ich so ziemlich alle Platten besäße.

,,Wunderbar'', sagte er, ,,wenn Sie wollen, können Sie sich gleich ein Violinkonzert heraussuchen. Ich hoffe nur, daß Ihnen meine Stereoanlage so gut gefallen wird, wie das mit der Radaranlage der Fall war. Vorher aber muß ich Ihnen noch etwas sagen. Sie verstehen doch hoffentlich Spaß? Wissen Sie, Ihr Herr Vater hat da einiges nicht bedacht mit dieser Violine, meine ich. Mein Vater hat wohl meinen Geschmack besser getroffen. Mich nämlich ließ er das Pianoforte — also Klavier — spielen lernen. Als ich dann ein junger Mann war, spielte auch ich in einem Musikzirkel mit, aber ich konnte dabei immer mein Bier auf dem Piano abstellen. Doch Sie mit Ihrer Violine. . .''

Welchen Geiger ich besonders liebte, wollte er wissen.

,,Eigentlich sind das zwei, Yehudi Menuhin und David Oistrach'', sagte ich.

,,Na gut, aber welche Konzerte mögen Sie am liebsten?'' bohrte er weiter.

Ich sagte sie ihm. Er war zutiefst befriedigt, und erstmalig bemerkte ich Stolz an ihm, als er eine Schrankwand lautlos beiseiterollen ließ und einem Fach zwei Platten entnahm. Wir hörten je einen Satz aus dem A-Dur-Violinkonzert von Mozart mit Yehudi Menuhin und einen aus dem D-Dur-Violinkonzert von Beethoven mit David Oistrach. Er besaß an guter Musik auf Platten und Bändern, was man sich nur wünschen konnte. Außerdem kannte er viele der Großen unserer Zeit aus Politik, Wirtschaft, Kunst und Presse.

Ich wollte seine Gastfreundschaft nicht länger in Anspruch nehmen und wollte ihn auch nicht ermüden. Er ließ aber noch keine Verabschiedung zu, erklärte mir, daß sein Kapitän und der Jungmann Landurlaub hätten und er allein an Bord sei. Eine Whiskylänge hätte ich doch sicher noch Zeit. Die Zeit hatte ich nun ganz gewiß und auch noch die für einen anschließenden Kaffee. Dafür bekam ich noch eine nette und, wie er sagte, garantiert wahre Begebenheit zu hören:

Da spielte also die englische Königin mit ihrem Sohn Charles Karten. Der kleine Prinz schummelte dabei so entsetzlich, daß seine Mutter mahnend zu ihm sagte:

,,Do you know what happens to little boys, when they cheat at games?''

,,Yes, they win!'' antwortete der hoffnungsvolle Sprößling.

Ich verabschiedete mich und ging von Bord. Unser Wunsch, uns wiederzusehen, war keine Phrase.

Zufrieden mit meinen Lebensumständen, legte ich mich auf meine Koje, sah durch das geöffnete Schiebeluk die Sterne und hörte der Melodie des Hafens zu, die hier nie verklingt, weil rund um die Uhr alle Schleusen in Aktion sind.

Ein glückliches Leben, das ich im Begriffe war, mir zu schaffen. Jedenfalls nicht das eines krassen Individualisten, der sich, das Menschengeschlecht verachtend, grollend einhand auf die See zurückgezogen hat. Und doch: Wenn sich jemand echte Sorge um das monatelange Alleinsein gemacht hatte, dann war ich das. Trotzdem kann ich die Frage, warum ich so alleine in der Weltgeschichte umhersegele, leicht beantworten.

Es gibt keinen echten Segler, dessen Sehnsuchtstraum nicht in etwa so aussieht, wie ich ihn verwirklicht habe. Alt geworden, die Kinder aus dem Haus, will er nun endlich geruhsam, mit oder ohne Lebensgefährtin, auf seinem geliebten Schiff, an keine Zeit gebunden, übers Meer segeln — um sich herum die See, im Segel den Wind, über sich Sonne, Sterne, Wolken und hellen Möwenschrei. Abends dann der kleine Hafen an ferner Küste, glucksendes Wasser um den Steven uralter Fischkutter, der Geruch von Tang und Räucherfisch.

Doch allzu häufig wird daraus meistens nichts, weil eine Bandscheibe aus der bisher so stabilen Raste gesprungen ist, weil ein rheumatisches Zipperlein bohrend in der Schulter sitzt, oder einige mangelhaft geschmierte Gelenke zu knarren beginnen und kein noch so hübsches Mädchen den holprigen Kreislauf mehr zu beschleunigen vermag. Man fühlt, daß man der Sache nicht mehr so recht gewachsen ist, und gibt resigniert auf. Nicht zuletzt auf Anraten seiner Frau, die, besorgt und völlig berechtigt, die Behaglichkeit ihrer kleinen, gepflegten Wohnung einem versalzenen, schwankenden Schiffsdeck vorzieht und ihrem Seemann klarmacht, daß seine einsetzenden Altersbeschwerden doch weiß Gott kein Grund seien, das hübsche Schiff zu verkaufen. Da sei doch lediglich das Angenehme mit dem Nützlichen zu verbinden, nämlich ab und an ein kleiner Törn — und schon seien Segelvergnügen und Wohnbehaglichkeit zufriedenstellend auf einen Nenner gebracht.

Wie neidvoll habe ich später oft an diesen Segelbruder gedacht, wenn Rasmus mich am Kanthaken hatte, AZIMUTH mit kleinster Besegelung im Sturm stöhnte, die See mir weißen Gischt ins Gesicht und aufs Deck spuckte und ich alter Narr, naß wie eine Katze, frierend wie ein junger Hund, die letzten Kräfte mobilisiert, kampfesmatt hinter meiner Pinne hockte. Doch alles war vorbei und vergessen, wenn Sonne oder Sterne dann wieder auf mich niedersahen und Kurs, Krängungswinkel und Segelstellung wieder unter leidlicher Kontrolle waren.

Von meinem 50. Lebensjahr an habe ich begonnen, alle mir über den Weg laufenden alternden Segler auf ihr Verhalten hin zu beobachten. Und so kam ich schnell zu der Erkenntnis, daß man sich aufs Alter sehr gewissenhaft vorbereiten muß. Wenn man's richtig macht, bleiben da für Bier, Korn und Tabak immer noch ausreichende Reservoire.

Ich hatte mich also schlecht und recht vorbereitet und mich dabei immer noch der sicheren Gewißheit hingegeben, für meine Segelei später leicht einen Mitsegler zu finden, um von April bis Oktober nicht so ganz allein auf See zu sein. Das stellte sich aber bald als Trugschluß heraus, weil man einen altgewordenen Segler gleicher Lebensauffassung und gleicher guter gesundheitlicher Konstitution nicht findet. Mir war absolut klar, was es bedeutet, mit einem zweiten Individualisten monatelang an Bord auf wenigen Quadratmetern zusammenzuleben.

Man stelle sich das einmal vor: Da liegt beim Aufwachen in etwa eineinhalb Meter Entfernung auf der Koje gegenüber ein weißstoppeliges, mehr oder weniger schnarchendes Gesicht. Und das sollte nun etwa zweihundertmal in ununterbrochener Reihenfolge so sein? Von dem Augenblick an wird einem klar, daß an Bord nun den ganzen Tag andere Gewohnheiten herrschen werden, die von den eigenen im höchsten Maße abweichen. Da kann eigentlich der Zeitpunkt beinahe vorausberechnet werden, an dem trotz aller Wohlerzogenheit aus dem zunächst leise glimmenden Schwelbrand zunehmenden Unbehagens die Flamme ununterdrückbaren Widerwillens auflodert. Nein, nein, so wollte ich mir mein Alter keineswegs gestalten!

Wenn man um diese Schwierigkeiten weiß, ist ihnen gar nicht so schwer beizukommen, und das Alleinsein verliert viel von seinem Schrecken. Und dennoch: Als ich mich damals mit AZIMUTH allein auf die Reise machte, verspürte ich eine Menge Unbehagen. Doch das ist längst vergangen, und ich wünschte mir jetzt oft, mehr allein zu sein. Daß sich das nicht realisieren läßt, hat vor allem zwei Gründe.

Zum einen bin ich außerordentlich kontaktfreudig und meiner Mitwelt gegenüber sehr, ja, fast zu aufgeschlossen. Anstatt einsam und mit hochmütig verschlossenem Gesicht an Bord zu bleiben — wie es sich für einen Einhandsegler gehört und wie man es wohl auch von ihm erwartet — klettere ich, kaum im Hafen angekommen, über die Reling und sehe mich an Land um, bereit, bei der geringsten passenden Gelegenheit loszulachen.

Alles, was auch nur ein bißchen außerhalb allgemein üblicher Lebensroutine verläuft, findet meinen spontanen Beifall. Dabei ist es gleich, ob es der Hafensperling ist, der sich auf originelle Weise hinter dem Ohr kratzt, oder der Fischerjunge, der, geschmeidig wie eine Weidengerte im Wind, dem heransausenden Holzpantoffel seines Kapitäns ausweicht und sich wieder zutraulich zu uns gesellt, wenn ich den Pantoffel aus dem Hafenwasser fische und auf der Spitze des Peekhakens seinem Eigentümer zurückreiche. Der bedankt sich höflich, sieht mit einer Mischung von Widerwillen und Sympathie auf seinen Jungmann und sagt dann — solche Rotznasen brauchen schließlich nicht alles zu hören, wenn sich Erwachsene unterhalten — in englischer Sprache zu mir:

,,Sie sehen selber, daß dieser sommersprossige Teufel mit Sicherheit auf dem elektrischen Stuhl enden wird''.

Wir lachen beide, und der braungebrannte Sünder lacht mit. Einfach so. Aus Lebensfreude.

Das also ist der erste Grund, weswegen ich Schwierigkeiten habe, allein zu sein. Der zweite hat mit meinem Naturell nichts zu tun. Er ist ein bißchen komplizierter und hängt mit der Eigenart der Leute an den Küsten zusammen.

Wenn ich des Abends zufrieden und satt auf der Backskiste hocke, vor mich hinmeditiere und so richtig saturiert in mir selbst ruhe, geschieht es oft, daß ein dänischer, schwedischer, finnischer oder norwegischer Junge — je nach Land und Hafen — an mein Schiff kommt, seine englischen Sprachkenntnisse zusammenrafft und mich an Bord der in der Nähe liegenden Yacht seines Vaters bittet. In den Schären kommen sie zu diesem Zweck sogar mit dem Beiboot herangerudert. Die Zusammenhänge sind dann wohl so, daß der Vater und Yachteigner die kleine, von weither gekommene Yacht mit der deutschen Nationale am Steg oder vor Anker liegen sieht. Er beobachtet das Schiff mit großem Interesse und hat bald heraus, daß da nur ein einzelner an Bord ist, der eine ganze Menge von Seemeilen hinter sich gebracht haben muß, um eben diesen friedlichen, weltabgeschiedenen Küstenstreifen zu erreichen. Diesen Umstand teilt er vermutlich unverzüglich seiner Gattin mit, die mich nun — natürlich viel diskreter als ihr fernglasbewehrter Bordvorstand — ihrerseits unter die Lupe nimmt. Ihr Mutterkomplex wird von Minute zu Minute mehr angerührt, wenn sie den weißhaarigen Fremdling da so einsam im Cockpit dahinwelken sieht.

Und schon ist es aus, und die von Herzen kommende Gastfreundschaft meiner skandinavischen Freunde entreißt mich meinem behaglichen Dahingammeln, das ich nach einem arbeitsreichen Segeltag verdient zu haben glaube. Aber ehrlich gesagt, ich bin glücklich darüber, und es ist einer der Gründe, deretwegen ich den Skandinaviern von ganzem Herzen zugetan bin.

Das ist es also, womit ich erklären wollte, was es mit der Art meiner Einhandsegelei auf sich hat. Ich neige einfach nicht zu düsterem Eremitentum und kann mich nach dieser oder jener betrüblichen Erfahrung des Eindrucks nicht erwehren, daß mancher dieser alleinsegelnden Klausner Anerkennung für seine entsagungsvolle Abgeschiedenheit erwartet. Was mich angeht, kann er lange darauf warten.

Das Thema des Für und Wider der Einhandsegelei ist trocken. Ich würde mich jetzt auch lieber von einer handigen Brise auf die blaue See hinauswehen lassen, komme aber an einer Sache wohl doch nicht vorbei. Der überwiegende Teil der seglerisch interessierten Öffentlichkeit versteht unter einem Einhandsegler einen Mann, der den Erdball rundet, vor Kap Hoorn zwar einen gesunden Respekt hat, sich aber zu aller Zeit einem übellaunigen Rasmus unter Schwerwettersegeln stellt, um schließlich abgemagert, aber wohlbehalten seinen Heimathafen zu erreichen. Hier kann er nun endlich seinem so lange unterdrückten Mitteilungsbedürfnis Luft machen und ach so wenige Tage in aller Munde sein. Hut ab und von Herzen kommende Bewunderung für diese Männer, die oft unter unmenschlichen Bedingungen ihren Willen durchgesetzt und ihr Ziel erreicht haben! In meiner Achtung jedenfalls stehen sie Kolumbus, Amundsen und Lindbergh in nichts nach.

Trotzdem haben sie ein kleines, wenn auch verständliches Negativum an sich. Sie lieben es, verhalten oder marktschreierisch, der Reklametrommel ganz hübsche Wirbel zu entlocken, die wohl auch nötig sind, einen Teil der immensen Kosten abzudecken. Diese Kosten aber sind geradezu lächerlich im Verhältnis zu den Rettungsaktionen, zu Lande, auf dem Wasser, in der Luft, die viele von ihnen ausgelöst haben. Oft nur deswegen, weil krankhafter Ehrgeiz und blinde Tollkühnheit die Triebfedern zu diesem gefährlichen Spiel waren. Rasmus hat eine gehörige Portion Geduld mit einer Reihe von ihnen gehabt und ihnen manche Chance gegeben, aber sie haben ihren Kredit bei ihm überzogen und haben sich, kaum nach Hause gekommen, wieder auf den Weg gemacht. Nochmal rum um den Globus, diesmal aber auf Gegenkurs.

Dutzende sind auf See geblieben. Die Berühmtesten von ihnen haben Bücher geschrieben, Bücher voller atemberaubender Spannung. Sie haben darin aus ihrer Todesangst keinen Hehl gemacht, wenn ihr Schiff *capsize* ging, wenn es in den ungeheuren Wellengebirgen versank, wenn krachend und splitternd alles um sie herum zerbrach, wenn ihr einziger, allerletzter, einem Stoßgebet gleichender Gedanke nur der war: Wird es sich noch einmal aufrichten? Das tat es. Ohne Masten. Sie kamen durch. Sie erreichten unter Notbesegelung irgendeine Küste, oder ein Schiff fand sie. Wenn es solche wie sie nicht gäbe, wäre Amerika nie entdeckt, wären die Pole nie bezwungen worden.

Oft aber ist in diesen Büchern etwas vergessen worden. Das ist Ehrfurcht und tiefes Staunen vor der Schöpfung und ihrer Schönheit mit ihren Gestirnen, Fischen, Vögeln, Wolken und Winden, ihrer behutsamen Stille und ihrer Grausamkeit, die doch so völlig ohne Haß ist. Mir jedenfalls ist der Entschluß, auf Nord- und Ostsee — meinen Heimatmeeren — zu segeln, ganz leichtgefallen. Schon deswegen, weil mein Lebensgestirn in beträchtlichem Tempo der Kimm zueilt. Ich habe wohl noch mehr vor, als ich Zeit haben werde, es auszuführen.

Agag, agag schrien sich die zänkischen Heringsmöwen bösartig an, als ich im Morgengrauen ins Wetter sah. An Yachthafen, Kanal und Schleusen stehen graue, schlanke Lampenmasten, deren oberes Ende sich in schönem Rundbogen übers Wasser neigt. Auf jedem dieser unzähligen Lampenbögen saß eine Möwe, drückte die Schwingen nach unten, reckte den Kopf steil nach oben, riß den gewaltigen gelben Schnabel in erboster Abwehrbereitschaft auf und schrie ihre heisere Warnung einer Artgenossin entgegen, die ihr den Platz streitig zu machen versuchte. Über mir im Himmelsgrau kreisten Silbermöwen. Ohne Schwingenschlag hingen sie im Frühlicht und schrien ihr klagendes Kiau-Kiau zu mir herunter. Aus Brunsbüttel meldete sich der erste Hahn und teilte seiner Umwelt aus voller Kehle mit, daß er erwacht sei und keinem seiner Kollegen raten wolle, sich seinem Hühnervolk oder seinem Misthaufen ungebührlich zu nähern. Über die Schleusenbrücke trappelte müde, die Leinenmützen im Genick, eine soeben abgelöste Festmachercrew dem heißen Kaffee und dem warmen Bett entgegen. Von der Elbe her teilte ein Schiff in fünf kurzen, dröhnenden Tönen mit, daß es sich über

den Kurs eines vor ihm laufenden nicht ganz im klaren sei. ,,Okay'',
antwortete das angesprochene in zwei Tönen, ,,richte meinen Kurs ja
schon nach Backbord''. Dann schwiegen sie. Alles war wieder in Ordnung.

Ich ließ meinen Motor an, um die 99 Kilometer des Nord-Ostsee-
Kanals hinter mich zu bringen. Wind kam auf. So ein hübscher, kleiner, achterlicher Schiebewind, den ich zu nutzen gedachte. Hoch also
mit der größten Fock. Mit munter plaudernder Bugwelle segelte ich
vergnügt und sorgenfrei durch den Kanal der Wasserschutzpolizei mitten in die liebevoll ausgebreiteten Arme. Diese schlossen sich wie die
Tentakeln einer Qualle um meinen Leib, zogen mich an den fiskalischen Busen, sogen mir zehn Mark aus der mageren Börse und stießen
mich dann angeekelt wieder von sich.

Das war so gekommen: Um den Kanal passieren zu dürfen, muß
man an der Kanalschleuse so eine Art Billett lösen. Es mag der Kanal-
verwaltung vielleicht peinlich sein — ich selber glaube zwar auch das
nicht — dafür der notleidenden Sportschiffahrt eine Menge Geld ab-
zuknöpfen, weswegen sie diesem Billett, wohl des besseren Aussehens
wegen, noch ein im Umdruckverfahren hergestelltes Traktat — Kanalordnung genannt — beigibt. Darin steht einiges Wissenswerte zu lesen, unter anderem, daß für den Kanal die Seeschiffahrtstraßen-Ordnung gilt, daß Segeln erlaubt, Kreuzen jedoch verboten ist, daß aber,
wenn man segelt, der Motor mitzulaufen hat. So will es die Kanalordnung. Die Seeschiffahrtstraßen-Ordnung fordert, daß bei mitlaufender
Maschine am Tage im Vortopp ein schwarzer Kegel geführt werden
muß.

Der Grund ist vollkommen klar. Sobald dieser Kegel gesetzt ist, wird
aus dem Segelfahrzeug ein Maschinenfahrzeug. Damit aber gelten völlig andere Ausweichregeln. Ich hatte bei meinen bisherigen gut 20 Ka-
nalpassagen noch nie diesen Kegel gesetzt und tat das demzufolge auch
diesmal nicht. Die Kanalordnung fordert doch zwingend, daß mein
Motor im Kanal zu laufen hat. Das besagt für mich, daß es im Kanal nur
Maschinenfahrzeuge geben kann. Entgegenkommer und Aufholer wissen das. Was soll also im Kanal der Kegel?

Das Polizeiboot war so ein Entgegenkommer. Ein Mann der Besatzung stand an Deck und legte, als er meiner ansichtig wurde, die rechte
Hand schützend über seine offenbar lichtempfindlichen Augen. Als er
den Kegel nicht entdecken konnte, malte sich zunächst ungläubiges
Staunen in seinem Gesicht, ehe es finster und verschlossen wurde. Er
gab dem Mann am Ruder eine Anweisung, worauf das Boot mit seiner

Fahrt herunterging und seinen Steven auf mich zudrehte. Mir ahnte nichts Gutes. Das Boot kam längsseits. Mit gekonntem Griff packten sie meine Seereling. Damit hatten sie mich. Einer von ihnen, offensichtlich der Schiffsführer, fingerte einen Block aus der Brusttasche seines Hemdes und sagte statt eines Gutenmorgengrußes lediglich:

,,Kostet zehn Mark, Herr Nachbar.''

,,Warum denn das?''

,,Na, welche Vorschriften gelten denn wohl hier im Kanal, Herr Nachbar?''

,,Die Kanalordnung.''

,,Sehr schön. Oder, was dasselbe ist, die Seeschiffahrtstraßen-Ordnung. Also, wo haben wir denn das Kegelchen? Na, geben Sie schon her, die zehn Mark.''

Jetzt wußte ich — geahnt hatte ich das sowieso schon —, was sie wollten. Natürlich machte ich mich mächtig stark und sagte ihnen in markiger, wohlgesetzter Rede, was ich von dieser Kegelsetzerei im Kanal hielte — nämlich verdammt wenig. Also ließen sie mich erstmal den Kegel holen, gewiß mit dem Hintergedanken, daß ich vielleicht keinen hätte. Natürlich hatte ich einen, zeigte ihn, heißte ihn aber noch nicht vor, weil ich mich im Recht fühlte. Dann verlangten sie meine Papiere. Da ich alles habe, was man sich an Scheinen, Zeugnissen und Berechtigungen nur denken kann, holte ich sie herbei, in der sicheren Gewißheit, jetzt einen Punktvorsprung herausgearbeitet zu haben. Nach aufmerksamer Prüfung betrachtete mich ihr Wortführer melancholisch und auch ein bißchen interessiert, wohl in der Annahme, auf einen aufmuckenden Mitbürger gestoßen zu sein, ehe er sagte:

,,So gute Papiere und dann keinen Kegel! Herr Nachbar, Herr Nachbar!''

Er hielt mir den Strafzettel noch einmal einladend, aber eindringlich vor die Augen, verwies kurz auf vergleichbare Fälle, die nie zu Gunsten solcher Leute wie mich ausgegangen wären, und ließ mich abschließend wissen, daß im Falle der Zahlungsverweigerung Kiel der Gerichtsort sei. Ich meinerseits verwies auf mein Greisenalter und die mit einer Gehirnverkalkung verbundene Vergeßlichkeit. Er meinte, daß er zwar kein Arzt sei, mir aber privat gern bescheinigen könne, daß er mich noch für außerordentlich rüstig und rege hielte. Geschmeichelt zog ich meine Börse und zahlte. Zufrieden wünschten sie mir noch eine gute Reise und legten dann ab.

Nach wenigen Metern stoppte das Boot jedoch wieder. Der Schiffsführer zeigte mit der rechten Hand auf den Kegel, der friedlich auf dem

Kajütdach von AZIMUTH lag, mit der linken auf seine Brusttasche, in der der Strafblock steckte. Er lachte, ich lachte, und die Sonne lachte, als ich den Kegel an der Flaggleine unter der Steuerbordsaling vorheißte. So etwas ist mir immer zehn Mark wert. Schließlich wollen wir ja auch nicht vergessen, daß die Unterhaltung des Kanals sicher eine Menge Geld kostet und Schleswig-Holstein, wie man so hört, das ärmste aller Bundesländer sein soll.

Meine Annahme, daß es mit dieser in meinem Leben ersten Straffälligkeit der Wasserschutzpolizei gegenüber sein Bewenden gehabt hätte, erwies sich als trügerisch. Kaum eine Stunde später war es wieder soweit.

Als ich den Kegel an der Flaggleine nach oben geheißt hatte, war mir aufgefallen, daß der Block zur Führung der Leine ein wenig nachgab. Diese Leine ist aber deswegen wichtig, weil man an ihr auch solche Flaggen setzt, die auf See entscheidende Bedeutung haben können. Ich bog also nach einer Weile steuerbords in einen kleinen See ein, um den Schaden zu beheben. Der Anker fiel. Bald senkte sich auch der Mast, und ich konnte feststellen, daß sich eine Mutter gelockert hatte. Sie war lediglich anzuziehen und zusätzlich durch eine Kontermutter zu sichern. Dann richtete ich den Mast wieder auf, spannte Vorstag und Vorderwanten und wollte mich gerade daranmachen, den Anker hochzuholen, als ich ein Polizeiboot auf mich zuhalten sah. Das Blut gerann mir in den Adern: Ich lag vor Anker und hatte den vorgeschriebenen Ankerball nicht gesetzt! Das konnte ich auch noch gar nicht, weil das Stag, an das er gehörte, eben noch gelegen hatte.

In eleganter Kurve kam das Boot längsseits. Da Angriff die beste Verteidigung ist, fing ich also an:

,,Bitte, glauben Sie mir doch. Eben hat mein Mast noch gelegen. Ich hatte eine kleine Reparatur und will jetzt weiter, nur deswegen ist kein Ankerball hoch. Sie müssen mir das glauben''.

Der Polizist sah mich verdutzt an, lachte dann und sagte:

,,Mann. Wir haben Sie hier liegen gesehen und dachten, Ihr Motor sei im Eimer. Wir wollten Sie in Schlepp nehmen. Warum haben Sie bloß solchen Bammel vor uns!''

Das konnte ich ihm genau erklären und als Beleg für die Richtigkeit meiner Aussage das Strafmandat vorzeigen. Er besah sich die Unterschrift und zeigte sie dann seinem Kollegen. Der schien kein sehr ernsthafter Mensch zu sein, denn er gab sich nicht die geringste Mühe, ein Gelächter zu unterdrücken. Abschiednehmend aber sagten beide mahnend und einstimmig:

„Aber im Recht ist er".

Ich blickte über meinen hübschen, kleinen See, sah das Schilf sich vor dem Wind neigen, blaue Libellen darüber hinhuschen, die Sonne zitternde, goldene Reflexe auf den moorigen Ufergrund werfen und eine Flußseeschwalbe der Umwelt mit hellem Schrei triumphierend verkünden, daß sie das Silberfischchen, das sie im Schnabel trug, soeben gefangen habe. Wie immer fand ich das Dasein großartig. Schon deswegen, weil wir Menschen so unterschiedlich sind und uns dementsprechend benehmen. Die Polizei macht da keine Ausnahme.

Ich ließ den Anker im Seegrund, klappte das Luk zur Vorpiek auf, angelte den Ankerball heraus und setzte ihn. Schwarz, vorschriftsmäßig, rundum sichtbar — ein Labsal für jedes Polizistenauge —, pendelte er in halber Höhe des Vorstags in der leichten Frühlingsbrise. Etwa zweihundert Meter weiter lagen noch zwei Segelboote vor Anker. Mit tiefer Befriedigung sah ich, daß jetzt auch auf ihnen, hurtig wie Luftballons, die Ankerbälle in die Höhe stiegen. Diesen schlampigen Kollegen schien der Schreck ganz heilsam in die Glieder gefahren zu sein.

Gemächlich begab ich mich in die Pantry, setzte den Primuskocher in Gang und nahm wenig später im Cockpit ein gepflegtes Mittagsmahl zu mir: Reis mit jungen Erbsen, Paprikagulasch und eine kleine Büchse Pfirsiche. Dazu trank ich ein großes Zahnputzglas voll wunderbaren leichten französischen Landweins. Flüchtig dachte ich an meine ehemaligen Mitarbeiter in Bremen. Sie hockten um diese Zeit in der Kantine, kauten ihr Mittagessen mit der immer gleichbleibenden Sauce lustlos herunter und setzten dabei in Gedanken ihre Arbeit fort, die oben auf dem Schreibtisch auf sie wartete. Mein Mitgefühl war so echt wie meine Freude über mein jetziges ungebundenes Dasein. Unfaßbar, daß ich vor nicht allzu langer Zeit mit dem gleichen Mißmut in meinem Kantinenessen herumgestochert hatte. Mir schien es, als seien seitdem Jahre vergangen.

In der altnordischen Mythologie gibt es die drei Nornen — Schicksalsschwestern, deren Spruch für unsere Altvordern Schicksal und Lebensende bestimmte. Die eine hieß Urd (das Gewordene), die andere Verdandi (das Seiende) und die dritte Skuld (das Werdende). Wenn nun eine der drei Damen sich zu mir ins Cockpit gesetzt hätte mit dem Angebot, das Stundenglas umzudrehen und die Körnchen meines Lebenssandes wieder zurückkrieseln zu lassen — sagen wir mal: so bis zu meinem 40. Lebensjahr —, so hätte ich ganz bestimmt geantwortet:

„Hör mal zu, Schwester, liebe alte gute Norne Urd, dein Angebot ehrt mich wirklich, aber ich freue mich über und auf mein Alter so, daß

ich mich da mit Worten nicht recht verständlich machen kann. Also nichts für ungut, wenn ich dein Angebot ablehnen muß. — Aber wie wäre es statt dessen mit einer hübschen kleinen Selbststeueranlage?''

Urd, von den Wikingern sicher so einiges gewöhnt, wäre meinem Wunsch vermutlich nachgekommen, wohl schon deswegen, weil ihr seemännischer Scharfblick sie längst hätte erkennen lassen, daß ich als Einhandsegler eine Selbststeueranlage wirklich benötigte.

Mein gedanklicher Ausflug in graue Vorzeit fand, wie das bei der Seefahrt eben so ist, schnell in Gegenwart und Umwelt zurück. Ich fühlte, wie AZIMUTH unter mir unruhig wurde, sah, wie sich kleine Stromwirbel zunächst flach und langsam an der Seeoberfläche bildeten, dann aber tiefer, schneller und reißender wurden und der schmalen Ausfahrt zum Kanal zudrängten. AZIMUTH begann, vom Sog mitgenommen, um die Ankertrosse zu schwojen. Urheber dieser Unruhe war die HANSEATIC, die draußen auf dem Kanal vorbeizog und dort in schneeiger Weiße mit lässiger, ein bißchen hochmütiger Eleganz ihre 180 Meter Länge und ihre 25 300 Tonnen präsentierte. Ein phantastisches Bild, dieses gewaltige Luxusschiff im schmalen Kanalfahrwasser — die Aufbauten hoch im blauen Himmel — so schön und majestätisch dahingleiten zu sehen. Allerdings, wie ich schon sagte: ein bißchen hochmütig. Die eingebildete Dame schien völlig vergessen zu haben, in welch derangiertem Zustand ich ihr im Jahr zuvor begegnet war:

Im Morgengrauen war ich aus der Kieler Förde kommend in den Kanal eingeschwenkt, zufrieden, dem laufend zunehmenden Wind entgangen zu sein, um nun tief unten im Windschatten der Talsohle gemütlich dahinzuschippern. Es dauerte auch nicht lange, da kämpften über mir auf der steilen Uferböschung die Laubbäume stöhnend mit dem Sturm. Ab und an prasselte ein Platzregen aufs Deck. Mir war's egal. Ich war wasserdicht in Ölzeug verpackt und mußte Brunsbüttel mit Sicherheit kriegen. Mein Motor blubberte vor sich hin und drehte genüßlich immer dann ein bißchen schneller, wenn ein kühler Regenguß ihm einen frischen Ozonstoß in die Gurgel blies. Alles lief planmäßig. Aber dann — wie ein Blitz aus heiterem Himmel — ging's los.

Das Kanalufer ist mit allerlei Signalbeleuchtung reichlich versehen, und alles, was davon rot war, fing plötzlich an zu zucken, zu blitzen und zu flimmern. Alarm! Alarm! Weiß der Teufel, wo so schnell all die Dienstschiffe und -schiffchen herkamen, die mich und einige gleichfalls segelnde Leidensgenossen aus dem Fahrwasser jagten. Alles zappelte vor Aufregung. Keiner dieser Lotsen, Polizisten und Barkassenkapitäne hatte es mit seiner Würde für vereinbar gehalten, uns verdammten Zivilisten auch nur ein Wort der Erklärung zu gönnen. Mir war auch das noch egal, weil ich den Kanal und seine Verhältnisse gut kannte, denn ich hatte schon so an die zwei Dutzend Passagen hinter mir. Ich nahm also an, daß da so ein Riesenbagger, Riesenkran oder Riesenschiff angeschippert kam und allen nur verfügbaren Raum für sich beanspruchen würde. So etwas dauerte erfahrungsgemäß etwa eine Stunde, ehe alles wieder im Lot war. Und so legte ich AZIMUTH an die dem Land zugewandte Seite eines Duckdalbens und ließ, wie man so sagt, den Herrgott einen guten Mann sein, brachte ihm ab und an ein kleines Rauchopfer und streckte die Beine von mir.

Nach zwei Stunden war der Zustand noch unverändert, aber die Hektik, die über dieser Kanalszenerie lag, steigerte sich noch. Sie schien sich auch den Seeschiffen, die an den Innenseiten der Dalben festgemacht hatten, mitzuteilen. Schließlich wollten wir ja alle weiter. Aber weitere zwei Stunden vergingen.

Dann kam sie an. Nicht angefahren, sondern angeschlichen: die stolze, schwanenweiße Königin der Meere, die HANSEATIC. Ein erregtes Schleppergeschwader brummte wie ein Schwarm aufgescheuchter Hummeln um sie herum. Jeder von uns begriff, was da passiert war. Die Aufbauten der HANSEATIC waren so gewaltig, daß sie an vielen Stellen die Kanalböschung haushoch überragten. Das war natürlich eine Sache für den alten Rasmus, die er sich nicht entgehen ließ. Auf See konnte er ihr kaum etwas anhaben. Dafür war sie zu gut gebaut. Aber hier faßte er die schöne Dame plump und kräftig an die wohlgeformten Rippen und sonstigen hübschen Rundungen.

Auch die HANSEATIC durfte aus Gründen des Uferschutzes im Kanal nicht schneller laufen als wir Kleinen, nämlich 15 Kilometer in der Stunde. Diese Geschwindigkeit genügte aber bei ihren gewaltigen, windanfälligen Flächen nicht, um sie bei langsamdrehenden Schrauben in der schmalen Fahrrinne zu halten. Rasmus — manchmal wirklich ein ungehobelter Klotz — schubste sie laufend in den Dreck, und die Schlepper konnten sehen, wie sie sie da wieder herausbugsiert bekamen.

Das sind so Vorkommnisse, die das Verhalten und den Respekt eines kleinen Seglers vor einem so weltbekannten Schiff wie der HANSEATIC mitformen. Jedenfalls war es bei mir, vor Anker auf meinem kleinen See liegend, mit der Ehrfurcht vor diesem Luxusliner, der da so stolz und schön vorbeizog, nicht so übermäßig weit her. Ich ließ meinen Ankerball fallen, holte den Anker hoch und tuckerte gemütlich hinter der HANSEATIC her.

III

Die Kneipe mit den halben Hähnen —
Der Kompaßkurs der Vögel — Drei nächtliche Besucher —
Anglerglück vor Kåseberga — „Dorsch in Linnen" —
Kutter auf Kollisionskurs —
Die seltsamste Freundschaft meines Lebens

Im Kanal, der schön und streckenweise sogar idyllisch ist, gibt es zwei Dinge, die mich stets von neuem erheblich verunsichern. Da sind zunächst die beiden Schleusentore, die wie die Fallgitter einer Mausefalle an jedem seiner Enden sitzen, jegliche Fluchtmöglichkeit unterbinden und mich dem Zugriff des Gesetzeshüters schutzlos preisgeben. Zum anderen ist da ein von Stunde zu Stunde sich steigerndes Unbehagen, in meiner Winzigkeit aus devoter Untertanenperspektive zu den riesigen vorübergleitenden Schiffswänden heraufschielen zu müssen. Gleichsam wie ein Wurm windet sich meine Freiheitsliebe dann stets dem offenen Seeraum entgegen.

In diesem freien Seeraum sieht die Sache dann plötzlich völlig anders aus. Wenige Seemeilen hinter der Schleuse Kiel-Holtenau beginnen die dänischen Gewässer, und da wohnen — diesen oder jenen Zollbeamten vielleicht ausgenommen — erstaunlich andersgeartete Menschen. Diese Macker sind mir wirklich ans Herz gewachsen. Sie kümmern sich den Teufel um Ankerball, Kegel, Lampenattest und ähnlichen Kram. Keinem von ihnen könnte man etwa Liederlichkeit nachsagen. Sie verlangen, daß es klappt — genau das, was wir auch wollen.

In Kiel an der Schleuse angekommen, gab ich mein Ticket ab. Die Stahlmauer wich zurück, und blau, weit und schön lag die Förde vor mir. Kleine weiße Buffwölkchen segelten über den Nachmittagshimmel, als ich AZIMUTH im Hafen sauber vertäute. Das muß man da besonders sorgfältig machen, weil eine Menge Pensionäre und Rentner umherflanieren, die ihren Priem angewidert ins Wasser spucken, wenn sie statt des erwarteten adretten Pal- oder Roringsteks eines chinesischen Wulingsteks ansichtig werden. Natürlich haben sie recht, diese alten Inspekteure, weil die seemännischen Knoten auf einem klardurchdachten Kneif- und Klemmsystem beruhen und sich spielend leicht wieder lösen lassen, mögen sie noch so naß und versalzen sein. Ich schien meine Sache gutgemacht zu haben, denn das Dutzend meiner Inspizienten behielt zufrieden den Priem zwischen Backe und Zahn, um dann ein Schiff weiterzuwackeln.

Um der Wahrheit die Ehre zu geben: nach angemessenem Abstand von der Küste fange auch ich an, diese Knoten auf die leichte Schulter zu nehmen. Ich komme dann hervorragend mit halben Schlägen und Rundtörns zurecht. Meine liederlichen Vorbilder sind da die skandinavischen Segler, die ihre Volksboote, Schärenkreuzer und Dickschiffe zwar hervorragend segeln, mit ihrer schlampigen Knotenmacherei jedoch jeglichen deutschen Yachtbrauch mit Füßen treten. Einer dieser Brüder hat mal auf dem Wege zu einem schwedischen Dorfkrug einen Augenblick auf mich warten müssen und dabei zu mir gesagt:

,,Nun fummel schon zu mit deinen dämlichen deutschen Spezialknoten und erspar dir die Spring ganz. Guck dafür lieber mal in den Himmel, da wirst du nämlich feststellen, daß es heute und morgen kaum Wind geben wird''.

Daraufhin fragte ich ihn:

,,Mensch, ist das wirklich so, daß Ihr uns Deutschen für pingelig haltet?''

,,Und wie!'' antwortete er.

Seitdem binde ich mein Schiff entsprechend den Gepflogenheiten meines Gastlandes an und bin dabei stets gut gefahren. Ich möchte nicht auffallen; deswegen beeile ich mich hinzuzufügen, daß ich unter *anbinden* festmachen oder vertäuen verstehe.

Ich machte mich ein bißchen landfein für Kiel und kletterte über die Reling in der harmlosen Absicht, eine kleine Kneipe aufzusuchen, von der ich wußte, daß sie dort nicht nur hervorragend halbe Hähne in Butter braten, sondern auch ein gutes Bier zapfen konnten. Als ich zielstrebig den schwankenden Anleger entlangwanderte, stürzte plötzlich eine junge Dame auf mich zu, die sich bei näherem Hinsehen als meine Tochter entpuppte. Sie war völlig unerwartet von Bremen herbeigeeilt, um mir mitzuteilen, daß sie ihr Staatsexamen mit *summa cum laude* bestanden habe, mir aber vor allen Dingen ein rechtzeitig bestelltes, aber verspätet geliefertes Echolot übergeben wollte.

Für mich war das Echolot wirklich wichtig, noch wichtiger aber war, daß ein eigenes Kind, das man, eben weil man es als Erzeuger so gut kannte, ein klein wenig für bescheuert hielt, nun plötzlich so viel Initiative aufbrachte, Schiff und Vater nicht nur zu suchen, sondern sogar auch zu finden. Gerührt schloß ich sie in die Arme und marschierte mit ihr in die kleine Kneipe zu den halben Hähnen. Dort war alles wie immer, nur daß ich des Examens wegen statt des Bieres eine Flasche Wein bestellte. Das war aber eine Sache, in der mir das bedienstete Mädchen wenig weiterhelfen konnte, da es sich hinsichtlich des vorhandenen Weinsortiments als nur mangelhaft orientiert erwies. Ich hatte hier auch noch niemanden Wein trinken sehen. Es wurde also der Wirt herbeizitiert, ein, wie ich wußte, ehemaliger Matrose. Erstaunt, denn er erinnerte sich meiner als eines ordentlichen biertrinkenden Mannes, versprach er, sein Bestes zu tun. Und siehe da: Meine Tochter hatte kaum Zeit gefunden, sich in dem Milieu ihres Vaters notdürftig zurechtzufinden, als er stolz eine grüne Moselflasche herbeitrug. Wie sich schnell ergab, war der Wein von einer Qualität, wie sie der Bremer Freimarkt bei seinen Tombolas beziehungsweise beim Ringwerfen wohlfeil anbietet. Das machte gar nichts. Meine Tochter versteht von Wein nicht das Geringste und fühlte sich sogar noch geehrt. Ich aber habe den Magen eines Kameltreibers, dem selbst Wein nichts anhaben konnte. Schließlich zahlte ich, schrieb als guter Vater noch einen Examensscheck mit einem namhaften Betrag aus und entließ mein Kind in einen langen Urlaub, an dessen Ende das Berufsleben mit hartem Zugriff stehen würde. Vergnügt lachte ich mir eins, da ich mit solchen Sachen nichts mehr zu tun hatte. Es ist eben schön, alt zu sein.

Am nächsten Tag war ich mit eifrigem Hämmern, Bohren und Schrauben beschäftigt, um das Echolot zu montieren. Ich hatte bis dahin zu den Leuten gehört, die für flache Gewässer einen Peilstock benutzten, wenn's aber tiefer wurde, munter ein gewichtiges Handlot schwangen, es weit vor den Schiffsbug schleuderten, um schließlich an einer mit farbigen Merkmalen durchsetzten Lotleine die Wassertiefe abzulesen. Für die Einhandsegelei ist das heutzutage einfach zu antiquiert. Ein Echolot gab es bisher deswegen nicht bei mir an Bord, weil es mir widerstrebte, zu dessen Anbringung den Schiffsboden zu durchbohren. Aber da hatte wieder einmal jemand scharf nachgedacht und herausgefunden, daß man das bei einem Kunststoffschiff nicht mehr braucht. Zu dem Echolot lieferte der Hersteller eine Kunststoffröhre mit. Diese war mittels Kleben an geeigneter Stelle auf dem Schiffsboden zu befestigen und schließlich mit Rizinusöl zu füllen. Nur noch eine handelsübliche Trockenbatterie, und schon waren Schwinger und Geber bereit, die Mikrowellen durch dicken Schiffsboden zu senden und auch zu empfangen.

Richtig montiert, funktioniert die Sache zuverlässig und ist in Verbindung mit der Seekarte eine blitzschnelle, wunderbare Navigationshilfe, die ich nicht mehr missen möchte.

Für mich war dieses Echolot auch noch zum Fischen sehr wichtig. Ich werde noch zu berichten haben, wie abwechslungsreich sich mein Speisezettel durch die Dorschangelei gestaltete.

Drei Uhr morgens. Ich befand mich noch immer im Blickwinkel des grauen Schleusentores, das wie ein stählerner Korken vor dem Flaschenhals des Nord-Ostsee-Kanals sitzt. Der Himmel war grau, aber da, wo sich weit hinten im Osten die Förde zur See hin öffnete, verfärbte sich das Grau schon in schwaches Grün, in dem silbern die Mondsichel schwamm. Hoch oben, dort, wo der hinter der Kimm verborgene Sonnenball schon einen goldenen Strahl heraufsenden konnte, trieb eine einzelne, zartrosa Wolke wie eine Flamingofeder auf die Mondbarke zu, und als sie diese erreichte und darüber hinwegzog, sah es wirklich so aus, als ob ein schimmernder Nachen durch den Morgenhimmel glitte. Von den Uferbäumen fiel der Morgentau in schweren Tropfen ins Hafenwasser und ließ Hunderte zitternder Ringe um AZIMUTH herumtanzen, auf denen kleine glitzernde Wasserblasen standen. Es war bitterkalt. Eine leichte Morgenbrise spielte mit dem Verklicker im Masttopp. Um vier Uhr war die Sonne, um neun Uhr vermutlich der Wind zu erwarten, der aus nördlicher Richtung kommen würde. Die Besatzungen der Yachten um mich herum lagen in tiefstem Schlaf. AZIMUTH sah naß, blank und glänzend aus. Leise ging ich aufs Vorschiff. Vor mir lag eine große, moderne Segelyacht. In leuchtend goldenen, mit schwachblauen Schatten abgesetzten Lettern stand ihr Name auf dem weißen Heck: DARLING. Ein hübscher Name. Sicher nannte der Skipper seine Frau so.

Armer Darling! Der Ehemann und Kapitän hatte der Lüftung wegen den Niedergang ein wenig offengelassen. Aus dieser schmalen Öffnung aber dröhnte, schepperte, gurgelte, grunzte und blies ein beängstigendes Schnarchen. Normalerweise konnte mir das gleichgültig sein.

Ich hatte mich in der Nacht nicht gestört gefühlt. Aber als ich mit aller Vorsicht die große Genua klarmachte, Fall und Schot einpickte und die Stagreiter einklicken ließ, erschrak ich doch zutiefst, denn der Darlingmann hörte ab und an jäh und unerwartet mit dem Schnarchen auf. Eine lange Pause ohne jeglichen Atemzug setzte ein. ,,Mein Gott, jetzt erstickt er!'' dachte ich voller Sorge. Dann aber schluckte er, etwa so, als ob ein Reiher einen zu großen Fisch durch den Schlund tranportiert. Endlich erfolgte zu meiner großen Erleichterung ein rasselnder, abgrundtiefer Atemzug, mit dem er behaglich wieder in seinen vorherigen, donnernden Schlafrhythmus zurückfiel. Was mochte die Darlingfrau wohl machen? Irgendeine Taktik mußte sie doch anwenden, um auch zu ein bißchen Schlaf zu kommen. Ging sie mit Ohropax gegen diese gurgelnden Urlaute vor?

Besorgt um diese mir völlig unbekannte Dame, schob und hangelte ich mich leise wie eine Katze aus dem Hafen. Überflüssiger Anstand, denn in diesem Augenblick öffnete sich eins der Schleusentore und spuckte geräuschvoll einen Haufen Dampfer in die Förde, deren einer munter tutend der Sonne entgegenfuhr. Ich setzte die Segel und kreuzte in langen Schlägen langsam an Laboe und Schilksee vorbei auf Kiel-Leuchtturm und damit dem offenen Seeraum zu.

Zwischen Tau und Tag sind die Stunden auf dem Wasser die schönsten und friedlichsten. Heute aber waren es nicht nur die Morgenstunden. Es blieb den ganzen Tag zwar schwachwindig, aber wunderschön. Ich steuerte 35° am Kompaß, einen Kurs, der mich in den Großen Belt führen würde, wo ich unter einer Steilküste die Nacht vor Anker zubringen wollte. Der Wind wehte mit zwei bis drei Beaufort und drehte ganz allmählich zurück auf West, so daß er für meinen Kurs immer raumer wurde. Vereinzelt wanderten große Wolkenkühe mit weißen, dicken Hängebäuchen langsam über die Himmelswiese. Wenn sie an der Sonne vorüberzogen, versilberte die ihre Ränder und ließ breite Lichtfächer weit hinten auf die Kimm der leise atmenden See fallen. Vor jedem dieser Wolkenschiffe frischte der Wind ein wenig auf. AZIMUTH legte sich dann anmutig auf den Leebug und wurde schneller. Sofort fing die Bugwelle an, mit mir zu plaudern. Ich hörte ihr ernsthaft zu. Hinter dem Ruder blieb im Wasser eine schmale, sprudelnde, gerade Bahn zurück. Noch sah man hier und da die Aufbauten eines Dampfers oder ein fernes Segel, aber bald waren AZIMUTH und ich allein. Wunderbar, der Himmel, die See, mein Schiff und ich!

Alle meine Sorgfalt verwandte ich jetzt auf die Segelstellung. Als sie mir optimal erschien, kontrollierte ich eine Weile den Kurs, arretierte dann die Pinne, überließ das Schiff sich selbst und ging in die Kajüte hinunter. Da ich noch nichts gegessen hatte, schlug ich mir den Bauch voll mit Speckbroten und heißem Kaffee. Weiß Gott, was war ich doch für ein glücklicher, weißhaariger Sailor, um so mehr, als ich sah, wie kursstabil und sicher AZIMUTH ihres Weges dahinzog. Auf dem zweiten Kompaß in der Kajüte konnte ich jede Kursabweichung sehr genau feststellen. Nahm der Wind vor einer Wolke zu, luvte AZIMUTH ein bißchen an; wurde er wieder stetig, glich sie diesen Kursgewinn allmählich wieder aus.

Zufrieden warf ich Pullover und Jeans auf die Koje und setzte mich, wie Gott mich geschaffen hatte, aufs Vorschiff. Erfreut nahm mich die alte Mutter Sonne in ihre Arme, vergnügt summte der Wind in meinen Ohren, weiß stand die Fock über mir im blauen Himmel. Meine Seglerwelt war heil und in allerschönster Ordnung. In etwa zehn Meter Abstand passierten wir eine treibende Tomatenkiste, die ein Steward nachts über Bord geworfen haben mochte. Zwei Zwergseeschwalben saßen darauf. Sie wendeten mir den Kopf zu, hatten blanke dunkle Augen mit einem schimmernden Sonnenreflex darin, einen gelben Schnabel mit einem schwarzen Punkt an seiner Spitze und trugen ein hübsches schwarzes Barett auf dem Kopf. Verträglich hockten die beiden auf ihrer Kiste und wußten nichts von ihrer zierlichen Eleganz. Eins aber wußten sie ganz sicher, daß der, der da mit dem Frieden der See im Herzen an ihnen vorbeitrieb, ihnen ganz gewiß nichts Böses anhaben wollte. 21, 22, 23, 24, 25 zählte ich, während ich sie mit meiner Schiffslänge passierte. Ich errechnete, daß AZIMUTH zur Zeit etwa drei Knoten lief.

Aber schon nahm mich eine andere Sache gefangen. Da kam ein langes dunkles Band quer über die Seeoberfläche auf mich zugezogen. In zitternden Wellenlinien stob es heran, schwenkte, einem geheimen Kommando folgend, seitlich aus, und mit pfeifendem Schwingenschlag zog ein riesiger Schof Eiderenten an mir vorbei. Bis hundert zählte ich mit. Dann war durch das Geflatter nicht mehr durchzufinden.

Ich drehte mich auf den Bauch und schob den Kopf unter der Reling hindurch über Bord. Eigentlich war es noch zu früh im Jahr, aber da trieben schon große rosa und bläulich schimmernde Quallen durch das grüne Seewasser. Auf — zu, auf — zu pumpte ihr Fallschirm. Pausenlos. Unermüdlich. Wenige Tage noch, und sie würden bei Eckernförde oder Schleimünde auf Grund laufen. Vorbei mit Leben und Liebe. Aus den transparenten, wunderhübschen, pastellfarbenen Gebilden würde ein häßlicher, sulziger Brei werden, der in der Dünung hin und her schwabberte. Die Strandwanderer würden ihnen in weitem Bogen angewidert aus dem Wege gehen. Zumindest merkwürdig, was die Natur sich da so alles zusammenbastelte. Ich nahm also besser wieder die Nase nach oben und nach vorn.

Das war auch höchste Zeit. Da hatte sich nämlich ein blau-weißer Dampfer ganz schön dicht an mich herangearbeitet. Ich erkannte mit dem ersten Blick, daß es das Fährschiff LANGELAND war, das zwischen Kiel und Bagenkop auf Langeland verkehrt. Zwar bemühte ich mich, noch schnell in meine Hose zu kommen, aber aus dem mehr unverschämten als verständnisvollem Grinsen der Fahrgäste auf dem vorderen Schiffsdeck ersah ich, daß ich mir das getrost hätte ersparen können. Argwöhnisch musterte ich die Passagiere, stellte zufrieden fest, daß keine Ordensschwester darunter war, und gewann von den anderen den beruhigenden Eindruck, es hier mit einer Schar vergnügter und lachlustiger Leute zu tun zu haben. Der Kapitän gab seinen Senf mit einem langen Sirenenton auch noch dazu. Daß mir keiner etwas nachtrug, bewiesen mir das Taschentuchgeflatter und die fröhlichen Zurufe. AZIMUTH tanzte wie ein aufgeregter Angelkorken durch die Hecksee der LANGELAND und beruhigte sich genauso schnell wieder.

Ruhe und Frieden kehrten zu uns zurück, als ich meine Hose wieder auszog. Wenn man aber die Augen offenhält, ist auf See immer irgend etwas los. Über mir, silberweiß vor dem blauen Himmelsgrund, zogen mit ruhigem Schwingenschlag drei Schwäne dahin. Eigentümlich an ihrem Flug ist, daß die weit vorgereckten Hälse sich in Wellenbewegungen dem Flugrhythmus anpassen. Ich kontrollierte ihren Kurs. Die da oben hatten etwa 225° auf ihrem Kompaß. Damit wußte ich, wohin sie wollten. Es gibt da, einige Kilometer vor Schleimünde, einen See, den sie nach meiner Berechnung in etwa einer Stunde erreichen würden, um bei Hunderten ihresgleichen zu sein. Der See heißt seit uralter Zeit Schwansener See. Wer will mir verdenken, daß ich einige Gedanken an meinen guten, alten, faulen, bettelnden Lohengrin im Bremer Vereinshafen verlor. Das arme Tier war zur Abstinenz verdonnert. Ich jedenfalls kannte keinen, der ihm liebevoll Weißbrot mit etwas Rum verabreichen würde.

Etwa eine Seemeile dwars hörte ich jetzt den Diesel eines Fischkutters dahintuckern. Seine Silhouette glich einem winzigen holländischen Holzschuh, wie er sich da so geschäftig durch die See schob. Als langer, grauer Schleier wehte das gefräßige Möwenvolk hinterher.

Ich bekam Besuch. Ein Star steuerte mich schnellen Fluges an und suchte sich hoch oben zwischen Großfall und Kopfbrett des Großsegels einen Ruheplatz. Ein Bein oben, das andere schräg unten, mußte er es eigentlich höllisch ungemütlich haben. Ihm schien das weniger auszumachen als mir, denn ich wäre gern in die Kajüte gegangen, um mein Fernglas zu holen. Fischkutter, Möwen und mein Star deuteten auf Landnähe hin. Andererseits wollte ich ihn nicht stören, denn ich kenne das Vogelvolk. Da fliegen sie aus unerfindlichen Gründen zu weit auf die See hinaus und finden dann nicht mehr nach Hause. Es hat bisher noch keine längere Reise gegeben, wo ich nicht so einen geistig wohl etwas zurückgebliebenen Gefiederten ein Stück mitnehmen mußte. Sie benötigen je nach Intelligenzgrad so etwa zehn Minuten, um sich zu erholen und sich zu orientieren. Meiner schien der Mittelklasse anzugehören. Er brauchte 15 Minuten. Dann war es soweit. Vollkommen richtig hatte er da oben seinen 35-Grad-Kurs errechnet und machte sich auf den Weg nach Langeland. Wie er so munter dahinstob, hatte ich keine Sorge, daß er es nicht schaffen würde. Ich holte mein Glas.

Wer die Verhältnisse in diesem Teil der Ostsee kennt, der weiß, daß die Distanz von Kiel-Holtenau bis zum Eingang zum Großen Belt etwa 30 Seemeilen beträgt. Das Durchsegeln dieser Strecke ist also keine aufregende Sache. Wenn man seinen Kurs nur halbwegs richtig errechnet hat, muß man, leidliches Wetter vorausgesetzt, seinen Zielhafen einfach erreichen. Trotzdem ist es für jeden Segler und Motorbootfahrer immer wieder das gleiche aufregende Erlebnis, nach stundenlangem Segeln oder Motoren ohne Landsicht die gesuchte Küste endlich über der Kimm aufkommen zu sehen. Ob nun 30 oder 300 Seemeilen — mich rüttelt so ein Landfall mit stets gleichbleibender Vehemenz bis in die Grundfesten meiner Seele auf. Es ist einfach zauberhaft, die Südecke Langelands bei guter Sicht aus der See auftauchen zu sehen — so wie ich sie jetzt ins Glas bekam. Die Sonne war eine schwache Stunde zuvor durch den Meridian gegangen. Ihre Bahn begann sich dem Westen zuzuneigen. Strahlend hell beleuchtete dieser riesenhafte Scheinwerfer den feinen Schatten, der da dunkel, mit feingezacktem Grat dicht über der Kimm stand. Eine Stunde weiter, und man würde sehen, wie die Küste ein zartes Kolorit bekommt. Blau, grün und weiß. Zuerst in feinen Pastelltönen, dann kräftiger mit scharfumrissenen Konturen. Das Weiße darin ist die Steilküste, die aus der blauen See aufsteigt. Dovns Klint heißt diese leuchtend weiße Huk. Zur Südseite hin geht das Weiß in Grün über. Das sind kleine Waldstücke und Buschwerk, das geduckt unter der mächtigen Windsense sein Dasein fristet. An der Ecke aber steht Kelds-Nor-Leuchtturm. Wie ein kantiger, weißer Bleistift reckt er sich über den Großen Belt, als wenn er sich seiner Bedeutung bewußt wäre. Das Ganze sieht so freundlich und liebenswürdig aus, als wenn's ein alter Seemann liebevoll aus farbigem Kitt in einer Buddel modelliert hätte, um dann einen exakt nachgebauten Teeklipper darin aufzurichten.

Zwei Stunden später passierte ich Kelds Nor und segelte noch einige Seemeilen längs der Ostküste Langelands. Dann barg ich die Segel und ging unter Motor langsam auf die bewaldete Küste zu. 11 — 10 — 9 — 8 — 6 — Meter Wassertiefe zeigte das neue Echolot an. Ich ließ den Anker fallen, steckte etwa 20 Meter Kette und überließ es AZIMUTH, sich in diesem ihr zugemessenen Spielraum einen behaglichen Platz zu suchen. Ich bereitete mein Mittagsmahl und gab mich dann mit über dem vollen Bauch fromm gefalteten Händen einem wohlverdienten Schlummer hin. Wirklich sehr angenehm, so eine Koje, die durch den fernen Schiffsverkehr auf und ab gewiegt wird. Wie Hummeln brummten weit weg im Belt die Schiffsdiesel das Wiegenlied dazu. Den Ankerball? Jawohl, hatte ich gesetzt.

Keine einzige Sekunde ist mir je langweilig auf meinem Schiff. Da gibt's immer was zu tun, wenn alles seeklar, sauber und gemütlich bleiben soll. Außerdem habe ich einen sehr guten Rundfunkempfänger. Die ganze Welt gibt sich die erdenklichste Mühe, mir die Zeit wie im Fluge vergehen zu lassen. Da ist vor allem die eigens für Seefahrer eingerichtete Sailorwelle, auf der man zu bestimmten Zeiten die Wetterberichte bekommt. Hier, auf der Ostsee, waren Kiel, Rügen und Warnemünde Radio meine Hauptlieferanten. Norddeich Radio ist zwar für die Nordsee zuständig, aber wenn sie dort bereits schlechtes Wetter ansagen, kann man ziemlich genau vorausberechnen, wann der Wind die Bescherung in die Ostsee blasen wird.

Man glaube aber ja nicht, daß ich an den Knöpfen des Radios nur aus meteorologischen Gründen herumspiele. Weit gefehlt. Nach meinem Mittagsschläfchen saß ich, links von mir einen guten Kaffee, rechts einen aromatischen Bénédictine, an meinem Kajüttisch und hörte interessiert zu, wie die Genossen aus der DDR über uns herzogen. Aber keine Sorge, wir Monopolkapitalisten gaben es ihnen ganz schön zurück. Wirklich zum Lachen. In wenigen Tagen würde ich in Klintholm auf der dänischen Insel Mön sein. Im Hafen dort liegen fast immer Fischer aus der DDR mit ihren Kuttern. Und wie immer würden sie zu mir an Bord kommen und, da sie sich nichts schenken ließen, sehr guten geräucherten Fisch mitbringen. Von mir würden sie mit Bier, Schnaps und Tabak bewirtet werden, und alle zusammen würden wir verträgliche Seeleute sein, die sich gern mögen.

Aber zurück zur Grenzwelle. Außerhalb der Seewetterberichte läuft da ein reger Telefonverkehr zwischen Reedern, Schiffsführern, den Seeleuten und ihren Frauen. Ungewollt schalte ich mich oft als Schwarzhörer ein, wenn ich auf den Wetterbericht warte. So auch diesmal. ,,Hallo, Hanna, bin heute abend wohl schon in Kiel!'' sagte er. ,,Junge, Jan, is ja prima, da bad ich aber gleich!'' sagte sie. ,,Prost, ihr beiden'', sagte ich und leerte meinen Bénédictine auf ihr Wohl.

Darauf ließ ich auf der Mittelwelle Anneliese Rothenberger noch ein bißchen für mich singen und setzte mich, als die Dämmerung kam, ins Cockpit. Bis zur Mittsommernacht waren es noch etwa zwei Wochen. Normalerweise wird es dann dort oben kaum noch richtig dunkel. Heute aber versteckten sich die Sterne hinter einem schwachen Dunstschleier, unter dem vereinzelt dunkelblaues Gewölk dahinzog. Es war still. Von Land her bellte zuweilen ein Hund, brüllte dumpf eine Kuh und machte die Stille eigentlich nocht tiefer. Ein kaum merklicher Lufthauch wehte den Geruch von Wald und Acker über die reglose Wasserfläche zu mir herüber. Friedlich wie der Stern von Bethlehem leuchtete mein Ankerlicht vom Vorstag zu mir herunter. Da geschah etwas Seltsames.

Rechts von mir hob sich schemenhaft und lautlos ein Kopf aus dem Wasser, ein dunkles, schmales Gesicht mit weißen Wangen. In dem diffusen Licht war nichts Genaues auszumachen. Lautlos verschwand der Spuk wieder, aber ich sah, wie der Wellenkeil, der von einer Rückenflosse ausgehen mochte, unter meinem Kiel durchlief. Ich saß regungslos. Nicht lange, und von der Gegenseite kamen drei solcher Wellenkeile unter dem Schiff durch. An der gleichen Stelle wie vorhin hoben sich jetzt drei Köpfe aus der See. Schattenhaft, schmal, mit weißen Wangen, sahen sie sich AZIMUTH an. Ich muß in dem Bemühen, genauer zu sehen, wohl doch eine Reflexbewegung gemacht haben, denn lautlos verschwanden sie.

Bis heute weiß ich nicht genau, wer diese nächtlichen Besucher waren. Natürlich bemühte ich mich, der Sache auf den Grund zu gehen, und zog bei Fischern, Seeleuten und Hafenmeistern alle möglichen Erkundigungen ein. Seehunde, vielleicht auch Tümmler, spekulierten die meisten. Aber die waren es sicher nicht, weil ich die genau kannte. Viele Ältere meinten, es wären Delphine gewesen, fügten aber hinzu, daß sie lange keine mehr in dieser Gegend gesehen hätten. Trotzdem freute ich mich über diese Begegnung, weil das wohl die letzten Überraschungen sind, die die Natur für alleinsegelnde, sich leise verhaltende Menschen noch anzubieten hat. Nachdenklich lag ich dann in meiner Koje.

Doch bald hatte ich mir Gedanken über den nächsten Tag zu machen. Es würde wohl der letzte sonnige Tag sein, ehe Wolken und Wind aufkamen. Im Morgengrauen wollte ich Angelschnüre, Dorschpilker und Räucherofen klarmachen, um Schiff und Mann mit frischem Fisch zu versorgen. Unhöflich nahm ich den Kopenhagener Philharmonikern mit einem Fingerdruck die Luft aus den Posaunen, hörte noch eine Weile einem fernen Schiffsdiesel zu und schlief ein.

Ping — ping — ding weckte mich ein leises Klingen. Es waren Regentropfen, die von der Nock des Großbaums in ein Teeglas fielen, das ich im Cockpit hatte stehenlassen. Höchst angenehm für einen alten Kerl, aus der behaglichen Wärme eines Daunenschlafsacks heraus einem kleinen Regenliedchen zu lauschen. Der Takt war ganz gleichmäßig, und weil ich mit den Gedanken an den Fischfang eingeschlafen war, fand sich zur Melodie der Tropfen auch schnell ein passender Text. Er stammte aus einem sehr alten Märchen: ,,De Fischer un sien Fru''. Das freundliche kleine Regenspinett klimperte:

Timpe — Timpe — Timpe — Te
Butje — Butje — inne See
Mine Fru de Ilsebill
Will nich so as eck woll will

Unter mir schwamm jetzt vielleicht der verzauberte Butt mit dem Goldkrönchen auf dem Fischkopf, umher.

,,Jetzt ist's aber genug, mein Alter!'' rief ich mir selber zu. Ich kannte mich nämlich zu genau, um nicht zu wissen, daß diese Träumereien weiter nichts als der fadenscheinige Vorwand waren, mich vor dem Aufstehen zu drücken und mich noch eine Weile faul auf meiner Koje zu räkeln. Beglückend fiel mir ein, daß ich ja Zeit hatte. Das Kostbarste auf der Welt. Zeit, soviel ich nur wollte. Zeit, um das zu tun, was ich wollte. Einfach und schön war mein Leben. Der alte Schiffer aus Elsfleth fiel mir ein: ,,Lot Schap schieten, Wull wast likes.'' Leider gibt es aber noch einen anderen Spruch, der da sagt, daß Fuchs und Hase nicht an das Bett des Jägers kommen. Er muß zu ihnen. Mit Dorsch und Kabeljau ist das nicht anders, von allein kommen sie nicht in die Bratpfanne.

Kiau — kiau — kiau schrie eine Raubmöve über meinem Mast. Nicht weniger mißtönend plärrte jetzt auch der Wecker los. Die hübsche kleine Regenmelodie war von diesen Störenfrieden ohnedies zum Verklingen gebracht worden. Also schwang ich mich aus den Federn. Ich schob das Schiebeluk zurück. Ein feiner Regen fiel mir ins Gesicht. Die Sicht war schlecht, die Küste nicht auszumachen, kein Lufthauch war zu spüren, schlapp und naß hing die dänische Gastlandflagge unter der Saling. Eigentlich hätte sie wie die Nationale am Abend eingeholt werden müssen, aber wo kein Kläger ist, ist kein Richter. Friedlich brannte mein Ankerlicht — eine gute, alte, verzinkte, dickbäuchige Petroleumfunzel. Nahe bei AZIMUTH fischten zwei Eistaucher. Ich wollte ihnen ihre Jagd nicht verderben, zog vorsichtig den Kopf zurück, brachte den Kocher in Gang und stellte den Kessel auf die sausende Flamme. Ohne Furcht ruderten die Eistaucher gemächlich davon, als ich steifbeinig ins Cockpit kletterte und mir eine Pütz eiskalten Seewassers über Kopf und Schultern goß.

Gleich noch eine hinterher. Sofort bekam ich eine Haut wie eine gerupfte Gans. Auch so blau in der Tönung. Die Seife aus dem Binnenland machte Schwierigkeiten, versagte mir im Salzwasser ihren Dienst und wollte einfach nicht schäumen. Aber da half eine Regenflage weiter, die heranzog und mir mit ihrer Süßwasserdusche das Salz von der Haut wusch. Klappernd wie ein Skelett sauste ich in die angenehm durchwärmte Kajüte, um dann rotfrottiert wie ein Krebs in Strickjacke und Beinkleider zu fahren. Das sagt sich so glatt dahin, Beinkleider; in vorliegendem Fall handelt es sich jedoch lediglich um lange, graue, innen angerauhte Unterhosen, wie sie hierorts die Fischer tragen.

Als ich später pustend wie ein Pottwal den Zahnpastaschaum über die Seereling spuckte, erschien mein Verhalten nunmehr auch den beiden Eistauchern zu albern. Sie strichen ab. Ich aber strich mir dicke Brote mit Butter, Speck und Käse, trank brühheißen Kaffee dazu und setzte der Bekömmlichkeit wegen zum Schluß noch einen Korn auf das Ganze. Die Fischer hierzulande sagen, daß gerade dieser Schnaps es sei, der das Leben nicht unerheblich verlängere. Wenn man dann, wie es mir sehr oft geht, bis zum Abend nichts weiter bekommt, ist das kein Beinbruch.

Satt und zufrieden suchte ich mein Fischfanggerät zusammen. Weil ich von Kindesbeinen an fische, weiß ich sehr genau um die Schwierigkeiten, von dieser Sportart so zu berichten, daß dem Zuhörer nicht sofort ein Lächeln in den Mundwinkeln nistet: ,,Na Alter, geht's jetzt los mit dem Anglerlatein?'' Ich weise das zurück. Für ordentlichen Wind in meinen Segeln ist der heidnische Rasmus zuständig, für die Fischerei aber ist es ein Christ, und zwar kein Geringerer als der ehrwürdige See-Genezareth-Fischer Sankt Petrus. Er treibt mir Dorsch, Lachs, Makrele und Hornhecht an Pilker oder Drilling. Ihn rufe ich zum Zeugen an, daß hier nicht geflunkert wird.

Da gab's nämlich mal vier Lübecker, die zwar höflich zuhörten, denen aber auch der Teufel des Zweifels aus den Augenwinkeln leuchtete. An der schwedischen Küste, gegenüber von Bornholm, liegt der kleine Fischerhafen Kåseberga. Ihn laufe ich immer, wenn ich da vorbeikomme, deswegen an, weil sich über ihm auf einem Steilhang das größte Wikingergrab Skandinaviens, Ale Stena, befindet. Diesem alten Recken und Segler mache ich ehrfürchtig meine Aufwartung. Er liegt hoch über der See auf seinem windumsausten Berg, unter vielen riesigen, in Schiffsform aufgestellten Grabsteinen.

Und in eben diesem Hafen von Kåseberga lagen zwei Lübecker Yachten. Freundlich und hilfsbereit nahmen ihre Besatzungen meine Festmacheleinen an, und schnell war der übliche Klönschnack über das Woher und Wohin im Gange. Die beiden Ehefrauen der Eigner beteiligten sich rege an der Unterhaltung, holten dann aber ihre Einkaufstaschen, um zum Einkauf von Fisch die nahe Räucherei aufzusuchen. Nach Frauenart konnten sie es natürlich nicht lassen, ihre Eheherren auf die bevorstehende Geldausgabe hinzuweisen, die sie für vermeidbar hielten, wenn die Männer sich halb so dämlich beim Fischfang anstellen würden. Da schien viel Geld in Angelgerät investiert worden zu sein, ohne daß es sich auch nur im geringsten amortisiert hätte. Natürlich hielt ich zu meinen beiden Geschlechtsgenossen und schwieg, bis die Frauen außer Hörweite waren. Dann erkundigte ich mich nach dem Grund ihrer Mißerfolge.

Da waren sie schnell bei der Hand mit mangelhaftem Gerät, das heutzutage in Umlauf gebracht würde, mit Wasserverschmutzung und der offensichtlichen Ignoranz der Dorsche in diesen Breiten. Außerdem wären sie noch keinem begegnet, der auch nur einen Schwanz gefangen hätte. Lebhaft widersprach ich, weil ich die blütenweiße Weste meines fischenden Bekanntenkreises auch weiterhin fleckenfrei erhalten wollte. Aber da war er wieder da, der Teufel, der ihnen aus den Augen leuchtete: ,,Na Alter, du lügst doch wohl nicht?''

Höflich wechselten wir das Thema. Mir aber nagte ein Wurm am Herzen.

Am nächsten Morgen weckte mich das Nebelhorn, das sie dort an ihrer Hafeneinfahrt aufgebaut haben. Mir war das eigentlich recht, weil Nebel im allgemeinen Windstille bedeutet, diese aber wiederum die Voraussetzung für einen ertragreichen Dorschfang mit sich bringt. Da ich Dorsche für Pfanne und Räucherofen brauchte, machte ich AZIMUTH klar zum Auslaufen. Die Bucht dort sitzt wirklich voller Fische, die förmlich darum betteln, das Sonnenlicht ein einziges Mal aus der Nähe betrachten zu dürfen. Als der Motor ansprang, tauchten die Köpfe der beiden Lübecker aus dem Niedergang auf. Sie halfen mir, das Boot vorsichtig achteraus zu schieben. Noch ein letztes „Gute Reise", und ich verschwand in der weichen Nebelwatte. 180° muß man da steuern, dann kann man weiter draußen fischen und auf den Wind warten. Nach zwei Minuten stellte ich meinen Knatterheinrich wieder ab, ließ AZI-MUTH nach Süden treiben und den schweren Pilker auf den Seegrund fallen; dann begann ich mit den typischen Armbewegungen des Pil-kens. Drei Minuten später hatte ich vier Dorsche von zusammen etwa 15 Pfund in einer großen Segeltuchpütz.

Da erkannte ich meine und meinesgleichen Chance. Eilends motorte ich auf das Nebelsignal los und schwenkte in den Hafen ein. Das sich nähernde Motorgeblubber scheuchte meine beiden Lübecker neugierig aufs Deck.

„Haben Sie einen Eimer zur Hand?" fragte ich.

„Was ist passiert? Aufgebrummt? Leck? Wasser im Schiff?"

Die Dorsche in den Eimer schüttend, erwiderte ich: „Nee. Hier nehmen Sie, kleine Geschenke erhalten die Freundschaft".

Eine Frauenstimme: „Kinder, das gibt's ja nicht. Das ist doch Hexerei!"

Das war natürlich Balsam für meine Seele. Hinzu kam, daß die Frau-en ihren Ehegesponsen auch noch ganz schön einheizen würden. Ich will aber zugeben, daß ich weder vorher noch nachher vier Dorsche in so kurzer Zeit gefangen habe.

Ich wendete zufrieden, passierte das Nebelhorn und fing an, für den eigenen Bedarf zu fischen. Aber es dauerte unheimlich lange, ehe ich die Portion, die ich für meinen Lebensunterhalt für angemessen hielt, zusammenhatte. Das wußten die im Hafen aber nicht, denn zwei Stun-den vergingen, ehe Sonne und Wind den Nebel davonjagten.

Doch zurück zum Großen Belt. Ich machte also mein Angelzeug klar. Das war eigentlich für den vorliegenden Fall weiter nichts als eine etwa grashalmstarke Kunststoffschnur, an deren unterem Ende ein pri-mitiv imitierter Metallfisch, der Pilker, hing. Ich besaß davon mehrere. Der, den ich jetzt wählte, wog 150 Gramm. Ferner stellte ich eine Pütz zurecht. Die meisten Dorsche haben, wenn sie am Pilker hängend aus dem Wasser ins Boot gehoben werden, einige üble Angewohnheiten. Zwei der unangenehmsten sind die, daß sie, da sie offensichtlich zum Kannibalismus neigen, ihre soeben gefressenen kleinen Brüderchen in halbverdautem Zustand auf die Gräting spucken. Aber nicht genug da-mit. Wenn nämlich der Verdauungsprozeß bereits abgeschlossen ist, be-fördern sie die gleichen kleinen, inzwischen zu einem übelriechenden

Brei umgewandelten Brüderchen hinten heraus auf die gleiche Gräting. Dieser Schweinerei wegen also möglichst schnell in einen Eimer mit ihnen.

Jetzt wird meine Geschichte ein bißchen unangenehmer, und ich empfehle sensiblen Naturen, doch die nächsten zwei, drei Sätze zu überlesen. Die Hochseefischer sind auf Grund ihrer Fangmengen gezwungen, die gefangenen Dorsche qualvoll ersticken zu lassen. Das geht nicht anders. Weil es aber bei mir anders zu machen ist, liegt eine Art Handspake bereit, mit der der Unglückliche, der soeben der Tiefe seines Elements entrissen wurde, einen kurzen, harten Genickschlag erhält. Er quittiert diese Exekution mit einem Zittern, das wie ein Schauer über seinen Leib läuft. Damit ist aber auch alles zu Ende für ihn. Für mich leider noch nicht ganz. Ein Dorsch ist ein wunderhübscher Fisch von der Farbe ganz dunklen Bernsteins, verschönert durch helle Tupfen und dunkle Querbänder. Über seinem Schuppenkleid liegt ein feuchter, seidiger Schimmer, wenn er aus dem Wasser gehoben wird. Ihn zu töten, macht mir nichts aus. Es berührt mich jedoch jedesmal, dieses Strahlen des Lebens so schnell in die graue, glanzlose Farbe des Todes übergehen zu sehen.

Natürlich sind diese sentimentalen Gedanken verflogen, wenn meine Beute gebraten, gekocht oder geräuchert vor mir auf dem Teller liegt und ich mich hungrig darüber hermache — ein erfolgreicher Jäger, der nach beendetem Mahl zufrieden auf Gräten, Köpfe und Schwänze blickt. Ich brauche die Dorsche für meine Ernährung. Deswegen fange ich sie und töte ich sie. Ich muß freilich zugeben, daß Jagdinstinkt, Freude am Beutemachen und das Gefühl, einem frei in der See lebenden Tier überlegen zu sein und es überlisten zu können, auch eine gewichtige Rolle dabei spielen.

Nach allen diesen Vorbereitungen zog ich mein Ölzeug an und ging aufs Vorschiff. Es war zwar etwas sichtiger geworden, nieselte aber immer noch so vor sich hin. Wie eine chinesische Tuschzeichnung trat der sanftgeschwungene Küstenstreifen aus dem Dunst. Der Bug von AZIMUTH war aufs Tiefwasser gerichtet. Das war schon eine gute Voraussetzung und ersparte es mir, den Motor anzuwerfen, dessen Schallwellen mein für Geräusche empfindliches Unterwasserwild vergrämen konnten. Daher ergriff ich die Ankertrosse und begann sie aus allen Kräften Hand über Hand dichtzuholen. AZIMUTH nahm sofort Fahrt auf. Als wir über dem Anker waren, brach ich ihn aus dem Seegrund, holte ihn auf und ließ ihn auf dem Vorschiff liegen. Das Schiff hielt lautlos seinen

Kurs, verlor allmählich an Fahrt, bis es nur noch die Driftgeschwindigkeit der herrschenden Strömung hatte. Neun Meter Wassertiefe zeigte das Echolot an, als ich den Pilker auf den Grund fallen ließ, aber gleich wieder um 50 Zentimeter anhob. Ich hockte auf der Backskiste und bewegte in gleichmäßigem Rhythmus die Hand mit der Leine vom Knie zum Kinn, vom Knie zum Kinn . . . Meine Bewegungen hier oben lösten beim Metallfisch da unten eine lebhafte Zappelei aus. Dorsche sind überaus gefräßig.

Ich war einmal auf einer Yacht zu Gast, auf der es kein Angelgerät gab, doch wir wollten trotzdem gern frische Fische haben. Lediglich zwei große Angelhaken waren aufzutreiben. Ich ließ mir von der Bordfrau den ältesten Aluminium-Teelöffel geben, den sie besaß, durchbohrte ihn am Ende, band die Haken durch diese Öffnung und beschwerte das Ganze mit einer größeren Schraubenmutter. Wir fingen damit soviel Dorsche, wie wir brauchten.

,,Mensch, bist du ein dufter Fischermann!'' Diese Worte meiner Gastgeberin klingen mir noch heute im Ohr und streicheln mein Selbstgefühl sehr.

Aber zurück zu meiner Angelei. Keine zwei Minuten, und elektrisiert meldete mein Handgelenk einen Biß. Hoch fuhr die Hand, ein mittlerer Widerstand, und fest saß der da unten am Haken. Ich haspelte die Angelleine hoch. Etwa zwei Pfund mochte er wiegen. Vorsichtig löste ich ihn vom Haken. Er hatte wunderschöne topasfarbene Augen. Dann beugte ich mich über Bord und setzte ihn sanft aufs Wasser. Verdutzt stand er eine kurze Weile neben dem Boot unter der Wasseroberfläche. Das tat er nicht etwa aus bodenlosem Erstaunen, sondern deswegen, weil er in seiner Fischblase den Druck zwischen neun Meter Tiefe und Wasseroberfläche auszugleichen hatte. Dann aber beeilte er sich, auf kürzestem Wege zu seinen Artgenossen auf den Grund zu kommen.

Es stellt sich natürlich die Frage, was das für ein Widersinn ist — erst fangen und dann wieder reinschmeißen. Es ist die gleiche sakrale Zeremonie wie bei der Zuteilung der Rumration für Rasmus. In diesem Falle bekommt Neptun eines seiner Kinder zurück, und zwar das Erstgefangene, damit er für Fang und Verzehr der nachfolgenden nicht nur ein Auge zudrücken, sondern sie möglichst noch animieren soll, in hellen Haufen an den Haken zu gehen. Es läßt sich nicht leugnen, daß unsere Küsten gespickt voller abergläubischer Heiden sind (wir sind erst spät christianisiert worden . . .). Aber eines steht fest: Wir fangen mit dieser Methode ganz gut.

Ich wollte an diesem Tag sechs Dorsche fangen, vier zu zwei Pfund

und zwei zu vier Pfund. Die kleinen für den Räucherofen, die großen für die Pfanne. Niemals nehme ich auch nur einen mehr, als ich unbedingt nötig habe. Laut Logbuch fing ich an diesem Morgen elf Dorsche. Davon ist einer mit zwölf Pfund verzeichnet. Die großen — nicht so besonders wohlschmeckenden —, aber auch die kleinen, sogenannten untermaßigen kommen von der einen Seite aufs Schiff und fliegen auf der anderen wieder über Bord. Der Haken läßt sich in jedem Falle leicht aus dem Fischmaul lösen. Ich vermute, daß sie kaum Schmerzen haben. Vielleicht so, als wenn uns mal ein Zahn weh tut. Daran stirbt man nicht.

Ich habe bisher nur von der angenehmen Seite des Fischfangs berichtet. Jetzt kommt die weniger angenehme. Die Fische müssen nämlich koch- oder räucherfertig gemacht werden. Zunächst also Kopf ab, Schwanz ab, Eingeweide raus und fleißig geschuppt. All diese Abfälle über Bord, denn unten wartet schon das Rudel der kannibalischen Anverwandten und leckt sich bereits lüstern das Maul. Auch die Möwen reden oft noch ein Wörtchen mit. Zu Beginn der Zubereitung stehen die drei ,,S,,: säubern, säuern, salzen. Säuern bedeutet, den Fisch mit Zitronensaft einzureiben. Dann aber kommen die Fische beileibe noch nicht in die Pfanne, sondern werden in ein feuchtes Tuch eingepackt, in dem sie 24 Stunden liegenbleiben. Unmittelbar nach dem Fang zubereitete Fische zerfallen in der Pfanne und schmecken wäßrig, in jedem Falle aber miserabel. Wenn man sie räuchern will, schneidet man sie nicht etwa schon vorher in Portionsstücke. Der strohige Geschmack ist enttäuschend.

Diese Ratschläge sind das Resultat vieler Mißerfolge. Mißmutig und lustlos habe ich an so manchem, mühevoll erlegtem Kabeljau herumgekaut, weil ich ihn nicht zuzubereiten wußte. Die skandinavischen Fischer waren es, die mir da mancherlei beibrachten.

Meinen bescheidenen Anspruch an den Fischbestand des Belts hatte ich nun geltend gemacht und der See entnommen. Die Seelen im Fischhimmel, die irdische Hülle appetitlich in weißes Linnen eingeschlagen, lagen sie an einer kühlen Stelle unten im Heck und bereiteten sich eingedenk der drei ,,S'' auf ihren Einsatz in der Pfanne und über dem sanft räuchernden Buchenspan vor.

Von Westen her machte sich ein leiser Luftzug auf. Zwar traute ich ihm nicht allzuviel zu, setzte aber trotzdem die größte Leichtwetterfock und freute mich, als AZIMUTH begann, gemächlich Fahrt aufzunehmen. Nach Osten wies unsere Kompaßnadel. Mir lag daran, schnell über den Belt zu kommen, weil auf ihm oft erheblicher Schiffsverkehr herrscht, in dem sich die Luxusliner durch besondere Geschwindigkeiten unliebsam hervortun. Im Augenblick aber war Ruhe. Auch mit der sanft fächelnden Brise war ich einverstanden, die so gut zu der diesigen, regenverhangenen Morgenstunde paßte.

Zu dieser Zeit gehen in diesen friedlichen Buchten eine Menge anderer kleiner Fischer ihrem Broterwerb nach. Ein Fischervolk, das man, glaube ich, nur näher kennenlernt, wenn man allein segelt. Man ist dabei doch behutsamer, aufmerksamer und nicht so lärmend. Da fischen die Haubentaucher, Rothalstaucher, Eistaucher, Zwergtaucher, Tölpel, Alke und Säger. Im Verhältnis zu den Enten und Möwen liegen ihre Körper tiefer im Wasser. Aus Zweckmäßigkeitsgründen hat ihnen die Natur die beiden Ruder weit hinten angesetzt. Das muß so sein, damit sie, wenn sie tief unten dicht über dem Grund hinter den Fischen herjagen, schnell und sicher ihren Kurs ändern können. Wenn ein Segelboot bei wenig Wind lautlos herangetrieben kommt, halten sie das wohl für einen größer ausgefallenen Schwan. Sie sind dann nicht besonders scheu, meine kleinen gefiederten Freunde. Scheu aber ist ein anderer, der auch zu ihrer Familie gehört. Es ist der Kormoran, dem ich noch mehr als dem Seeadler zugetan bin. Das hat seine Zusammenhänge.

Unvergeßlich ist mir die Geschichte, als ich, fast noch ein Kind, das erstemal auf diesen Ruderfüßer stieß. Es war in Pommern. Drei Bengels waren wegen irgendeines Delikts nach Schulschluß eingesperrt worden: ich zwei Stunden, weil ich aus etwas zurückliegender Zeit noch etwas gutzumachen hatte, die beiden anderen je eine Stunde. Die erste Stunde flog in reger Unterhaltung wie der Wind dahin, während der Lehrer vermutlich schlief oder sich mit seinen Bienen zu schaffen machte. Dann waren die beiden anderen frei, der Schlüssel drehte sich kreischend im Schloß, und meine zweite, einsame, Stunde begann. Der harten Schulbank und ihrer Untertanenperspektive überdrüssig, setzte ich mich auf den Stuhl hinter des Lehrers Katheder und fand dessen Schublade unverschlossen. Ein Buch lag darin, in dem ich wahllos eine Seite aufschlug. Da war eine ziemlich anspruchslose Zeichnung zu sehen. Ein schlitzäugiger Mann, auf dem Kopf einen spitzen Strohhut, in der Hand eine Stakstange, stand in einem flachen Kahn. Damit man erkennen sollte, daß es Nacht war, hatte der Künstler eine Mondsichel an den Himmel gemalt. Der Kahn hatte vorn eine lange Stange — so eine Art Klüverbaum —, an dessen Nock ein Eisenkorb mit brennenden Holzscheiten hing. Dicht vor dem Korb saß ein großer Vogel mit langem Hals und Hakenschnabel. Um seine Kehle war ein Ring gezeichnet, einem schmalen Hundehalsband nicht unähnlich. Unter dem Bild stand dickgedruckt zu lesen: ,,Der Kormoran''. Weiter wurde erläutert, daß gewitzte asiatische Völker ihn zum Fischfang abrichten. Dazu sei der Korb mit den brennenden Holzscheiten notwendig. Der Vogel starre dann auf die erleuchtete Wasserfläche und stürze sich ab und an hinunter, um einen Fisch nach oben zu befördern. Der Ring um den Hals sei dazu da, ihn am Verschlingen größerer Fische zu hindern, aber weit genug, um den Verzehr kleinerer zu gestatten — gewissermaßen zur Belohnung und zum weiteren Ansporn.

Mich beeindruckte das alles sehr, vor allem, warum er nicht nur kleine Fische für den eigenen Bedarf fing, wenn sie ihm die großen doch fortnahmen. Er mochte aber wohl wissen, daß bei solchem Verhalten vermutlich er und nicht die Fische in den Kochtopf kämen.

Einige Jahre später, ich konnte schon leidlich mit Pinne, Fall und Schot umgehen, segelten wir nach Rügen. Da überflog uns ein großer, dunkler, seltsam aussehender Vogel. Mit vorgestecktem Hals sah er aus wie ein fliegendes Kreuz. Instinktiv wußte ich: ein Kormoran. ,,Seht hin, Leute, ein Kormoran. Ziemlich selten!'' sagte dann auch der Skipper bestätigend.

Inzwischen habe ich sehr viele Kormorane gesehen. Der alte Lehrer ist seit fünfzig Jahren tot, sein Grab in Pommern längst vergessen, und ich glaube nicht, daß noch jemand seiner gedenkt, mich ausgenommen. Der Alte hat mich gewissermaßen als wandelnden Leichenstein auf Erden zurückgelassen. Kein schneeweißer Engel hält die Verbindung zwischen mir und ihm aufrecht, das tut ein rabenschwarzer Kormoran. Von Kiel bis Finnland wird dieser geheimnisvolle Kontakt mindestens fünfzehnmal ausgelöst. Das ist etwa die Anzahl von Kormoranen, denen man auf dieser Reise begegnet. Fischend sitzen sie auf den äußersten, weit in die See hineingetriebenen Netzpfählen oder fliegen ihren Baumnestern an kaum betretenen, einsamen Waldstücken zu.

Ich brachte den Großen Belt hinter mich und trödelte mit ein bis zwei Beaufort in den Segeln längs Lollands Küste. Wenn wir an einem Stück Treibholz vorüberkamen, ergab sich eine Geschwindigkeit von etwa zwei Knoten — das sind 3,7 Kilometer in der Stunde. Mir war, wie so oft, ausreichend Gelegenheit gegeben, mich in der schwierigen Kunst zu vervollkommnen, zufrieden mit mir selbst zu leben. Trotzdem muß ich gestehen, daß mir diese Art von Segelei doch aufs Gemüt zu schlagen begann. Ich merkte das daran, daß ich zappelig wurde und alle Radiostationen abzuklopfen begann, in der Hoffnung, daß vielleicht doch eine darunter war, die ein bißchen mehr Wind versprach. Aber nein —

von Oslo bis Mariehamn herrschte Flaute. Nur im Skagerrak war es um zwei Windstärken lebhafter. Aber das ist da so üblich. Lediglich vor Island tat sich einiges mehr, doch die Wettermacher wußten noch nicht genau, ob wir hier unten etwas von dem Segen abbekommen würden oder ob das Tief es vorzöge, nach Nordosten zu schwenken.

Ich war an etwas mehr Tempo interessiert, weil es mich mächtig nach Gedser zog — auch wieder nicht aus Eilbedürftigkeit, sondern aus schlichter Neugierde auf einen alten dänischen Fischer, mit dem ich befreundet war. Auf meinem Wege dorthin passierten mich auf Kurs und Gegenkurs eine Menge dänischer, deutscher und schwedischer Yachten. Ausnahmslos liefen sie unter Maschine. Völlig verständlich, daß sie bei ihrer knappen Urlaubszeit ihre Zielhäfen erreichen wollten. Nur AZIMUTH und ich hatten keine Eile. Mein Motorchen schob eine noch ruhigere Kugel als sein Herr und Meister. Als ich gegen Abend die Nase voll hatte, fiel der Anker, die Trosse kam steif, das Schiff zockelte und schwojte eine Weile umher, bis es sich umständlich sein Bett für die Nacht gemacht hatte und zur Ruhe kam.

Kurz nach Mitternacht fuhr ich entsetzt aus der Koje. Bom-bom-bom donnerte unmittelbar neben mir der Diesel eines Fischkutters. ,,Ankerlicht verlöscht!'' dachte ich bestürzt. Aber still und zuverlässig leuchtete es vom Vorstag in die Nacht. Die Positionslaternen auf prächtigstem Kollisionskurs, kam der Kutter auf mich zu, gab ,,voll zurück'' und lag dann still vor sich hinblubbernd auf Reichweite vor mir. Schnell stellte sich heraus, daß der Däne weiter nichts wollte, als sich den Ankerlieger ein bißchen aus der Nähe anzugucken.

,,Hallo gentlemen, stop, and let's have a drink together!'' begrüßte ich sie des Dänischen nicht mächtig.

Das verstanden und billigten sie. Drei Männer, zwei in leicht fischig riechendem Ölzeug, einer in dezent gestreiftem Schlafanzug, genehmigten sich jeder ein über die Reling gereichtes halbes Zahnputzglas aromatischen Rums. Meine Gäste leckten sich genießerisch die Bärte, wünschten mir eine gute Reise, umfuhren achtsam meine Ankertrosse und verloren sich mit schwankender Hecklaterne in der Finsternis. Ihr leiser werdendes Bom-Bom nahm ich zufrieden mit in meinen Traum.

So recht kann ich es mir auch nicht erklären, woher diese gegenseitige spontane Sympathie zwischen den Fischern Skandinaviens und mir herrührt. Wir mögen uns einfach. In einem Falle sah es allerdings so aus, als würde diese Sympathie einer ziemlich harten Zerreißprobe nicht standhalten. Doch was schließlich daraus entstand, war die seltsamste Freundschaft meines Lebens. Davon gleich mehr.

Am Morgen lichtete ich meinen Anker, verließ Lollands Küste und steuerte Falsters Südecke an. Abends schob ich mich geruhsam vor die Ansteuerungstonne und kurz darauf durch die beiden Hafenfeuer von Gedser. Hier bekam AZIMUTH einen leichten Motorschub. Wir passierten den Fährhafen und gingen im Fischerhafen bei dem ältesten und gebrechlichsten Kutter längsseits. Kein Laut an Bord, keine blakende Petroleumfunzel glomm mit rotem Auge aus dem Niedergang herauf. Besorgnis ergriff mich.

Wenig später erfuhr ich, daß mein Freund, Fischer im Ruhestand und Kuttereigner, seit Wochen tot war und auch, in welcher Friedhofsecke von Gedser ich ihm künftig meine Reverenz würde erweisen können. Mir ging es verdammt nahe, daß ich seine Hand — mehr war es eine hornige Klaue — nie mehr zum Willkommensgruß würde ergreifen können. Ich habe eine solche Arbeitshand nie wieder gesehen. Sie war wie ein alter Wurzelknorren. Wenn normale Landbewohner ihre Hand vor sich auf den Tisch legen, sind sie in der Lage, jeden Finger einzeln anzuheben, zumindest ein bißchen. Das konnte er nicht. Entweder alle oder keinen. Lediglich der Daumen war ausgenommen. Dementsprechend hielt er die Gabel, wenn wir aus seiner Pfanne Fisch aßen. Von Kindesbeinen an waren seine Hände nur Werkzeuge, ausschließlich für Blockwerk, Manilatau und Fanggeschirr geschaffen.

Er war nun nicht etwa, wie man erwarten sollte, ein arbeitsgebeugter, großer, schlanker, weißhaariger Mann. Nichts dergleichen. Mit seinem gelblichen, hängenden Schnauzbart sah er einem Walroß täuschend ähnlich, nur daß dessen kartoffelähnliche Nase nicht solche gewaltigen Poren — jede mit einem einzelnen rötlichen Haar ausgestattet — aufzuweisen hat, wie das bei meinem Fischer der Fall war. Von Statur klein und breit, hatte er einen dicken Bauch und wäßrige blaue Augen in einem roten Gesicht.

Für beide Teile war es nicht sehr erquicklich, als wir vor Jahren aneinandergerieten. Auf dem Schiff eines befreundeten Ehepaares in Gedser angekommen, sah ich mir die Yachten und Kutter im Hafen an, während die beiden Einkäufe machten. Da hielt ein alter, klappriger Kutter auf unser sorgsam vertäutes Schiff zu; nicht etwa unter Maschine, vielmehr verholte ein betagter Mann ihn mit einem rostigen Peekhaken, um offensichtlich unser Achterschiff zu passieren und dann hinter uns an der Mauer festzumachen. Eilends jumpte ich an Bord, um ihn beim Passieren von unserer Bordwand abzuhalten. Unser Schiff war im Winterlager abgezogen und frisch lackiert worden. Überhaupt war es die hübscheste kleine Yacht im Hafen. Das focht den Alten — es war mein

späterer walroßgesichtiger Freund — wenig an. Er griff mit seinem Rost-
haken hinter das obere Chromrohr des Heckkorbes und machte sich gerade daran, mit dem nächsten Zug den lackstrahlenden Handläufer zu
fassen, als ich ihm den Haken aus den Krallen riß und ihn in tobendem
Zorn etwa so anschrie:

„Dich gottverfluchten, krummbeinigen, alten Bastard hat wohl ein
Pavian auf dein Deck gekotzt!"

Natürlich verstand er von dieser blumenreichen Küstensprache kein
Wort. Außerdem schien es ihn auch stark zu schocken, daß er auf so un-
rühmliche Weise seinen Peekhaken losgeworden war und nun ein bißchen hilflos auf seinem Kutter herumstand. Ich ergriff das Schanzkleid
des Kutters und hangelte ihn zunächst langsam längsseits und dann voraus seinem Liegeplatz entgegen. Der Alte hangelte fleißig mit. Bei dieser Passageart war es unausweichlich, daß sich unsere Gesichter auf etwa
dreißig Zentimeter Entfernung begegnen mußten. Als dieser Augenblick gekommen war, sah er mich giftig aus seinen wäßrigen blauen Augen an und schnob unter seinem Walroßbart wohl einen ähnlichen
Fluch wie den meinen hervor, nur eben in seiner mir unverständlichen
Muttersprache. Ich kannte darin nur die Worte *tysk* und *Jakten* und
übersetzte den gesamten Satz vermutlich richtig mit: „Nimm dich bloß
in acht, du dreckiger deutscher Lustyachtenfahrer!"

Dann war er an mir vorbei. Ich gab ihm seinen Peekhaken zurück.
Er machte gleich darauf ein Stück hinter uns fest. Dort war, wie ich später vom Hafenmeister erfuhr, sein ihm zugewiesener Liegeplatz. Er leb-
te allein. Seine Frau war gestorben. Zum Fischen nicht mehr tauglich,
verbrachte er die ihm noch zugemessenen wenigen Lebensjahre an Bord
seines alten Kutters. Beide zu nichts mehr nütze. Abends stand er allein
auf dem Molenkopf und sah den Kuttern entgegen, die vom Fang zu-
rückkommend den Hafen anliefen. Mir tat alles sehr leid, was da zwischen ihm und mir passiert war. Später kam ein junger Fischer zu ihm
an Bord und brachte ihm einen Eimer voller Fische — Aale, Dorsche
und Schollen. Eine alte Katze war, wohl durch das Klirren des Eimers
herbeigelockt, den Niedergang heraufgekommen und hatte sich neben
den Alten gesetzt. Beide begutachteten die Güte des Fanges, schienen
zufrieden und verschwanden im Bauch ihres Kutters.

Am nächsten Morgen segelten wir weiter nach Trelleborg in Schweden, waren nach zwei Tagen aber wieder in Gedser. Es war ein Sonnabend. An solchen Tagen ist den Fischern sehr daran gelegen, im Hafen
bei Weib und Kind ein erholsames Wochenende zu verbringen. Dementsprechend war der Hafen mit Kuttern und Yachten überfüllt. Aber

da gab es eine Ausnahme. Auf seinem morschen, alten Schiff stand mein Walroß, den obligaten Peekhaken in der Faust, und verbat sich so unmißverständlich jede Annäherung und Inanspruchnahme seines ihm zugewiesenen Liegeplatzes durch fremde Yachten. Es gab auch keine, die dem alten Dickkopf Schwierigkeiten gemacht hätte. Als wir in den Fischerhafen einliefen, stand ich auf dem Vorschiff und hielt nach einem Kutter Ausschau, bei dem wir festmachen konnten. Zunächst war wenig zu machen. Auf die Idee, bei meinem Kontrahenten längsseits zu gehen oder auch nur den Versuch zu machen, wäre ich nach den betrüblichen Vorkommnissen mit ihm nie verfallen. Da hob der Alte den Kopf und erkannte mich. Wir sahen uns trutzig ins Antlitz. Seine Hand erhob sich und beschrieb einen Kreis um den Hafen und verhielt dann mit nach unten gerecktem Zeigefinger an der Backbordseite seines Kutters. Unter Seeleuten konnte das nur bedeuten: ,,Na komm schon längsseits''.

Ich wies den Mann am Ruder ein, und wir näherten uns mit aller gebotenen Vorsicht dem Kutter und seinem peekhakenbewehrten Eigner. Ich warf ihm die Vorleine zu. Er ergriff sie, belegte sie auf einer Klampe und ging nach unten — wortlos, aber unter Zurücklassung des Peekhakens an Deck. Wir machten fest. Meine Freunde gingen von Bord, um sich an Land die Füße zu vertreten. Ich ergriff Rum und Zigarren, kletterte auf den Kutter und klopfte dreimal auf dessen Deck. Im Niedergang tauchte der Walroßkopf auf. Ich zeigte auf meine Buddel, die Kiste und dann nach unten in Richtung seines Logis. Er nickte zustimmend. Dann begann unsere Unterhaltung. Sie war nicht besonders flüssig, aber bald hatten wir den Bogen raus und stellten uns aufeinander ein — mit Hand und Fuß, mit Mimik und Malstift. Ich erzählte ihm, daß wir gerade von Trelleborg kämen und daß Möns Klint heute in der Morgensonne zauberhaft ausgesehen habe. ,,Zauberhaft'' ist ganz leicht zu übersetzen. Man braucht nur den Hals nach oben zu verrenken, die Augen zu verdrehen und die Hand aufs Herz zu legen. Und Möns Klint heißt eben Möns Klint.

Er jedenfalls konnte mir ohne sichtbare Anstrengungen folgen und ich seinen Erzählungen über den Fischfang auch. Wenn er mit der Handkante wedelte, war das ein Fischschwanz, und wenn er einen Kreis machte und senkrecht nach oben zeigte, stand die Sonne eben im Zenit. Ich möchte wissen, was daran unverständlich ist!

Als alles schon etwas flüssiger ging, teilte er mir mit, daß meine Zigarren gut und der Rum sogar vorzüglich wäre, letzterer im Geschmack aber noch verbessert werden könnte, wenn man ihn in heißen Kaffee

gösse. Also machte ich mich auf, holte Kaffee, Zucker und eine zweite Tasse, da er nur eine einzige einsatzbereit hatte. Unsere gegenseitigen Ausfälligkeiten wurden mit keinem Wort erwähnt. Wie entspannt die Atmosphäre war, verdeutlicht am besten das Verhalten der Bordkatze, die, mit dem sicheren Instinkt der Tiere für Frieden und Behagen, ihren Kissenplatz verließ und auf meinen Schoß sprang.

Jedes Jahr besuchte ich meinen Alten. Er freute sich dann sehr und zeigte das auch. Die dänischen Fischer und ihre Frauen waren ein bißchen gerührt, wenn der Alte, ich und die Katze verträglich an Deck saßen und unser Gespräch mit weitausholenden Gesten und erläuternden Zeichnungen auf den Decksplanken in Gang hielten. Ein kleiner Kompaß und ein Haufen Seekarten halfen der holprigen Unterhaltung über größere Schwierigkeiten hinweg. Außerdem konnten wir in vielen Fischern soviel Dolmetscher haben, wie wir nur wollten. Wir bedienten uns ihrer aber nur sehr selten.

Jetzt war er tot, und für mich würde Gedser niemals wieder so sein, wie es war.

IV

Sturmtief: Gefahr für Schiff und Mann — Vor Topp und Takel nach Bornholm — Peters abenteuerliche Flucht — Meine Freunde, die Maler von Gudhjem — Wie eine Hafenbarkasse einen Kutter auf Grund schickte — Erbseninseln = Abschiedsinseln

Ehe ich in die Koje stieg, sah ich ins Wetter. Es war schwül. Die Natur hielt den Atem an. Über Lolland wetterleuchtete es. Das Radio gab keine befriedigenden Auskünfte. Immerhin konnte man den Seewetterberichten entnehmen, daß sich das Islandtief endlich zu einer geregelten Zugbahn entschlossen hatte und mit seinem Eintreffen in den Nachmittagsstunden des nächsten Tages zu rechnen war. Wärmegewitter waren in Aussicht gestellt. Ich hatte nur knappe dreißig Seemeilen bis Klintholm vor mir, die ich bis zum Eintreffen eventuellen Starkwindes leicht hinter mich zu bringen hoffte.

Leider kam ich am nächsten Morgen sehr spät aus dem Hafen. Während meine Fische räucherten, hatte ich frische Brötchen geholt und mich dann mit bestem Appetit über einen noch warmen, fettriefenden Dorsch hergemacht. Bis Schiff, Räucherofen und Geschirr wieder sauber waren, verging eine Menge Zeit. So kam es, daß ich den Leuchtturm von Gedser erst gegen zehn Uhr passierte, um weit draußen auf See, Falsters Küste als blauen Schatten querab, die Falsterbucht zu queren und Klintholm anzulaufen. Es wehte mit drei bis vier Beaufort. Das war ein anderes Segeln als das der vergangenen drei Tage. Locker, schnell und elegant schnitt AZIMUTHS Steven rauschend die leicht dünende See. Dwars kam der Wind, legte das Schiff sanft auf den Leebug und ließ die Segel voll und wunderschön über dem Deck stehen.

Es ist merkwürdig, daß ich dann nie das Gefühl habe, daß mein Schiff vom Wind vorangetrieben würde. Es ist vielmehr so, als ob da vor dem Schiff eine Kraft säße, die es saugend an sich zieht, und daß es lediglich diesem magnetischen Zug folge. Ich gehe dann gern aufs Vorschiff, stelle mich mit dem Rücken zum Kurs in die sich zwischen Großsegel und Fock bildende Düse, drücke meine beiden Handflächen sanft gegen den flachen Bauch des Großsegels und spüre so den leise bebenden Herzschlag meines Schiffes.

Jedenfalls war ich mit dieser Segelei hier rundum zufrieden. Besser gesagt: fast zufrieden. Die Sonne begann zu stechen. Das Barometer fiel für meinen Geschmack ein bißchen zu schnell. Nach einer Weile verlor auch der Wind seine Stetigkeit, wurde launisch, briste auf, schralte unbeständig umher, sprang um und schlief allmählich ganz ein.

Situationen wie jene, in die ich jetzt geriet, sind oft genug so verlaufen: erst Flaute, dann Gewittersturm, Wellenberge bis zur Saling, über Bord gegangener Mast, davongeflogene Segel, Ruderbruch, kein Ruder im Schiff, rote Raketen und schließlich Rettung aus höchster Not.

Mir ging zwar kein Mast außenbords, es flog auch kein Segel davon, und wir blieben über Wasser. Aber immerhin erschöpfte mich dieser Tag so sehr, daß ich mit letzter Kraft gelobte, unverzüglich in die Kirche zu gehen, falls ich aus dieser Hölle noch einmal herauskäme. Es sei hinzugefügt, daß ich sehr, sehr lange höchstens einmal eine skandinavische Kirche betreten hatte, und das auch nur deswegen, weil sie da sehr schöne Votivschiffe von der Decke herabhängen haben. Ich muß auch gestehen, daß ich mein Versprechen lange vor mir herschob — ich war besorgt, wie sich Rasmus oder Neptun zu einer solchen Abtrünnigkeit stellen würden.

Am darauffolgenden Weihnachtsfest jedoch löste ich mein Gelübde ein. In der heiligen Nacht saß ich hoch oben im Chor einer kleinen Kirche an der Peripherie Bremens. Statt des Kreuzes war auf dem Turm früher ein Anker. Ein alter Organist spielte recht gut sein Präludium. Dann drehte er sich um, winkte, und eine Schar netter Kinderchen kam angelaufen. Laut, wenn auch ein bißchen falsch, sangen sie unter seiner behutsamen Dirigentenhand zwei Weihnachtslieder. Als dann der Pastor mit seiner Weihnachtsgeschichte begann, merkte ich erfreut, daß ich sie noch fast ganz kannte. Der alte pommersche Lehrer mit seinem Kormoranbuch hatte uns früher im Religionsunterricht vermutlich ganz schön eingeheizt. Ich gedachte auch meines alten Fischers aus Gedser.

Doch zurück nach Falster. Dwars über dem feinen blauen Küstenstrich quoll ein Wetterkopf in den Himmel, dunkelblau mit einem silbernen Saum. Das Sturmtief von Island schien sich schneller als erwartet anzumelden. Bis Klintholm waren es noch etwa zwanzig Seemeilen. Insgeheim hoffte ich, daß da ein Wärmegewitter aufzog. Die toben sich meist auf dem Festland aus, machen auf See ein wenig Sturm, und schon herrscht wieder Friede. Der Wetterkopf schob sich höher in den fahlblauen Himmel hinein. Besorgt beobachtete ich, wie in halber Höhe des Wolkengebirges ein seltsames Gebilde entstand. Es sah aus wie ein großer, rabenschwarzer Wolf. Unter seinem Bauch hingen ausgefranste, lange gelbe Zotten, aus dem Rachen kam eine fahle Zunge, der Schwanz schleifte braunrot hinter ihm her. Die Luft stand jetzt dick, schwer und unbeweglich um das Schiff. Es war schwül, beklemmend und voller elektrisch geladener Spannung. Unruhe, Zorn und auch ein wenig Angst waren in mir. Ich begann, mich sehr allein zu fühlen, und ahnte, womit ich da fertig zu werden hatte.

Ich barg das Großsegel, holte den Baum mittschiffs und so dicht, daß er nicht schlagen konnte. AZIMUTH dümpelte in der schwachen Dünung. Die Wolkenwand bedeckte nun den halben Himmel und machte sich daran, die Sonne zu verschlingen. Schnell stand sie über mir und mit ihr dieser schrecklich anzusehende Wolf, der jetzt schwefelgelbes Gewölk aus seinem Rachen schnob. Ich nahm nun auch die Fock weg, barg sie in der Vorpiek und machte mein Schiff zum Abwettern des Sturmes fertig. Zunächst spannte ich eine Sorgleine vom Mast zum Bugkorb. In die konnte ich einen Karabiner einklinken, falls ich bei hohem Seegang aufs Vorschiff müßte. Dann: Lifebelt übers Ölzeug, Schwimmweste, Signalstift, Steckschott zum Niedergang dicht.

Es mochte 14 Uhr sein, als es begann, Nacht zu werden. Weit hinten, wohl noch über Land, fuhr ein Blitz über den Himmel. Es donnerte leise. Ich hatte ein flaues Gefühl im Magen, als ich daran dachte, daß mein Masttopp im Gewitter nun bald auf Meilen im Umkreis der höchste Punkt auf See sein würde. Der Teufel mochte wissen, was ein Kunststoffschiff mit Metallmast macht, wenn es vom Blitz getroffen wird. Vermutlich schmilzt es auf einen Klumpen von der Größe einer Kinderbadewanne zusammen und geht wie ein Stein zu den Fischen. Der Faradaysche Käfig, den uns die Physiker vorschwätzen und in dem man sicher sitzen soll wie in Abrahams Schoß, ist da ein schwacher Trost — jedenfalls für mich.

Kein Windhauch in dieser unheimlich ruhigen Dunkelheit. Ich ließ den Motor an und saß witternd wie der Wetterwolf über mir an der Pinne. Man weiß bei dieser Kombination von Sturm- und Gewittertief nie so recht, woher der erste Sturmstoß kommen wird. Ein schwaches, fahlgelbes Licht stand jetzt über der See. Erst hörte, dann sah ich die Sturmbö von Westen heranjagen. Sie warf sich auf mein Schiff. AZIMUTH stöhnte schwer auf. Stagen und Wanten heulten und kreischten wie Katzen, die Blöcke pfiffen in schrillem Diskant. Weit krängte das Schiff nach Steuerbord über und erzitterte bis in seine Grundfesten. Aber ehe sich die ersten schweren Seen aufwarfen, hatte ich das Boot vor dem Wind. Vor Topp und Takel brausten wir in schwefelgelbe Finsternis, Windgeheul und aufbrüllende See hinein. AZIMUTH hat wohlbedacht einen sehr schmalen, fast spitzgattartigen Spiegel, dem die achterlichen Seen eigentlich nicht sehr viel anhaben können. Es dauerte aber gar nicht lange, da stieg die erste zu uns ins Cockpit und füllte es fast bis zum Rand. Trotz dreier großer Lenzlöcher dauerte es eine Ewigkeit, bis das Wasser ablief. Dann fuhr der erste Blitz neben uns in die See. Gleichzeitig brach krachend, röhrend und ohrenbetäubend der Donner los. Ich umklammerte mit ausgestrecktem Arm die Pinne, weil ich das blitzleitende Achterstag neben meinem Kopf wußte und lieber möglichst weit davon entfernt sein wollte. Zu dem Zeitpunkt hatte ich nur ganz wenig Angst, weil ich einfach zu viel mit dem Schiff zu tun hatte.

Ich merkte, wie AZIMUTH in diesem heulenden schwarzen Hexenkessel sich aufbäumte, zitterte, rollte, schlingerte und krachend in die kochende See donnerte, aber dem Ruder gehorchte. Ich selber war weiter nichts als ein wachsamer, gereizter, kampfbereiter Wildkater, der sich seiner Haut wehrte und sich nicht vom Baumgeäst in die unter ihm heulende Hundemeute schütteln lassen wollte. Da traf ein großes Hagelkorn meine Oberlippe. Süßlich schmeckte ich das in meinen Mund laufende Blut. Haselnußgroß fegte der Hagel zunächst noch vereinzelt aufs Deck. Selbst in dem Windgejaule hörte ich, daß die Körner wie Querschläger pfiffen, wenn sie die straffgespannten Drähte des Seezaunes trafen. Das nächste prallte auf meine Hand und durchschlug die Haut. Wieder eins schlug mein Kinn blutig. Ich begriff, daß es jetzt ums Leben ging, ließ die Pinne fahren, stieß das Schiebeluk zurück und riß das oberste Steckschott heraus. AZIMUTH taumelte einen Augenblick allein gelassen durch die brüllende See. Das viele Wasser im Cockpit machte das Schiff schwerer, aber auch weniger windanfällig. Mit dem Rücken zum Heck setzte ich mich auf die Gräting des Cockpitbodens ins Wasser, das schützend meine Beine umspülte, und hielt das Mahagonisteckschott mit der linken Hand vor Gesicht und Brust. Mit der rechten führte ich die über meinem Kopf befindliche Pinne. Sie schlug wie wild hin und her und holte mir fast das Gelenk aus der Schulter. Als

AZIMUTH dann wieder vor dem Wind lief, wurde es erträglicher. Ich tat jedenfalls für mich und mein Schiff, was in meiner Macht stand.

Dann kam die Hagelbö. In rasenden Trommelwirbeln tobte das Eis über das Boot. Hart und unerbittlich, eine grausame, gleichgültige, vernichtende Naturgewalt. Eine Ewigkeit — vermutlich waren es nur Minuten — fühlte ich die schräg heranpfeifenden Geschosse auf Steckschott und Schwimmweste knallen. Das Schiff wurde weit auf die Steuerbordseite geworfen, das Wasser im Cockpit schwabbte gleichfalls dorthin und gab mein Knie frei. Gepeinigt vor Schmerz heulte ich auf, als die Eisstücke meine Kniescheibe trafen. Wie rasend tobte der Himmelswolf mit Hagel, Donner, Blitz und Sturm über mir.

Bald hatte er mich weich. Der Augenblick des Gelübdes war gekommen. Ich legte es ab. Gepeinigt wie ich war, sollte es ein letzter Versuch sein. Wenn er fehlschlug, war ich auch für den Seemannstod bereit. Ich sage das ohne Pathos. Aber der Hagel hörte wirklich bald auf und ging in einen sturmgepeitschten Platzregen über. Ich steckte das Schott, damit das Schiffsinnere trocken blieb, wieder in seine Führung, hockte mich an die Pinne und sah voller Apathie zu, wie das Blut auf die Schwimmweste tropfte und vom Regen, blaßrot verwässert, weggespült wurde. Vor Topp und Takel stürmten AZIMUTH und ich Stunde um Stunde durch fliegenden Gischt und brechende See mit heulender Takelage nach Osten.

Am Spätnachmittag kam die Sonne durchs sturmgetriebene Gewölk. In unbeschreiblicher Schönheit stand beinahe greifbar ein Doppelregenbogen über einer grauen, mit Gischt und fliegendem Schaum bedeckten See. Eins aber hatte sich an meiner Lage verbessert. Der Abstand von Wogenkamm zu Wogenkamm, der in Küstennähe nur einige Meter betragen hatte, war jetzt um das Mehrfache größer geworden. Hinter mir machte sich das nächste Gewitter zum Angriff bereit. Ehe es über mein Schiff und mich herfiel, nahm die Windstärke für kurze Zeit erheblich ab. Es gelang mir, eine winzige Sturmfock anzuschlagen. Die brauchte ich, um notfalls beiliegen zu können. Man setzt dazu das Vorsegel back, legt das Ruder nach Luv und lascht die Pinne fest. Bei dieser Segel- und Ruderstellung legt sich das Schiff quer zum Seegang. Es driftet vor Wind und Seegang langsam dahin, während sich auf der Luvseite eine Wasserwirbelzone bildet, in der sich die brechende Woge zum Teil verläuft. Dadurch wird die Schiffsbreitseite von der anstürmenden See nicht voll getroffen; vielmehr wird das Schiff angehoben, die Welle unterläuft es, und wie eine Ente hebt und senkt es sich in den Seen. Nicht jedes Schiff ist zum Beiliegen geeignet, das hängt von Bauart und Lateralplan ab. AZIMUTH kann es. Ich weiß das deswegen, weil wir schon einmal gezwungen waren, es auszuprobieren.

Solange ich jedoch nicht völlig erschöpft bin und noch ein bißchen Aktivität in mir verspüre, widerspricht es meinem Naturell, die Pinne festzulaschen, mein Schiff sich selbst zu überlassen und bangend auf Sturm und See zu starren. Meine Geschwindigkeit — vor dem Sturm dahinjagend — mag, da das Schiff ins Surfen gerät, gegen zehn Knoten und mehr betragen. Beiliegend wären es nicht mehr als zwei. Hier vor Falster oder wo immer ich mich befand, liefen wir auf keine Sände und keine Küste zu, wo verringerte Geschwindigkeit oft die letzte Überlebenschance ist, sondern ich brauste in freien Seeraum hinein und hatte etwa 50 Meter Wasser unter dem Kiel.

Natürlich war mir klar, daß ich die Nacht an der Pinne würde verbringen müssen, und dieser Tatsache sah ich mit großer Besorgnis entgegen. Ich bin immerhin ein alter Mann — wir wollen uns da nichts vormachen —, der in diesem Inferno von Sturmböen und Wolkenbrüchen, allein auf sich gestellt, mit seinen Kräften haushalten mußte, falls er mit dem Leben davonkommen wollte — und das wollte ich ganz gewiß. Also gab es nur eines: abschalten, keine Hektik, keine unnütze Bewegung.

In einer solchen heiklen Situation gehen einem mancherlei Dinge durch den Kopf. Wenn man dann aber nach den Zusammenhängen forscht, sind diese Dinge weiter nichts als Strohhalme, nach denen Ertrinkende greifen.

Ich war in meinem Leben noch nie ernsthaft krank, gehe aber im Jahr zweimal zum Zahnarzt. Dadurch komme ich zweimal im Jahr in den zweifelhaften Genuß, mich in eine im Wartezimmer ausliegende Illustrierte vertiefen zu können, ehe dieser verfluchte, scheinheilige Zahnarzt, erst schmierig lächelnd, fragt: „Na, wo tut's denn weh?'', ehe er sadistisch eine Art Marlspieker in einen offen daliegenden Nerv jagt. In einer solchen Illustrierten fand ich einen Artikel mit der Überschrift „Yoga für den modernen Menschen'' oder so ähnlich. Mehrere Fotos prominenter Leute leiteten das Elaborat ein. Mein Geigeridol Yehudi Menuhin und eine berühmte amerikanische Filmdiva waren auch darunter. Eigentlich Menuhins wegen — den Namen des Filmstars weiß ich nicht mehr — las ich den Artikel sehr interessiert durch. Mein Geiger hatte in einem Tief gesteckt, war mit den Nerven am Ende gewesen und im Begriff, seinen Ruf als weltbester Geiger zu verlieren. Die Filmdiva hatte ein knappes Dutzend Ehen hinter sich gebracht, besaß dementsprechend viele Kinder, die sie, weil sie eine gute Mutter zu sein schien, auch alle gern behalten wollte. Sie stritt sich also mit den verschiedenen Ehemännern um die Höhe der Alimente herum. Es ging da um Millionen. Schließlich sollten alle Kinderchen ja satt werden (und das nicht nur von einem Stück Fleisch oder einem geräucherten Dorsch). Wie Yehudi Menuhin sein schwächer werdendes Geigenspiel, ging dem Filmstar seine durch die ewigen Alimentenklagen nachlassende Schauspielkunst doch sehr an die Nerven. Was machten die beiden, um solche Lebenstiefen zu meistern? Sie mieteten sich einen Yogi. Mit dessen Hilfe kamen sie in verhältnismäßig kurzer Zeit prächtig über die Runden.

Dem Verfasser dieses Artikels war klar gewesen, daß er auch für den Streß und die Herzensnöte Minderbemittelter ein probates Rezept geben mußte. Wohlwissend, daß mit Empfehlungen wie Kopfstand, Nabelbeschauen und Schneidersitz kein Hund hinter dem Ofen hervorzulocken ist, ließ er einen Mann zu Worte kommen, der außer einem Doktorhut auch noch eine Professur besaß. Das war ein sehr vernünftiger Mensch, der in wenigen Worten sagte, daß jeder halbwegs normale Mensch bei einigem Training in der Lage wäre, viele seiner körperlichen und seelischen Funktionen seinem Willen unterzuordnen, sie sozusagen unter Kontrolle zu bringen. Kurz und gut: Wer lerne, sich in sich selbst zu versenken, der wäre Herr über seine Leiden.

Ich begann also meine erste Trainingsstunde in anbrechender Dämmerung, bei heulendem Sturm und kochender See. Es regnete in schweren Flagen, die ihren Weg längst durch Ölzeug und Gummistiefel gefunden hatten. Völlig apathisch, ein meditierender Yogi, saß ich an der Pinne und hielt das Schiff vor dem Wind — den Abend hindurch, die Nacht hindurch, den aufkommenden Morgen hindurch, übermüdet, gleichgültig, durchnäßt.

Der Wind ließ nach. Häsig war der Tag im kalten, nassen Frühlicht. Dann kam Bornholm im Dunst auf. Das Nebelhorn von Rönne war zu hören. Gegen Mittag lief ich in den Hafen ein und machte liederlich fest. Neugierige deutsche Touristen hätten mich gern in eine Unterhaltung verwickelt. Ich tat als wenn ich nur chinesisch Platt verstünde, machte mein Schiff dicht und kroch kaputt, versalzen und todmüde in meine Koje. Wenn ich noch etwas gedacht haben sollte, dann höchstens und noch dazu ziemlich unlogisch: ,,Mensch, AZIMUTH, alte, gute Dschunke!''

Aber es war kein erquickender Schlaf, dem ich mich da hingab. Nicht die überstandene und nun hinter mir liegende Gefahr für Schiff und Mann beunruhigten mich, sondern meine Eigenliebe war verletzt. Wo war er denn geblieben, mein meteorologischer Spürsinn, der sich zudem noch auf azurblaue Hoch- und signalrote Tiefkugeln im Log-buch stützte? Die zu Unrecht von mir belächelten Meteorologen waren die eindeutigen Gewinner. Ich hatte natürlich auch einen ziemlich gra-vierenden Fehler gemacht: Man geht nicht erst um zehn Uhr aus dem Hafen, wenn man weiß, daß die Zugbahn eines Sturmtiefs vierkant auf das Segelrevier zukommt, in dem man sich aufhält.

Doch es gab in Rönne jemanden, gegen dessen Erlebnis im selben Sturm sich meine Geschichte ausnimmt wie eine fromme Legende im Verhältnis zur Odyssee.

Aus meinem unruhigen Erschöpfungsschlaf holte mich am späten Abend der Hafenmeister. Er hatte beobachtet, in welchem Zustand AZI-MUTH und ich angekommen waren, und uns deshalb kameradschaft-lich mit seinen Hafenangelegenheiten verschont, bis wir halbwegs er-holt waren. Auch jetzt kam er nicht wegen des zu kassierenden Hafen-geldes, sondern wegen einer Sache, zu der er einen Deutschen, und zwar einen aus der Bundesrepublik nötig hatte. Nachdem er sein Anlie-gen in einer Mischung von Deutsch, Englisch, Pantomimik und starken Teilen seiner skandinavischen Muttersprachen vorgebracht hatte, wand-te er sich einem Mann zu, der in bescheidenem Abstand unter einer Ha-fenlaterne stand, und winkte ihn heran. Um den Kopf trug letzterer ei-ne breite Mullbinde. Wir drei verschwanden in meinem Schiff, ich griff unter mich in die Bilge und holte erst mal die Rumbuddel nach oben.

Es stellte sich heraus, daß sowohl der Hafenmeister als auch der an-dere in ihrer Angst ausgerechnet mich dazu auserkoren hatten, für den anderen Fürsprecher zu sein. Dieser nämlich war aus der DDR geflohen und suchte nun ein Schiff, das ihn in die Bundesrepublik mitnehmen sollte. Ein solches läge auch im Hafen, sagten die beiden. Es wäre eine große Motoryacht, die, so wußte der Hafenmeister, sobald die See nicht mehr so rauh sei, über Kiel nach Hamburg gehen würde. Auf diesem Schiff wären jedoch sehr feine Leute — zwei Pudel hätten sie, schwarz und aprikot —, weswegen der Flüchtling nicht den Mut hätte, sein An-liegen selber vorzutragen. Darüber, daß weder des Hafenmeisters Sprachkenntnisse noch sein diplomatisches Geschick für eine erfolgver-sprechende Verhandlung ausreichen seien, waren sie sich im klaren. In Rönne wußten außer dem Hafenmeister nur noch drei Fischer vom Vor-handensein des Flüchtlings. Fischer sind Behörden gegenüber ohnedies nicht sehr redselig, also hatte man bisher auch keine benachrichtigt.

Daß die beiden mich als Vermittler in ihrer Angelegenheit eingeschaltet hatten, machte mich ein bißchen vergnügt. (Einfache Leute halten eben zu einfachen Leuten.) Wenn man Peter, so hieß der Flüchtling, in die Augen sah, wußte man sofort, daß er nicht einer Straftat wegen geflohen sein konnte. Er war 20 Jahre alt, hatte staatlicherseits die Erlaubnis erhalten, seinen Urlaub auf Rügen zu verbringen, hatte seine Flucht auch sorgfältig vorbereitet, sich aber genau so troddelig wie ich im Zeitpunkt des Eintreffens des herannahenden Tiefs getäuscht. Er hatte ein Paddelboot versteckt, aus alten Autoreifen Kenterschläuche gebastelt, ein kleines Treibersegel zusammengeschneidert und sich in der Nacht auf den Weg gemacht. Zwei Möglichkeiten hatte er sich ausgerechnet: entweder nach Bornholm, das waren etwa 60 Seemeilen, oder aber auf den Schiffahrtsweg, der nicht weit an Rügens Nordseite entlangführt. An den Küstenwachbooten war er in der Dunkelheit ungesehen vorbeigekommen. Die Nadel seines Miniaturkompasses wies mit etwa 45° auf Bornholm. Peter paddelte die Nacht hindurch, von der auch mein Bericht besagt, daß sie ruhig und warm war.

Dann wurde es Tag. Er befand sich im freien Seeraum, weit außerhalb der Hoheitsgewässer, wagte aber kein Schiff auf sich aufmerksam zu machen, da er aus seiner Perspektive die Nationalflaggen schlecht unterscheiden konnte und Angst hatte, auf ein Ostblockschiff zu stoßen, das ihn sicher ausgeliefert hätte. Dann kam der Sturm über ihn. Meine Situation auf der seegängigen AZIMUTH mal hundert genommen, und man wird dem Zustand, der auf diesem kleinen Gummiboot geherrscht haben mag, ziemlich nahekommen. Nur der Hagelwolf mit seinen gelben Bauchzotten war ihm erspart geblieben. Die ersten schweren Seen hatten ihm sein Paddel weggerissen. Der Sturm jagte das hilflose kleine Schiff vor sich her. Normalerweise wäre es verloren gewesen, doch die Kenterschläuche platzten nicht. Das Boot hielt sich also zunächst noch über Wasser. Nach zwei Stunden war Peter erledigt. Er schloß die Augen und erwartete den Tod. Dann flog eine Leine vor seine Brust. Instinktiv griff er zu und hielt sich an diesem Strohhalm im Chaos fest. Drei Bornholmer Fischer hatten ein tollkühnes Manöver gefahren und rissen ihn aus dem Hexenkessel. Zwar krachte er mit dem Kopf gegen die Bordwand des Kutters, wurde auch vor Todesangst und Schmerz bewußtlos, blieb aber am Leben und saß jetzt bei mir an Bord, bescheiden, blaß, verletzt und voller Angst und Verzweiflung im Herzen.

,,Ganz klar, daß ich dir helfe, Peter. Aber eine Frage mußt du mir beantworten. Warum bist du von zu Hause weggegangen? Zu wenig zu essen, schlechte Arbeit, Schikane?'' fragte ich.

Nein, das war es alles nicht. Keiner hatte ihm da drüben irgend etwas getan. Er konnte das nicht so ausdrücken, aber ich begriff sehr schnell, worum es ihm ging. Er fühlte sich einfach nicht frei. Er konnte nicht gehen, wann und wohin er wollte. Er war zu kontrolliert. Er hielt so ein Leben auf die Dauer nicht aus. Ich verstand ihn. Letztlich war er ein Landsmann von mir. Und wie ging's mir denn selber? Mich alten Kerl trieb doch auch der Drang nach Ungebundenheit und Freiheit in den Frieden der See.

Wir heizten den Primus an und machten heißes Wasser. Ich brauchte es für eine Rasur — nicht für Grog. Dann striegelte ich sorgfältig meine paar Haare, hüllte mich in meinen hübschesten Isländer mit einer Menge Rentiere auf der Brust und ging eaudecologneduftend zur Yacht hinüber. Die Pudel gebärdeten sich, als wenn es gälte, einen Nachtwächter zu zerreißen, als ich auf das Teakholzdeck klopfte. Mein Gott, hatte ich plötzlich einen Hunger, als ich im Salon stand und alles nach Steaks mit Pfifferlingen roch! Ich hatte aber auch sehr lange nichts mehr gegessen. In wenigen Minuten war alles klar, einschließlich Job für Peter. Sie hatten die Seewetterberichte schon gehört und wollten am nächsten Tag zeitig los. Ich möge Peter herschicken, er bekäme eine Koje, etwas zum Anziehen und zu essen.

Bei Sonnenaufgang klopfte Peter auf mein Deck, um sich zu verabschieden — weißer Rollkragenpullover, weiße Bordschuhe, neue Jeans in modischem Schnitt.

,,Peter, müßtest bloß noch die beiden Pudel an einem Tampen bei dir haben und vielleicht noch ne weiße Kapitänsmütze auf, dann gäbe es keinerlei Zweifel, wem die elegante Kuff da drüben gehört'', empfing ich ihn und schenkte ihm den Isländer mit den Rentieren.

Peter schluckte, konnte nichts sagen und ging davon, einem ungewissen Schicksal entgegen. Kurz darauf verließ die Yacht den Hafen. Ihr Skipper und seine Crew auf ihrem, ich auf meinem Deck hoben grüßend und abschiednehmend die Hand. Die Pudel faßten das wieder persönlich auf, zerrissen sich heulend ihre sensiblen Seelen und hätten alles darum gegeben, an meine Hosenbeine zu können. Der Hafenmeister kam zu mir, und wir beiden Alten wußten eigentlich nicht so recht, was wir von dem ganzen halten sollten. Also sahen wir der eilig davonziehenden, kleiner werdenden Yacht nach und vergegenwärtigten uns, daß wir ja auch Kinder hatten, wie Peter schließlich noch eins war, und von denen wir nur sehr bedingt wußten, wie sie dachten.

Meine Reise war durch das Sturmtief nicht unerheblich verändert worden. Anstatt in Klintholm oder Trelleborg hatte ich mich im Hafen von Rönne auf Bornholm wiedergefunden. Daran ärgerte mich, daß mächtige Naturgewalten mir hohnlachend einen anderen als den beabsichtigten Kurs aufgezwungen hatten. Andererseits freute ich mich, wieder einmal auf dieser merkwürdigen, wunderschönen kleinen Insel zu sein, die vor Pommern liegt, dem Land meiner bäuerlichen und seefahrenden Vorfahren, und die ich eigentlich so gut kenne wie Rügen oder Helgoland.

Es folgt jetzt keine seitenlange Inselbeschreibung; die wird von Baedeker, Merian oder jedem beliebigen Reisebüro attraktiver, wenn auch ein bißchen kommerzieller geliefert. Was jedoch selten in Publikationen wie diesen zu lesen steht, ist dies: Auf dieser geschichtsträchtigen Insel leben bekannte Künstler Dänemarks, meistens in Gudhjem. Wer einen Blick dafür hat, weiß, warum insbesondere Maler sich hierher zurückziehen. Wie sie selber sagen, hat das nichts mit den Maulbeerbäumen, Feigen und Rebstöcken zu tun, auch nicht mit der Blütenpracht, die hier so hoch im Norden in überwindigen Winkeln schillert und prangt, sondern mit dem Licht, das mit seiner intensiven Leuchtkraft das Städtchen, das sich da so freundlich, sauber und bunt an den Felsen des Behuls lehnt, mit strahlenden Lichtkaskaden und tintenschwarzen Schlagschatten überschüttet. Dahinter die See im Schimmer aller denkbaren Grüns und Blaus, aller Sonnenauf- und -untergangsfarben und aller zitternden Lichtreflexe der Hafenlaternen auf nachtdunklem Wasser.

Diese Schönheiten hatte ein Maler auf seinen Bildern festgehalten, die zur Betrachtung und zum Verkauf an die Außenwand seines rot angepinselten Häuschens gelehnt waren, als ich vor Jahren da vorbeikam. Kein Mensch weit und breit. Ich setzte mich ins Gras und sah mir die Bilder an. Es ergeht wohl jedem so, daß er hinter der Schönheit von Farbe und Form die Art des Künstlers herauszufinden sucht. Der ließ denn auch nicht lange auf sich warten, kam nach einer Weile mit dem Fahrrad dahergeradelt und erwies sich rasch als ein angenehmer, gut Deutsch sprechender, etwa 40jähriger Mann. Wir saßen nebeneinander im Grase und betrachteten seine Bilder.

An dieser Stelle muß zwangsläufig ein weiteres Mitglied meiner Familie erwähnt werden, ein bekannter Professor der Kunstgeschichte. Er hat über die Malerei unseres Jahrhunderts bibeldicke Wälzer geschrieben, die in viele Sprachen übersetzt wurden. Nichts ist davon mein Verdienst, daß dieser Professor mein Bruder ist und sein Ruhm eine, wenn auch nur sehr schwache, Gloriole auch über meinem Scheitel erstrahlen läßt. Der Maler also kannte und schätzte meinen Bruder, lud mich in sein Häuschen ein, und es dauerte gar nicht lange, da saß eine nette Gesellschaft von Malern, Bildhauern und Töpfern beieinander, schwätzend, trinkend, singend, lachend und Räucherfisch essend. Ich blieb als Gast einige Zeit in Gudhjem (Gottesheim) und erfuhr von diesen eigenwilligen, nationalbewußten dänischen Männern eine Menge über ihr Bornholm. Von Einhandseglern und anderen Individualisten hielten sie eine ganze Menge. Sie waren richtig darauf aus, mir eine Freude zu machen, und sahen es als eine solche an, mir mitzuteilen, daß mitten durch ihr Städtchen der 15. Längengrad liefe. Wir tanzten hier also auf dem schmalen Grat zwischen mitteleuropäischer und osteuropäischer Zeit herum, fanden das höchst amüsant und fühlten uns wohl dabei, auch wenn das nur Dinge sind, die für die astronomische Navigation und für die Kursbücher eine gewisse Bedeutung haben. Beides brauchten wir normalerweise hier nicht. Nein, mich fesselte da eine ganz andere Sache.

Vor Bremens Haustür — oder wenigstens nicht allzuweit davon — liegen ganze Inselreihen, die sich als Friesische Inseln längs der Nordseeküste der Niederlande, der Bundesrepublik und Dänemarks erstrecken. Ich bin noch nie auf einen ihrer Bewohner gestoßen, der nicht mit stolzgeschwellter Brust auf seine Insulanerqualität hingewiesen hätte. Mit Abstand am dicksten tun sich da die Helgoländer hervor. Mein Erstaunen war also beinahe grenzenlos, als ich feststellte, daß die Bornholmer, die doch nun weiß Gott auch eine Insel besiedeln, auf die sie sogar noch besonders stolz sein könnten, nur ungern als Insulaner angesehen werden wollen. Das ist etwa so, als wenn man einen Afrikaner als Insulaner bezeichnen wollte. Die Bornholmer sprechen nicht von ihrer Insel Bornholm, sondern von ihrem Land Bornholm. Dieses Land hatte zur Zeit Gorms des Alten — er war König von Jütland — einen eigenen König. Wen wundert es da, wenn er und seine Untertanen den Begriff Insel als verniedlichend empfanden? Inseln besaß das Land Bornholm nämlich außerdem. Das sind die Erbseninseln — drei winzige Eilande, die wirklich nicht viel größer als Erbsen sind. Dazu gehören sechs noch winzigere Schären. Die Inseln heißen Christiansö, Frederiksö und Græsholm, die Grasinsel. Alles das ist unbeschreiblich schön und, wie es da so in der blauen See liegt, in seiner Winzigkeit richtig ein bißchen rührend.

,,Eins aber nimm mit auf den Weg, Haftmann, nie wird Bornholm ein Mallorca werden!'' riefen meine Maler- und Töpferfreunde, als wir schon ein bißchen was getrunken hatten. Sie haben panische Angst davor, daß Bornholm seinen in etwa 10 000 Jahren geprägten Charakter verlieren könnte, weil etwa ein zu starker Fremdenverkehr seine Individualität verwässert. Um das zu verhindern, werden dort Dinge getan, die für unsere Bettenburgenbauer an der Ostsee ein ganz schöner Kinnhaken wären.

Nun lag ich also mit meinem Schiff im Hafen von Bornholms Hauptort Rönne — zugegebenermaßen noch ein bißchen sturmzerzaust. Zwei Tage lang. Zeit genug, um AZIMUTH und mich mit wahren Süßwasserkaskaden zu entsalzen, hübsch zu machen und das zu tun, wonach es einen Seefahrer zunächst gelüstet, nämlich frisches Fleisch zu essen, Butter dick auf ofenwarme Brötchen zu schmieren und sich den Bauch voller Obst und frischem Gemüse zu schlagen. Das tat ich alles und mietete darüber hinaus ein Fahrrad, um mir dies kleine ehemalige Königreich wieder einmal in aller Ehrerbietung anzusehen: die Rundkirchen, die Felszeichnungen, die Bautasteine und nicht zuletzt die merkwürdigen Räucheröfen, vor die man sich zu bestimmten Zeiten hinhockt und seinen ,,Bornholmer'' im Kreise Gleichgesinnter aus dem Papier verzehrt.

Am dritten Tag verließ ich Rönne. Eine freundliche kleine Backstagsbrise blies mich sachte nach Norden. Ganz nahe der Küste segelte ich dahin, ein glücklicher Alter, der von dem lieblichen Küstenpanorama, das da vor ihm abrollte, so berührt war, daß er den abgewetterten Sturm einfach für gottgewollt hielt, weil er sonst hier nicht gesegelt wäre. Hasle kam auf. Da hatte ich früher mal ein Heringsfest mitgemacht und die Miß Hering mitgewählt. Mein Gott, war das ein hübsches blondes Inselmädchen von bestem altem Bauernadel! Ihretwegen war ich zwei Tage dort geblieben und sehr betrübt, sie am Arm eines jungen Fischers in den Abend gehen zu sehen. Ich passierte das Örtchen Vang und rundete gegen Mittag Hammerodde. Den Wind hatte ich jetzt gegenan; ich kreuzte behaglich nach Allinge, suchte mir im Hafen einen gemütlichen Liegeplatz und machte fest.

Weil es mir meine Lebensumstände erlauben, tue ich grundsätzlich das, wozu ich Lust verspüre. In Allinge hatte ich plötzlich Lust, ins Kino zu gehen. Hervorgerufen wurde dieses Verlangen durch ein Kinoplakat, von dem mich die kurvenreiche Marilyn Monroe verheißungsvoll anlächelte. Leider verlieren so herumvagabundierende Leute wie ich sehr schnell das genaue Zeitgefühl, und so ergab es sich, daß im verdunkelten Kinosaal nicht Marilyn verführerisch zu mir herunterlächelte, sondern mich ein bärtiges amerikanisches Seemannsgesicht höhnisch angrinste. Marilyn gab es erst eine Woche später. Ich saß also wieder in Stürmen und Schiffsuntergängen und war erbost, ansehen zu müssen, mit welchem Vergnügen amerikanische Seeleute für ihr Vaterland ersoffen, und das noch mit Ehrenbezeugungen vor ihren Offizieren in einer Haltung, für die wir früher unbarmherzig in den Bau geflogen wären. Auch wenn es nur windige Filmschauspieler und keine ehrbaren Seeleute waren, hätten sie sich ein bißchen mehr Mühe geben können. Mißmutig ging ich die Straße zum Hafen hinunter. Vor einem erleuchteten Bildergeschäft blieb ich stehen und sah mir das sehr schön in Öl gemalte Bild der Nykirke, einer Rundkirche, an. Die Straße entlang kam ein ziemlich kleiner Mann in Holzpantoffeln und Pudelmütze, die Hände in den Taschen seines Blauzeugs. Er stellte sich — offenbar ein Fischer von Bornholm — neben mich und guckte auch. Da er mir gut gefiel, beschloß ich, ihm wegen des schönen Bildes und seines hübschen kleinen Königreichs ein Kompliment zu machen, und tat das in englischer Sprache. Er antwortete: ,,Mit mir kannst du Deutsch reden, bin Lübecker und liege hier im Hafen. Komm an Bord zu mir, laß uns einen trinken.''

,,Nee du, hör zu'', sagte ich, ,,ich habe heute einfach keine Lust, mußt mir deswegen nicht böse sein.''

,,Komm trotzdem'', erwiderte er, ,,ich hab da so ein verfluchtes Pech gehabt und muß mit jemandem reden. Mensch, noch nie hab ich eine Havarie gehabt, und hier im Hafen muß mir das passieren. Hab einen Kutter übergemangelt.''

,,Ach du heilige Scheiße! Natürlich komme ich!''

Bevor ich von dieser Havariegeschichte berichte, muß ich mich kurz zu dem Alkoholkonsum äußern. Da wird immer mal wieder eine Flasche entkorkt, ein Glas gluckernd gefüllt oder mit irgend jemandem einer auf die Lampe gegossen. Das bringen die Umstände in den Häfen und auf See jedoch nun einmal so mit sich — jeder Schipper wird's bezeugen. Von einigen Ausnahmen abgesehen, kann man wohl keinen von uns Seefahrern als Säufer bezeichnen; andererseits würde wohl auch kaum je einer in sein Glas spucken.

Das taten wir auch im Hafen von Allinge nicht, als mein Gastgeber, der Lübecker, die Buddel hervorkramte und vor lauter Aufregung ziemlich zittrig den Whisky in die Gläser goß. Wir saßen im Salon seines Schiffes. Das war eine alte Hafenbarkasse, wuchtig und eisern, die eine deutsche Hafenverwaltung als nicht mehr verwendungsfähig ausgesondert hatte. Indes: Geräte, Schiffe, Autos, Maschinen und was sonst der Staat ausmustert, sind beileibe nicht schrottreif, weil sie während ihres fiskalischen Einsatzes meistens ausgezeichnet gewartet werden. Das scheint damit zusammenzuhängen, daß dieser Pflegedienst nur selten von Staatsdienern wahrgenommen wird. Dafür haben die ihre Helfer in

Vertragswerkstätten — und das sind im allgemeinen Fachleute. Meinem Lübecker war es gelungen, die Barkasse unter dem Hammer hervorzuholen und an sich zu bringen. Gewiß, sie sah ein bißchen antiquiert und ramponiert aus, denn einige Generationen von Rudergängern mochten sie zuweilen etwas unsanft an Kais, Anleger oder Duckdalben gesetzt haben. Da gab es so einige Beulen in der Außenhaut und hier und da auch einen aufgeschweißten Flicken. Im großen und ganzen war es aber ein recht ansehnliches Schiff. Sein jetziger Eigner hatte es liebevoll ausgebaut und, weil er das zu lieben schien, eine gemütliche Plüschatmosphäre geschaffen.

Die Einfahrt nach Allinge ist ein bißchen kompliziert. Man muß da, weil der Hafen bei Sturm abgeschottet werden kann, um einige Ecken herum. Die lange, schmale Barkasse mußte also einige Vorwärts- und Rückwärtsmanöver fahren, wenn sie an dem Kümo, das gerade gelöscht wurde, längsseits gehen wollte. Quer zur Fahrtrichtung lag ein kleiner, blauer Kutter an der Hafenmauer. An der Steuerbordseite des Kümos angekommen, wollte der Lübecker nun ,,voll zurück'' geben. Das Schaltgestänge des Rückwärtsganges machte aber nicht mit. In hilflosem Entsetzen sah der Rudergänger seinen Eisensteven unaufhaltsam auf die Klinkerbeplankung des Kutters zuhalten, diese erreichen und krachend zermalmen. Der kleine Kutter begann sofort zu sinken. Der Hafenmeister, ein junger, energischer Mann, war in der Nähe. Zunächst holten sie die Barkasse retour und legten sie an die Bordwand des Kümos. Der Kran, der diesen gerade entlud, streckte seinen Arm ein wenig länger über das Hafenbecken. Der Kutter wurde angestroppt und an Land gehoben. Keinerlei Panik. Die Bornholmer waren lediglich ein wenig beunruhigt, weil der Lübecker seine Versicherungspolice nicht an Bord hatte und sein Anruf in Lübeck zunächst unbeantwortet blieb, weil dort so spät am Abend nicht mehr gearbeitet wurde. Also wurde die Barkasse bis zur endgültigen Klärung erst mal an die Kette gelegt und für neun Uhr des nächsten Morgens ein Lokaltermin am havarierten Kutter anberaumt.

Diesen Sachstand also teilte mir der Lübecker mit stockender Stimme mit. Er war einer solchen Situation nur schlecht gewachsen und hatte einfach Angst. Wir verließen unsere Whiskybuddel und gingen zum Kutter, der mit aufgerissener Flanke und einigen angebrochenen Spanten in der hellen Hafenbeleuchtung auf der Seite lag. Mit den Händen in den Hosentaschen, stand ein wenig bedrückt ein junger Fischer daneben, der sich als Eigner herausstellte und leidlich Englisch sprach. Ich spendete an Trost, was immer ich konnte. Das ist kein sonderlich großes Kunststück, wenn man von einer Sache nicht selber betroffen ist; andererseits war ich jedoch der einzige von uns dreien, der ruhig und unvoreingenommen denken konnte. Ich schlug vor, zunächst erst einmal zur Whiskybuddel zurückzukehren. Das taten wir denn auch, und dabei ergab sich vielerlei Positives.

Wir erfuhren von dem Fischer, daß sein Kutter auf einer Werft in Tejn — das liegt nur vier Kilometer von Allinge entfernt — gebaut worden war und dort auch repariert werden könne. Es war jetzt etwa 23 Uhr. Wir suchten uns ein Telefon und sprachen mit einem Bootsbauer der Werft. Das soll heißen, der Fischer sprach mit ihm und machte das sehr geschickt. Er erreichte, daß der Bootsbauer zum Lokaltermin am nächsten Tag zu kommen versprach, und erfuhr, daß eine Reparatur wegen anderer anstehender Arbeiten erst nach Ablauf von vier Wochen vorgenommen werden konnte und daß sie, grob geschätzt, sich auf umgerechnet etwa 10 000 Mark einschließlich seines Verdienstausfalls belaufen würde.

Das war es also, was der Versicherungsgesellschaft schmackhaft gemacht werden mußte. Darüber hinaus war auch der Kutter versichert, und so wurde der ortsansässige Agent vom Fischer zum Lokaltermin gebeten.

Für alle diese Vorarbeiten belobigten uns Polizei, Zoll und Hafenmeister am nächsten Morgen sehr. Das Gespräch mit der Versicherung in Lübeck ergab deren Zustimmung. Man hatte den Eindruck, daß es diesen Versicherungsbrüdern wegen solcher Bagatellschäden lästig war, zu so früher Morgenstunde gestört zu werden. Sie bestätigten der Polizei alles, was sie zu wissen wünschte, und zufriedenen Herzens begab sich die achtköpfige Kommission in den Eisenbauch der Barkasse, um ein Protokoll zu verfassen. Aber wie das so ist: Der schöne Eifer verflog schnell, und das ungeteilte Interesse der Herren wandte sich dem deutschen Bier zu, dessen Güte sie sehr belobigten. Als Dolmetscher kam auch ich nicht zu kurz.

Für mich gehören alle diese kleinen, harmlosen Begebenheiten, alle diese Menschen, Schiffe und Häfen, mit denen ich zu tun habe, zu meinem jetzigen Leben und ehrlich gesagt: Sie bedeuten mir in ihrer anspruchslosen Einfachheit mehr als früher mancher markige Handschlag mit anschließender Ordensanheftung oder später belobigende Dienstjubiläumsreden, deren Leere mit ein wenig Geld oder einer Beförderung attraktiver gestaltet wurde.

Im vergangenen Winter ist mir durch Zufall — etwa so wie die

Yogageschichte beim Zahnarzt — ein Buch über die Griechen in die Hände gefallen. Seitdem fühle ich mich dem alten griechischen Philosophen Diogenes — anno 323 vor Christus verstarb er — ein wenig verbunden. Durch seine Bedürfnislosigkeit ist er sprichwörtlich geworden. Der also bewohnte ein ausgedientes Faß und war mit seinen Lebensumständen sicher genauso einverstanden wie ich, wenn wir uns abends behaglich gähnend und hier und da noch ein bißchen kratzend zur Ruhe begaben. Er in seiner Tonne, ich in meinem Schiff.

Um diese Jahreszeit werden die Nächte hier kaum noch dunkel. Der seltsame Zauber des Mittsommers kam behutsam und betörend ins Land. Voll stand der Mond über den kleinen Orten Bornholms, warf hier schwarze Schatten in enge Gassen, legte dort eine breite, silbrige Lichtbahn über helle Ziegeldächer und tanzte wie ein großer, roter Luftballon im dunklen Hafenwasser. In den Schatten flüsterte und kicherte das junge Volk, im vollen Mondlicht gingen alte Fischer umher und zogen bläulich ihren Pfeifenrauch hinter sich her. Es ist eine Zeit, die einfach nicht zum Schlafen geschaffen ist.

Zwei Stunden nach Mitternacht kamen zwei Kutter in den Hafen, erfüllten ihn mit Dieselgedonner und Lärm und machten sich daran, umstanden von vielerlei Nachtwandlern, ihren Fang zu löschen. Leise warf ich Vor- und Achterleine von den Pollern und verließ Allinge. Auf See stellte ich den Motor ab und ließ AZIMUTH treiben. Es begann zu dämmern. Von Land her krähten die Hähne, dann rief ein Kuckuck und versprach mir noch 15 Lebensjahre. Mit hellem Katzenschrei meldeten die Heringsmöwen den kommenden Morgen. Das kleine Königreich erwachte. Leise machte sich von Südosten her eine leiche Morgenbrise auf und wehte mich sacht zu den Erbseninseln, die nur neun Seemeilen vor Bornholms Haustür liegen.

Trotz dieser geringen Entfernung weiß die Seekarte zu berichten, daß wir uns hier in Gebieten unsicherer Mißweisung befinden. Damit will sie sagen, daß man sich weder auf den Kompaß noch auf irgendwelche Peilungen verlassen kann. Die Zusammenhänge sollen in größeren unterseeischen Erzvorkommen zu suchen sein. Ich traf vor einiger Zeit auf Bornholm einen Freund, der dort mit seiner Motoryacht lag. Er ist Chefpilot und fliegt mit einem Riesendüsenjet in der Welt umher. Von ihm erfuhr ich, daß sich dieser mißweisende Magnetismus sogar bei ihnen hoch oben an Bord auswirkt, wenn sie bei ihrem unheimlichen Tempo überhaupt darauf achten. Die alten Bornholmer Fischer achten jedenfalls darauf. Sie sagen, daß ihre Großväter die Unterirdischen, das

Volk der Trolle und Felsgeister, für so boshaft hielten, daß sie mit den Kompaßnadeln der Kutter umherspielten und sie vom Kurs abzubringen versuchten. Natürlich taten diese jungen Fischer so, als wenn das ein lachhafter Aberglaube wäre. Aber ihr Lachen war doch unsicher und nicht so recht glaubhaft.

Hier oben tut sich in dieser Beziehung ohnedies so einiges. Etwa 150 Seemeilen weiter nach Nordosten — in wenigen Tagen würde ich dort sein — gibt es unheimliche Dinge, wie zum Beispiel die Fata Morgana. Das sind Luftspiegelungen, von denen jeder Einwohner Ölands oder Gotlands weiß. Die berühmte Riesenbrücke von Kalmar hat oft ihr Doppelbild hoch im Himmel über sich, und die Blaue Jungfrau (Blå Jungfrun), einen 86 m hohen Bergkegel mitten im Kalmarsund, habe ich selber schon doppelt und auf dem Kopf stehend gesehen. Das sind nachprüfbare Dinge, deren Doppelgesichtigkeit mit den an Bord gehaltenen Alkoholvorräten nichts zu tun hat. Alle an den Küsten lebenden Menschen sind, wie schon gesagt, ein wenig abergläubisch. Sturmfluten, die Unheimlichkeit der Gezeiten, das Alleinsein im Fischerboot auf See, die Abhängigkeit vom Wandern der Fischschwärme und die Einsamkeit in weit verstreut liegenden Hütten haben sie wohl so geprägt. In dieser Küstenregion habe ich den spökenkiekerischen Ausdruck im Gesicht der älteren Menschen besonders häufig angetroffen. Vor allem die alten Fischer Byxelkroks tun sich da hervor, wenn diese Strahlenbrechungen auftreten. Ich selber bin von diesem Glauben an die Macht der Unterirdischen sehr angetan, auch wenn mir beigebracht worden ist, wie das alles zustande kommt.

Trotz aller Trollkinder, die an meinem Kompaß herumspielten, fand ich meinen Weg nach Christiansö. Das war schon deswegen kein besonderes Kunststück, weil die Sonne aufging und mitten in ihrer rotgoldenen Scheibe die schwarzen Silhouetten der beiden Festungstürme Store Tarn und Lille Tarn in ihrer altertümlich anmutenden Behäbigkeit zu sehen waren. Man muß sie einfach gern haben, diese winzige Festung, um deren fragwürdige Verteidigungsbereitschaft sich Generationen von Dänen und Schweden abmühten. Für Soldaten ist das eins der schönsten Spielzeuge. Einmal aber ist so ein hochgestellter Bastler doch hereingefallen. Im Jahre 1814 war es, als 200 Marinesoldaten dorthin abkommandiert wurden. Nach Art aller Soldaten hofften sie natürlich, dort eine ruhige Kugel schieben zu können. Da Christiansö nur 710 Meter lang und 400 Meter breit ist, konnten sie sich ausrechnen, daß man sie da mit strapaziösen Gepäckmärschen und sonstigem Firlefanz nicht würde piesacken können.

Leider ging ihre Rechnung nicht auf. Statt zu fischen, den Humpen oder den Würfelbecher zu schwingen, mußten sie Steine brechen und eine große Ringmauer anlegen. Das machten sie auch eine Weile geduldig mit. So lange nämlich, bis sie fanden, daß ihr Dänenkönig den Bogen zu überspannen begann und sich anschickte, aus einer aufrechten Seesoldatenkompanie eine Arbeits- und Strafkompanie zu machen. Jedenfalls artete ihr Dasein für ihren Geschmack allzusehr in Arbeit aus. Sie ließen ihren König also wissen, daß ihnen das alles nicht mehr passe und er sich seine Mauer selber zu Ende bauen könne, wenn ihm soviel daran gelegen sei. Geschlossen traten sie in schwedische Dienste über.

Die Zeit blieb nicht stehen, brachte Fortschritte und mit diesen die Erkenntnis, daß alle militärischen Bauten der Erbseninseln zu nichts mehr nütze waren, wenn sie das überhaupt je gewesen sein sollten. Schnell kam ein findiger Staatsmann darauf, daß man die kleine Festung hervorragend zur Unterbringung von Deportierten verwenden könne — gewissermaßen als ein St. Helena der Ostsee. Sträflinge fanden sich schnell, darunter der Dr. phil. J. Dampe, der sich erfrecht hatte, in Dänemark ein freies demokratisches System einführen zu wollen. So was läßt sich ein König natürlich nicht gefallen. Der gute, alte Dampe wurde ergriffen und im Jahre 1826 für 15 Jahre auf die Erbseninseln verbannt. Hier konnte er beim Granitbrechen darüber nachdenken, wie man sich seinem König gegenüber zu verhalten hat.

Über Christiansö und Frederiksö sind dicke Bücher geschrieben worden. Kein Mensch aber hält es für nötig, die dritte Insel, das Grasinselchen, zu erwähnen. Das kommt wohl daher, daß man sie nicht betreten darf. Sie gehört — und ich finde das wunderschön — ausschließlich den Vögeln. Wegen Græsholm hatte ich die Erbseninseln angelaufen. Ich machte AZIMUTH an einem Fischkutter fest, nahm mein Fernglas und setzte mich am Lille Tarn auf Frederiksö in die Sonne. Da lag es vor mir, das kleine Vogelparadies mit seinen Tausenden von Meeresvögeln, den Möwen, Enten, Lummen, Alken und Tauchern. Ihre Welt ist trotz unbeschreiblichen Radaus voller naturgewollten Friedens und orientiert sich an all den aus groben Granitblöcken zusammengemörtelten Festungsbauten zuallerletzt.

Am späten Nachmittag suchte ich mir im Gras einen gemütlichen Platz auf dem Mühlenhügel, 22 stolze Meter über dem Meer, und sah über die See: hellgrün in Küstennähe, blau in etwas größerem Abstand und schwarz, wo sie jäh in 90 Meter Tiefe übergeht.

Segler von der Nordseeküste kommen über die Erbseninseln meistens nicht hinaus. Im günstigsten Fall haben sie fünf Wochen Urlaub, und die reichen gerade aus, um zur Halbzeit hier anzukommen. Dann müssen sie langsam zusehen, Kiel und den Kanal wieder zu erreichen. Mit einem lachenden und einem weinenden Auge verließ ich hier meine Landsleute, um mich in den Kreis der dänischen, schwedischen und finnischen Segler und Motorbootfahrer einzugliedern. Eine Ausnahme unter den von weither Angereisten machen die Berliner. Das ist ein unruhiges Seglervolk. Lärmend, lachend und sehr kameradschaftlich, schrubben sie soviel Meilen wie nur möglich ab. Das ist deswegen so, weil bei ihnen nach Urlaubsende im Club derjenige am meisten gilt, der am weitesten gekommen ist. Sie schaffen in den paar Wochen leicht an die tausend Seemeilen, und man begegnet ihnen weit oben in der Ålandsee. Ich denke mir, daß ihr unbändiger Drang zur See damit zusammenhängt, daß sie zu Hause fast alles verboten bekommen, was das Leben eines Fahrensmannes überhaupt erst lebenswert macht. Ich begegne auf meinen Törns vielen Menschen, die mich um Freiheit und Ungebundenheit beneiden; am glühendsten tun das die Berliner.

101

V

Utklippan: Das große Tauschgeschäft —
Badewasser für Madame — Nächtliche Karnickeljagd —
Stürmisches Frühstück mit Lachs und Sekt —
Kriegsspiele vor Karlskrona — Geschichtsstunde beim
Zöllner in Kalmar — Privatphilosophie über Leben und Tod —
Ingrid und Christina — Kleine Lektion über die Hanse

Der Seewetterbericht für den nächsten Tag war soweit ganz gut.
Südwind von etwa drei Beaufort würde es geben, der gegen Abend auf
West drehen sollte. Im Raum von Island baute sich wieder ein Tief auf.
Das mochte stimmen, denn als ich abends noch einmal ins Wetter sah,
waren die ersten, schwachen Anzeichen eines Wetterumschlags bereits
zu erkennen. Oben im Himmel — so etwa 10 000 Meter hoch — hingen rosa angestrahlt die Eisbänke zartgegliederter Cirren. Wie Gimpelfederchen schwebten sie da im apfelgrünen Himmel. Das Barometer fiel
fast unmerklich. Zumindest morgen würde alles noch gutgehen. Das
mußte es auch, denn ich hatte etwa 50 Seemeilen zu segeln, um an
deren Ende auf eine Schäre zu stoßen, die nicht größer ist als der Markt-
platz eines sehr kleinen Städtchens. Die zu steuernden 30° waren daher
genauestens einzuhalten, wenn ich nach 16 bis 18 Stunden Utklippan
über der Kimm auftauchen sehen wollte. Utklippan — das ist ein einsa-
mer roter Leuchtturm mit automatischem Feuer, darunter ein winziger
Schutzhafen, der bei Sturm von Nordosten oder Nordwesten angesteuert werden kann. Keine Leuchtturmbesatzung, kein Wasser, keine Verpflegung, kein Benzin, dafür aber Raubmöwen und Kaninchen; verwil-
derte, die irgend jemand einmal hier ausgesetzt hat. Einsam, hart, wind-
umweht liegt diese Außenklippe — Utklippan — in der See. Von allen
Häfen liebe ich diesen Miniaturtrog von Hafen am meisten.

Im Morgendämmer verließ ich Christiansö. Eine leise Morgenbrise stand in den Segeln; kein kühler Morgenwind, der den frierenden Skipper an der Pinne zwingt, über den zweiten noch einen dritten Wolltroyer zu ziehen, sondern ein lauer Südwind, warm und nicht sonderlich erfrischend. Die Cirruswolken waren weg, der Himmel klar, die Sonne kam in all ihrer glutroten Schönheit und Pracht über die Kimm, stieß sich mit einem ganz kleinen Ruck ab und schwamm dann ins Himmelsblau hinein, wurde kleiner, das Rot ging in strahlendes Gelb und das Gelb in loderndes Platin über. Wenn ich jemanden verstehe, dann sind es die Völker, die die Sonne zu ihrer Gottheit gemacht haben.

Ich holte meinen Sextanten hervor. Nicht um eine Standlinie zu errechnen, sondern nur, um die mich immer wieder faszinierende Begebenheit voll auszukosten, in welch ungestümem Tempo die Sonne ihrem Kulminationspunkt zueilt. Ich überprüfte dabei routinemäßig die Richtigkeit der Spiegelstellung und stellte fest, daß sie nicht stimmte. Das ging alles noch auf das Konto des Sturms, der auch noch die beiden Instrumentenspiegel auseinandergewackelt hatte. Kein Beinbruch, auf Utklippan würde ich diesen Schaden mühelos beheben. Ich wußte zu diesem Zeitpunkt noch nicht, auf welch merkwürdige Weise ich von der astronomischen Standortbestimmung, mit der man in diesen Revieren ohnehin wenig anfangen kann, zur Funknavigation kommen würde. Das geschah bereits 24 Stunden später auf Utklippan.

Doch zunächst segelte ich noch sehr achtsam auf meinem 30-Grad-Kurs in Sonne und Wind dahin, aß, trank, goß mir ab und an eine Pütz Wasser über den zusehends brauner werdenden Balg und ließ das Leben rinnen. Einmal ein Kümo in der Ferne, sonst nur die See, AZIMUTH und ich — und natürlich Sänger, Popstars, Philharmoniker, Deklamatoren, Rezitatoren, Ansager, Chöre und mittendrin auch mal ein Schwätzer, dem ich dann sehr schnell das Maul stopfte.

Am späten Nachmittag griff ich zum Glas — zunächst vergeblich, aber dann stand er weit hinten bleistiftdünn über der Kimm: der rote Leuchtturm von Utklippan. Zwei Stunden später — die Sonne schickte sich gerade an, das noch fehlende Stückchen an ihrem Halbbogen zu einem guten Ende zu bringen — lief ich in den kleinen Hafen ein. Kein anderes Schiff lag da. Ich war allein, wenn ich von den Möwen absah. Die Kaninchen schienen sich noch mißtrauisch unter den Felsen zu halten. Mit dem Mond würden auch sie hervorkommen. Die Cirren schwammen wieder wie rosa Gimpelfederchen im Abendrot. Das aber war etwas verwaschener geworden und hatte einen leichten Stich von schmuddeligem Blau. Das Tief meldete sich schon erheblich deutlicher an. Ich war mit allem einverstanden. Wasser, Tabak und Verpflegung hatte ich. Und das ist — wie man noch sehen wird — die einzige Währung, die auf Utklippan zählt.

Aus silbernem Mondlicht auf dunkler See und grauem Schärengranit mit huschenden Kaninchenschatten im Vordergrund wurde in dieser Nacht nichts, denn von irgendwoher sendeten sie einen Krimi, und den hörte ich mir an. Zwar bekam der Detektiv Frank darin ganz schön was ab, aber zu meiner tiefsten Befriedigung erwischte er die beiden Gangster schließlich doch noch mit gezirkelten Blattschüssen. Diese beiden Bösewichte hatten eine gemeinsame Braut, die sich nun aber angewidert von den Leichen ab- und Frank zuwandte. Der sah über ihr vorheriges Lotterleben hinweg und schenkte ihren Worten Glauben, die da sinngemäß lauteten: ,,Geliebter, sie haben zwar meinen Körper besessen, meine Seele aber besitzest du.'' Dann kümmerte sie sich um den Steckschuß in seinem Arm. Zufrieden und gerührt schlief ich ein — über mir die zuckende Lichtfackel des Leuchtturms von Utklippan.

Am nächsten Morgen lag eine große schwedische Yacht hinter mir im Hafenbecken. Lautlos und rücksichtsvoll mußte sie in der Nacht unter Segeln hereingekommen sein und festgemacht haben, ein sicheres Zeichen, daß die im tiefsten Schlaf liegende Crew aus ordentlichen Leuten und guten Seemännern bestehen mußte. Friedlich und mich leise verhaltend, saß ich in der Sonne und trank meinen Morgenkaffee. Dann holte ich den Sextanten hervor, entdeckte schnell den Kippfehler am kleinen Spiegel, nahm eine Doppelpeilung der Sonne vor, errechnete den Sonnenradius und verglich ihn mit dem in den Ephemeridentafeln angegebenen Wert. Da er stimmte, war damit alles wieder in bester Ordnung. Das Unternehmen hatte keine zehn Minuten gedauert, aber diese hatten genügt, um einen der Schweden auf den Plan zu rufen.

,,Hej'', sagte er von Bord aus.

,,Hej'', sagte ich von meinem Felsen herunter, den ich der besseren Übersicht wegen erklommen hatte. Seine Augen ließen meinen Sextanten nicht los, als er über Bord kletterte und sich neben mich setzte. Drei Mann waren an Bord der Yacht und alle drei Studenten aus Stockholm. Sie hatten allerlei vor, wollten an Spaniens Küste längs zu den Kanarischen Inseln und gegen Weihnachten durch die Karibik in den Pazifik. Ein reicher Onkel hatte ihnen das Schiff überlassen. Der Sextant hatte es meinem Besucher offensichtlich angetan. Er bat, ihn ansehen zu dürfen. Bis dahin war die Unterhaltung halb in Deutsch, halb in Englisch geführt worden und munter dahingeplätschert. Jetzt kam sie ins Stocken. Beide konnten wir ganz gut Englisch, aber das hört auf, wenn es um Refraktionen, Parallaxen, Zenitdistanzen und ähnlichen Kram geht. Auch wenn man zehn Jahre in der Schule Französisch gehabt hat, dann weiß man noch lange nicht, wie in dieser Sprache etwa Kurbelwelle oder Fallstromvergaser heißt. Jeder ging also an Bord seines Schiffes und holte ein englisches Wörterbuch. Der Schwede brachte auch gleich seine beiden Kommilitonen mit. Wir machten uns bekannt, prüften die Wörterbücher und entschieden uns für meins. ,,Dictionary of nautical terms'' heißt es und enthält einfach alles, was man sich nur denken kann. Nachdem wir uns mit Bier aus meinem Schiff versorgt hatten, machten wir uns daran, nach guter alter Semiversusart eine Standlinie zu errechnen. Mit dem Ergebnis waren wir zufrieden.

Meine drei Freunde führten nun untereinander eine lange Diskussion in ihrer Muttersprache und luden mich dann ein, auf ihr Schiff zu kommen. Hier setzten sie mich vor einen Seefunkempfänger. Er war neu, wunderschön und ein bekanntes Fabrikat. Sie drückten mir zunächst ein Whiskyglas und dann einen Handfunkpeiler in die Hand, gaben mir die Frequenz von Ölands Södra Udde — ein Funkfeuer an Ölands Südspitze — und beobachteten mich gespannt. Was blieb mir übrig: Ich pfiff das Feuer ein und suchte das Peilminimum. Es ergab sich eine brauchbare Kompaßpeilung. In aller Harmlosigkeit sprach ich mich lobend über ihr Navigationssystem aus.

Darauf hatten sie nur gewartet und rückten nun mit ihrem Anliegen heraus. Sie wollten ihren Seefunkempfänger gegen meinen Sextanten eintauschen, weil sie damit später mehr anfangen konnten als mit ihrem Peilgerät. Der Sextant stand in seinem Mahagonikasten auf ihrem Kajüttisch. Leif, der Jüngste, hatte seinen Arm um den Kasten gelegt, und alle drei sahen mich in höchster Spannung an. Ich wies auf zweierlei hin: Der Sextant hätte nicht ganz den Wert ihres Funkempfängers, und außerdem wäre da ja wohl noch der Onkel, dem dies alles hier gehöre.

,,Zum Teufel mit dem Onkel'', sagten sie. Der wäre Holzhändler, und diese unterschieden sich in ihren Geschäftspraktiken von Pferdehändlern in nichts. Werner, der Älteste, hielt mir die Hand unter die Nase. Ich schlug ein.

Ich verließ sie und ging auf mein Schiff, sie hingegen hatten bereits festgestellt, daß unter den Cirruswolken eine Altocumulusbank heraufzog. Bald würde die Sonne verdeckt sein, und die wollten sie noch schnell zu einer letzten Standortbestimmung ausnutzen. Als ich den Gradbogen des Sextanten hell in der Sonne blitzen sah, merkte ich, daß ich mich von mehr als nur einem Winkelmeßgerät getrennt hatte. Richtig besehen, hatten die drei ihn aber nötiger als ich.

Am Nachmittag — wir waren gerade dabei, den Seefunkempfänger auf meinem Schiff zu installieren — liefen kurz hintereinander zwei deutsche Schiffe unseren Hafen an, ein großer Motorsegler aus Hamburg und eine 27-Fuß-Yacht aus Berlin. Das Barometer begann jetzt erheblich zu fallen. Die Sonne war von einem dichten Wolkenschirm verschluckt worden. Der Wind briste auf und kam nun von Westen.

Wie sich das gehört, eilten wir vier Schärenbewohner herbei, um den Neuankömmlingen die Festmacheleinen abzunehmen und damit für sie und ihre Schiffe die Landverbindung zu Utklippan herzustellen. Der Berliner, der zuerst einlief, wirbelte seine Vorleine wie ein Lasso um den Kopf, warf sie uns in elegantem Schwung zu und krähte vergnügt: ,,Olé, Torro!''

,,Caramba!'' sagte ich.

Er warf einen flüchtigen Blick auf die Nationalen an den Flaggenstöcken unserer Schiffe, hielt mich für den Schweden und sagte ziemlich einfältig: ,,Guten Tag! Sind Sie Schwede?''

,,Backsidan av et lägtryk'', antwortete ich. Das hatte ich drei Minuten vorher dem schwedischen Seewetterbericht entnommen, und es war mir auf Befragen von dem Studenten Leif mit ,,Rückseite eines Tiefs'' übersetzt worden.

,,Aha!'' sagte der Berliner.

Die drei Schweden lachten los, der Berliner guckte verdutzt, wir zogen sein Schiff längsseits und schüttelten ihm und seiner Frau Renate zum Willkommen die Hand. Sie wollten ihr Schiff nur schnell vernünftig abfendern, eine Spring setzen und uns dann zum Kaffee bei sich haben.

Mit dem später einlaufenden großen Motorsegler war das anders. Die wedelten mit keiner Leine. Eine sehr elegante Frau in weißer Bügelfaltenhose stand mit dem Peekhaken in der Hand auf dem Vorschiff, grüßte uns zwar, aber der Gruß war so ein bißchen mit hanseatischem Hochmut durchsetzt. Der Skipper im Ruderhaus ließ uns eine leichte und förmliche Verbeugung zukommen. Wir drängten uns natürlich nicht auf und traten zurück. Aus dem Augenwinkel sah ich nur, daß ein ganz ordentliches Anlegemanöver fuhr, beide ihr wunderhübsches neues Schiff liebevoll versorgten und dann für den Rest des Tages verschwanden. Abends hatten sie gedämpftes elektrisches Licht hinter rostbraunen Gardinen. Dahinter sah man das bläuliche Geflimmer eines Fernsehapparates. Die Berlinerin Renate besah sich das alles und sagte dann zu ihrem Herrn Gemahl:

,,Siehste, Manfred, ick saje det ja imma, du bringst et zu nischt.''

,,Det kiekt euch an! Is det nu 'ne Zimtzicke?'' fragte Manfred uns. Die Schweden konnten zwar ausreichend Deutsch, sahen mich aber doch fragend an. ,,Zimtzicke'' konnte ich ihnen jedoch nicht ins Englische übersetzen. Wir tranken Kaffee, setzten uns dann in den Windschatten einer Schäre und unterhielten uns. Die See begann unruhiger zu werden, zeigte die ersten Schaumköpfe, und rauschend brach sich hinter uns die Brandung an den Felsen.

,,Mensch, det is doch 'n Karnickel?'' rief Manfred plötzlich aufgeregt, zeigte in Richtung eines großen Granitbrockens und sah die Schweden fragend an, weil es ja schließlich ihr Land war, auf dem wir hier saßen.

,,Yes, it's a rabbit'', antworteten sie.

,,Manfred!'' sagte Renate mahnend, ,,laß die Finger von det Viechzeug!'' Und dann, zu mir gewandt: ,,Wissense, so wat Varricktes von Jäga wie den finden Se so schnell nich wieda.''

Aber Manfred verließ uns, suchte sich einen einsameren, erhöhten Platz und spähte angespannt ins schwindende Büchsenlicht. Nach einer Weile kam er zurück und bat mich, für einen Augenblick zu ihm an Bord zu kommen. Er war so eine Art Modelltischler mit eigenem Betrieb in Berlin, hatte nur die Schale seines Schiffes gekauft und dann selber deren Inneres hervorragend ausgebaut. Es war wirklich ein Schmuckkästchen aus Edelholz geworden. Er wollte von mir wissen, was ich von den drei Schweden hielte und ob sie wirklich auf dem Wege in die Karibik seien. Ich erzählte ihm die Sache mit dem Sextanten. Das beruhigte ihn sehr, und er fände es nur gut, wenn sie jetzt Schweden verließen. Aber was ich von dem Hamburger hielte. Die wären so wie die Bremer, sagte ich, schlössen sich schwer an, wären sonst aber prima Leute. Warum er das alles wissen wolle. Statt mir eine Antwort zu geben, griff er an eine mit einer Zierleiste versehene Mahagoniwand, zog eine Art von Geheimfach hervor und entnahm ihm ein Paket, dessen Umschlag aus Ölleinwand bestand. Es enthielt zwei Teile: den Kolben und den Lauf eines Kleinkalibergewehrs.

,,Mensch, wir könn die Karnickel da oben doch nich so alleene rumloofen lassen'', sagte er.

Ich kannte die schwedischen Jagdgesetze zwar auch nicht, muß aber leider zugeben, daß ich mich — Alter schützt vor Torheit nicht — sofort begeistert auf seine Seite stellte. Er holte die unumgängliche Buddel hervor, goß einen ein, und wir machten für den nächsten Morgen einen Plan, der Büchsenknall, Abtransport der Beute und vor allem Schußrichtung genau festlegte, damit Manfred um Gottes willen keine Löcher in unsere Schiffe schoß. Ein bißchen Angst hatten wir eigentlich nur vor den Hamburgern, aber auch in dieser Beziehung fügte sich alles bald zufriedenstellend in unsere düsteren Absichten. Renate kam an Bord, sah das zweigeteilte Gewehr, dann die beiden Schnapsgläser und stellte sich schweigend ein drittes dazu.

„Na, nu maul man nich, Häseken", sagte Manfred, und sie tat das auch wirklich nicht.

Im Morgengrauen wollte er den Karnickeln an den Balg gehen. Ich verabschiedete mich von Renate mit Handschlag, von Manfred mit „Waidmannsheil!" und ging zu meinem Schiff. Als ich die Flagge einholte, sang der Wind schon in Wanten und Stagen. Ich prüfte vorsorglich Spring und Festmacher. Es war so gegen 21 Uhr, die Hamburger hatten noch Licht, die Schweden schliefen schon. Ich war gerade dabei, mir Details aus der englischen Gebrauchsanweisung für den Seefunkpeiler zu übersetzen, als es an die Bordwand klopfte. Vor meinem Schiff stand der Hamburger mit einem Wasserkanister in der Hand.

„Hallo! Kommen Sie an Bord", sagte ich, legte Zigaretten auf den Kajüttisch und bot ihm einen Schnaps an.

Er stellte sich vor, sagte, daß er den Heimathafen auf dem Heck meines Schiffes gelesen habe, wir ja gewissermaßen Nachbarn seien und er sich deswegen mit einer Bitte an mich wenden wolle. Er sei da in eine etwas peinliche Situation hineingeschliddert. Den Motorsegler hätte er erst am Tag zuvor von dem vorherigen Eigner in Kalmar übernommen. Dabei sei alles ein bißchen hektisch zugegangen. Da das Schiff mit Diesel vollgetankt gewesen sei, hätte er natürlich angenommen, daß das mit dem Wasser ebenso sei, zumal bei der Probe alle Hähne voll liefen. Soeben aber, als seine Frau vor dem Zubettgehen duschen wollte, hätte sich herausgestellt, daß der Wassertank leer sei. Er hätte also gern gewußt, ob und wo es hier eine Zapfstelle gäbe.

Ich fragte ihn zunächst, ob er den Seewetterbericht schon gehört hätte. Nein, hätte er noch nicht. Ich sah zur Uhr. In wenigen Minuten, um 21.10 Uhr, würde sich Rügen Radio melden. Während der Wartezeit füllte ich seinen Zehnliterkanister mit Wasser und machte ihm klar, daß er Wasser hier so ohne weiteres nicht bekommen würde.

Rügen meldete sich und sagte für unser Seegebiet Starkwind an, Südwest bis West Stärke 6 bis 7, zunehmend, Schauerböen. Wir würden also zunächst hier nicht aus der Brandung herauskommen. Trotzdem möge er sich keine Sorgen machen, weil alle hier selbstverständlich helfend einspringen würden. In meiner Hilfsbereitschaft dachte ich natürlich auch ein bißchen an unsere Karnickeljagd.

Er gefiel mir ganz gut, dieser Hamburger, wenn er auch ein wenig hilflos zu sein schien. Ob er etwas dagegen hätte, wenn ich einen Augenblick zu ihm an Bord käme. Nein, er würde sich freuen. Wir gingen also hin. Seine Frau war von gleicher höflicher, zurückhaltender hanseatischer Art und wurde richtig verlegen, als ich ihr sagte, daß ich gekommen sei, um mich um ihr Badewasser zu kümmern, das allerdings vor morgen früh nicht lieferbar sei. Ich hatte weiter nichts zu tun, als die Dirk ein wenig zu fieren, dadurch die Großbaumnock zu senken und so für den zu erwartenden nächtlichen Regen eine Ablaufschräge zu schaffen, die einen daruntergestellten Eimer spielend füllen würde. Das leuchtete ihnen mächtig ein. Trotzdem mußte ich ihnen in den nächsten beiden Tagen doch noch diesen oder jenen Kanister Wasser liefern, da sie Regenwasser, das über den Großbaum gelaufen war, für Genußzwecke nur ungern benutzen mochten. Das sind eben so Voreingenommenheiten von Leuten, die nicht wissen, was Regenwasser für die Güte von Tee oder Kaffee bedeuten kann.

Von all diesen Regelungen und Abmachungen zwischen Hamburg und Bremen erfuhr sonst niemand etwas auf Utklippan. Ich trank bei ihnen an Bord noch einen wundervollen Martini on the rocks und begab mich dann zu meinem Schiff, wo ich den Wecker auf 4.30 Uhr stellte. Von den Windstößen oben im Rigg begann AZIMUTH leicht zu beben. Als ich mich nach Mitternacht behaglich auf die andere Seite drehte, rauschten Schauerböen übers Deck — das Badewasser für Madame nebenan. Um Utklippan donnerte die Brandung.

Um fünf Uhr fielen die ersten Schüsse. Die Möwen auf der Klippe quittierten das mit entsetzlichem, den Sturm übertönendem Geschrei. Um sechs Uhr hielt Manfred mit triumphierendem Grinsen vier Karnickel an den Hinterläufen vor meinem Kajütfenster in die Höhe. Nach diesen Ereignissen aber sank die achtköpfige, so sehr unterschiedliche Schärenbesatzung von Utklippan in den tiefen unschuldigen Schlummer, von dem der Volksmund sagt: Ein gutes Gewissen ist ein sanftes Ruhekissen.

Wie schon berichtet, ist der Bordwecker durch seinen zweckmäßig gewählten Standort jedem jähzornigen Zugriff meinerseits entzogen. Sein freches Geschrill läßt darauf schließen, daß er das zu wissen scheint. Heute jedoch gab er nur ein klägliches rasselndes Schnarren von sich, dem verzagten Zähneklappern eines Verurteilten vergleichbar. Jedenfalls war sein Alarm nicht lauter als der klirrende Kastagnettentanz von Messern, Gabeln und Löffeln im Besteckkasten. Der tobende Sturm konnte, durch die Klippe gehindert, das Schiff nur in halber Masthöhe

erreichen. Dort aber tat er es mit aller Gewalt und schüttelte es so, daß
AZIMUTH eine einzige, bebende Vibration war. In Stagen und Wanten
geigte ein Orchester von Besessenen eine winselnde, kreischende Sym-
phonie, die zuweilen von einem krachenden Paukenschlag unterbro-
chen wurde. Durch letzteren beunruhigt, schob ich den Kopf aus dem
Schiebeluk. Natürlich im falschen Augenblick. Über die ganze Schiffslänge klatschte von oben herunter ein gewaltiger Wasserguß, der mich
in Eimerstärke erwischte. Betroffen fuhr ich zurück. Aber da gab es
nicht viel nachzudenken. Jedenfalls kam ich schnell hinter die Zusammenhänge der Paukenschläge, als ich in Luv die Brandung gegen die
Schäre donnern hörte. Der Sturm jagte das Flugwasser hoch über uns
hinweg. Nun waren die Wellen aber nicht alle gleichmäßig hoch, sondern etwa jede zehnte warf sich zu doppelter Höhe auf. Damit hatte
auch der Wind die doppelte Menge fliegendes Wasser zu transportie-
ren, und das schaffte er gerade bis auf unsere Schiffsdecks.

Murrend zog ich meine nasse Schlafanzugjacke aus, die Badehose an
und stellte mich auf den Rhythmus des Flugwassersegens ein. Dann
hüpfte ich steifbeinig, aber eilig in den Windschatten der Klippenfel-
sen. Dort stand ich blauporig wie ein gerupfter Puter in der Süßwasserdusche des herabsträhnenden Regens. Nicht lange, und die drei Schweden gesellten sich zu mir, nach Landessitte so, wie Gott sie geschaffen
hatte. Als scharfäugige Wikinger erkannten sie vor mir, daß die hübsche
blaue Vorleine des Hamburgers an einer scharfen Steinkante schamfilte,
fast durchgescheuert war und jeden Augenblick brechen konnte. Wir
brachten das zwar sofort in Ordnung, konnten aber an einem schwachen
weiblichen Aufschrei aus dem Schiffsinneren erkennen, daß unser hilfs-
bereites Tun von Madame nicht unbemerkt geblieben war. Ihr Mann
kam fröstelnd, aber lachend ins Cockpit und schrie gegen den Sturm
den drei Schweden auf englisch zu: ,,Guten Morgen und schönen
Dank, Ihr Exhibitionisten, ich wollte . . .''

Weiter kam er nicht. Rasmus putzte ihm die Zähne mit einem salzig
heranklatschenden Guß. Manfred kam herangezittert und wollte die
Schweden und mich zum Kaffee bitten.

,,Nee, nee, nee!'' widersetzte sich der Hamburger, ,,in dreißig Minuten bei mir.''

Wir waren einverstanden.

Amüsant zu beobachten, wie die Schar der Frühstücksgäste im Zickzackkurs durch Sturm und Flugwasser herangesprungen kam, um sich
letztlich doch naß wie die Katzen im Steuerhaus ihres Ölzeugs zu ent-
ledigen. Jeder hatte etwas zur Bereicherung der Tafel mitgebracht. Mit

einem großen Stück geräucherten Lachses schossen die Schweden den Vogel ab. Die beiden Hamburger waren wie ausgewechselt. Sie, eine charmante Hausfrau, und er, ein netter Gastgeber, ließen uns merken, daß wir ihnen gefielen. Wir sechs seebefahrenen Gäste wußten ohnedies, daß ihre anfängliche Zurückhaltung eine gewisse Scheu war, weil sie glaubten, in einem Milieu von Hochseeskippern vielleicht nicht ganz mithalten zu können. Jetzt waren sie ganz glücklich, ohne den geringsten Vorbehalt so selbstverständlich in unseren Kreis eingegliedert worden zu sein.

Draußen heulte der Sturm, hier im Schiff duftete es nach heißem Kaffee, Spiegeleiern und nach Zigarettenrauch. Verträgliches Wassersportvolk hockte vergnügt beieinander. Die beiden Frauen hatten nach einem fragenden Blick auf die Schweden den Lachs in die Pantry getragen. Die Gastgeberin hatte ihrem Kapitän etwas zugeflüstert, worauf auch er den Salon verließ. Manfred schien auf so einen Augenblick gewartet zu haben.

,,Wat is nu mit de Karnickel? Ick gloobe, wir könn ruhig sajen, det wa heute morjen vieren de Löffel langjezogen haben'', raunte er zu mir gewandt.

,,Was meint er?'' fragte Leif.

,,Tja'' sagte Manfred in bestem Hochdeutsch zu ihm, ,,ich habe heute morgen vier Karnickel geschossen.''

,,Devil! The rabbits!'' rief Leif begeistert seinen beiden Landsleuten zu.

,,Sagt mal'', wollte ich von ihnen wissen, ,,was würde denn euer Charly dazu sagen?''

,,Welcher Charly denn?''

,,Na, euer König Carl!''

,,Och der'', so die Schweden, ,,der ist ja selber Segler.''

Damit war Seine Majestät in unsere Wilddiebcrew eingereiht.

Könige essen heutzutage ein hartes Brot und wissen nie so recht, ob sie am nächsten Tag nicht schon arbeitslos sind. Wenn wir hier auf Utklippan für oder wider ihn abgestimmt hätten, wäre die Wahl zu seinen Gunsten ausgegangen. Mit fünf gegen drei Stimmen wäre er im Amt geblieben. Die Studenten hätten gegen ihn gestimmt, und das auch nur deswegen, weil es sich für einen Studenten einfach nicht gehört, mit dem Regierungssystem seines Landes einverstanden zu sein.

Die Salontür öffnete sich. Die beiden Frauen kamen mit einer Platte Lachsbrote, der Hamburger mit zwei Flaschen Sekt zurück. Später erhob er sein Glas und verbeugte sich leicht vor Manfred:

,,Waidmannheil und sehr zum Wohl, Herr Forstmeister von Utklippan!''

Aber Berliner sind ja nicht auf den Mund gefallen. Fest stand, daß Renate in der Küche schon ein bißchen geplaudert hatte.

,,Vielen Dank ooch, Herr Senator'', sagte er, ,,wennse aber meinen, ick hätte se jeschossen, denn is det 'n Irrtum Ihrerseits. Ick hab se jefunden. Lagen da heute morjen so mang de Felsen rum. War woll so ne Art Kreislaufversagen.''

Dann spielten wir deutschen Männer Skat, die Schweden hatten ein eigenes für uns nicht verständliches Kartenspiel, und die Frauen unterhielten sich über die vorteilhafteste Karnickelzubereitung auf Außenschären. Die Probleme lagen bei ihnen in den geeigneten Gewürzen. Da konnte ich aber aushelfen. Auf meinem Schiff gibt es ganze Gewürzbänke, denn als Einhandsegler muß ich ja für mich kochen. Natürlich gelingt mir nicht jedes Gericht zufriedenstellend, aber es ist erstaunlich, was man mit guten Gewürzen alles wieder zurechtrücken kann. Die beiden Damen jedenfalls waren hellbegeistert, und ihr bisher mehr mütterlich besorgter Blick machte einer gewissen anerkennenden Achtung Platz.

An Bord zurückgekehrt, lag ich auf meiner Koje und hörte dem Windgeheule zu. Meine Gedanken waren auf See bei den kleinen Schiffen, die da draußen jetzt ums Dasein rangen. Wie schön, daß es so kleine Häfen wie Utklippan gab — sicher nur ganz wenige auf der Welt —, in denen Geld nichts, aber auch gar nichts bedeutete. Kurz darauf klapperte mich mein Geschirr in den wohlverdienten Schlummer.

Drei Tage lang führte unsere kleine Inselbesatzung ein Leben der Eintracht und des Friedens. Dann ließ der Sturm allmählich nach, die Sonne kam hervor und wärmte uns und unsere salzverkrustete Schäre. Die See beruhigte sich, die Möwen ordneten ihr zerzaustes Gefieder, und nur von den Karnickeln hatte ich den Eindruck, daß sie aus den Vorfällen der letzten Tage wohl doch einiges dazugelernt hatten. Jedenfalls verhielten sie sich erheblich reservierter als bei unserer Ankunft. Ich lieh mir das Beiboot der schwedischen Yacht aus und ruderte ins Lee der Insel zum Dorschfang. Die Dorsche schienen mich schon erwartet zu haben und halbverhungert zu sein, denn ich kann mit bescheidenem Stolz mitteilen, daß ich so viele aus der See zog wie — na sagen wir — der heilige Petrus zur Zeit seiner Kapitalfänge aus dem See Genezareth.

Eitel Freude herrschte auf dem Eiland, als mir dessen Besatzung aus dem Boot half und den Fang begutachtete. Alle saßen dann in der

Sonne herum, und einige haben ganz sicher hinter meinem Rücken gegrinst, während ich mit erhobenem Zeigefinger dozierend vor ihnen
umherging und mich über die einzig richtige Methode der Fischverwer-
tung verbreitete.

Nach dem Abhören verschiedener Seewetterberichte wurde der Tag
der Abreise auf den nächsten Morgen festgesetzt. Südwind Stärke 3 war
zu erwarten. Damit konnte jeder von uns etwas anfangen. Die Berliner
gingen nach Karlskrona und hatten achterlichen Wind. Ich wollte nach
Kalmar und würde eine wunderbare Backstagsbrise im Segel haben. Die
Hamburger gingen nach Simrishamn und konnten, voll motorisiert,
eine schnelle Reise machen. Die Schweden wollten zwei Tage lang hoch
am Wind durchsegeln und hofften dann in der Höhe von Kopenhagen
zu stehen. Wir tauschten unsere Anschriften aus. Ich war der Älteste
und, wie ich glaube, der einzige, der wußte, daß wir uns weder in Stockholm noch in Hamburg, Bremen oder Berlin wiedersehen würden.
Wenn überhaupt, würde das nicht auf dem Festland, sondern vielleicht
in irgendeinem Hafen der Nord- oder Ostsee, in jedem Falle aber rein
zufällig sein. Nie aber konnte es wieder so werden, wie es mit dieser zu-
sammengewürfelten Gesellschaft im Sturm auf Utklippan war. Das sind
eben so Erfahrungen eines langen Seglerlebens.

In der Nacht verließen die Schweden lautlos, wie sie gekommen waren, den Hafen. Ich fand einen Zettel im Cockpit mit der Aufschrift:
,,Have a good trip, oldster!'' Er war von Leif. ,,Likewise, little sailor'',
dachte ich.

Wir anderen tranken im Frühlicht noch einen wärmenden Schnaps
zusammen und segelten auf den von uns errechneten Kursen davon.
Die Segel wurden kleine, schimmernde Dreiecke auf der blauen See
und versanken dann hinter der Kimm.

Friedlich trieb ich im warmen Frühwind dahin. Vier Tage trennten
mich noch von der Mittsommernacht. Wenn der Wind nicht zurück-
drehte, von Osten blies und mich zwang, den Kalmarsund mit seinen
Sänden und Untiefen segelnd hochzukreuzen, konnte ich rechtzeitig
den Stockholmer Schärengarten erreichen und dort mit den Schweden
den Feiertag ihrer Feiertage festlich begehen. Noch war er nicht gesetz-
lich, aber die Schweden waren festentschlossen, das durchzusetzen. Das
würden sie auch erreichen, schon deswegen, weil selbst ihre Herren Ge-
setzemacher noch soviel Wikinger- und Heidenblut in den Adern haben, um nicht Spaß daran zu finden, für die Über- und Unterirdischen
ein kleines Opferfeuerchen zu entfachen. Ich bin überzeugt, daß es nur
ein Rest von Scham ist, der sie abhält, eine saftige Pferdelende nach Art

ihrer Ahnen übers Feuer zu halten. So aber müssen sie sich murrend mit Steaks und gegrillten Würstchen behelfen. Auch ihre Kirchenfürsten drücken beide Augen zu, wie das die unsrigen zur Karnevalszeit ja auch zu tun gezwungen sind, weil in solchen Nächten eben die Sünde umgeht.

Aber ich schweife schon wieder ab. Das kommt einfach daher, daß ich hier nicht aufzupassen hatte und die plaudernde, wispernde Bugwelle zum Träumen und Spintisieren verführte. Das wurde aber sehr schnell anders. Ich befand mich im Gebiet von Karlskrona. Das ist ein Kriegshafen voller Festungs- und Werftanlagen und dementsprechend voller Sperrgebiete, in denen man sich nicht erwischen lassen darf. Die Schweden sind in dieser Beziehung außerordentlich empfindliche Leute und darüber hinaus genauso leidenschaftliche Soldatenspieler wie wir oder die Finnen. Um Karlskrona herum herrscht meistens Kanonendonner, und wenn der zufällig mal schweigt, wird er durch den etwas gedämpfter klingenden Donner der Schiffsmaschinen übender Marineeinheiten abgelöst.

Auch heute, einige Seemeilen hinter Utklippan und auf betonntem Wege, wurde mir ein eindrucksvolles, wenn auch nicht ganz verständliches Kabinettstück militärischer Exerzitien vorgeführt. Mit dem eigentümlich hämmernden Motorklang der Hubschrauber überflog mich einer, der unter seinem Bauch einen riesigen roten Ball mit sich führte. Ich holte mein Glas hervor, weil mir unerklärlich war, wie ein Helikopter, der einen solchen Kürbis mit sich herumschleppte, der weit unter seinen Schwimmern hing, denn landen könne. Mit einer solchen Absicht trug er sich aber auch gar nicht. Er ließ den Ball fallen. Aus dessen schräg auswehender Flugbahn ersah ich, daß hier keine Eisenboje, sondern höchstens ein solider, dickwandiger Gummiballon ausgebracht wurde. Da die Entfernung zu ihm erheblich war, sah ich ihn nur in Erbsengröße hellrot in der See liegen. Nach getaner Arbeit flog der Helikopter davon. Soweit mochte das Ganze ja noch irgendeinen Sinn haben, wenn nicht mit schäumender Bugwelle ein graues, nicht sehr großes Schiff herangepflügt gekommen wäre. Auf dessen Vorschiff reckte sich — jedenfalls sah das auf diese Entfernung so aus — ein streichholzdünnes Röhrchen nach vorn. ,,Aha!'' dachte ich, ,,eine Kanone, jetzt kriegt der rote Ball eins auf den Hut.'' Nichts dergleichen. Das Röhrchen war keine Kanone, sondern ein Kran, der den Ballon auf Deck hievte. Das Boot nahm Fahrt auf und legte etwa eine Meile zurück. Dann schmissen sie den Ballon wieder in die See.

Ich begann über die Zusammenhänge nachzugrübeln. Das brauchte ich nicht lange, denn der Hubschrauber donnerte wieder heran und wasserte vor dem Ballon, so daß ich ihn eine Weile nicht sehen konnte. Offensichtlich hatten sie ihn aber wieder irgendwie angestroppt, denn als der Helikopter startete und mich überflog, hatte er seinen roten Kürbis wieder unter dem Bauch hängen. Er kam auch nicht wieder. Sichtlich zufrieden mit Dasein und vollbrachter Leistung, lief das Boot mit halber Fahrt in Richtung Karlskrona davon und ließ mich, der ich doch nun mal ein nachdenklicher Mensch bin, voller ungelöster militärischer Probleme auf See zurück. Sollte das eine Art Marinepolo gewesen sein?

Mittags — irgendwann mußten sie ja auch mal essen — hörte der Kanonendonner auf und wurde erst am Nachmittag wieder dumpf und leise wummernd vernehmbar. Da war ich aber schon weit im Kalmarsund, hatte Kristianopel passiert und segelte, eine Spezialkarte dieses Fahrwassers vor der Nase, achtsam längs Ölands Küste, bis spinnwebendünn und den ganzen unteren Horizont überspannend das feine Filigran der Ölandbrücke im dunkelroten Abendhimmel stand. Weil sie 6020 Meter lang sein soll, nehmen die Kalmarer für sich in Anspruch, die längste Brücke Europas zu besitzen, und es kommt ihnen sehr auf die 20 Meter an, die den sechs Kilometern angehängt sind. Ich habe mich um Brückenlängen noch nie gekümmert, habe aber andererseits eine so schöne Brücke wie die von Kalmar, wenn sie in ihrer ganzen Riesenlänge nachts erleuchtet ist, noch nie gesehen.

Die Ansteuerung Kalmars ist unter Segeln nicht ganz so einfach. Ich wollte daher den Motor zu Hilfe nehmen, aber das wollte der nicht. Sorgenvoll, nur die Fock am Vorstag, steuerte ich die Einfahrt an und war sicher, daß ich in der Abdeckung der Packhäuser nicht mehr den geringsten Lufthauch haben würde. So war es denn auch. Mit allerletzter Fahrt erreichte ich den Zollhafen und die Steuerbordseite eines darin liegenden kleinen Küstenmotorschiffes. Bei diesen Typen sind Vor- und Achterschiff hochgezogen, das Mittelschiff aber ist so niedrig, daß ich, als ich mich daran entlanghangelte, bequem aufs Deck sehen konnte.

Und schon hatte ich wieder meinen harmlosen Hafenspaß, ohne den mein Soloseglerdasein nur halb so vergnüglich wäre. Mit dem Rücken zu mir stand ein breitschultriger, kleiner Mann in einer ölfleckigen Khakihose und einem verwaschenen Offiziershemd, die ehemals weiße Mütze ins Genick geschoben. Die Hände hatte er auf dem Rücken und hielt zwischen den Fingern eine qualmende Zigarre. Auf den mit blauen Turnschuhen bekleideten Füßen wippte er auf und ab. Vor ihm stand — einen grünen Seesack neben sich — ein klapperdürrer und noch kleinerer Mann. Er hatte kohlschwarzes, zu Berge stehendes Haar,

schräggestellte, schwarze Augen in einem gelblichen Gesicht, säbel-
krumme, dünne Beine und war in Blauzeug gekleidet. Vielleicht war er
ein Grönländer oder ein Eskimo, wenn nicht gar einem mir unbekann-
ten Stamme zugehörig. Was aber hatte ein Eskimo, oder was immer er
war, hier in Kalmar verloren? Rechtzeitig fiel mir ein, daß Grönland zu
Dänemark gehört, im Nordpolargebiet liegt und — aber da erinnerte
ich mich nicht so ganz genau — die größte Insel der Welt sein soll. Das
kleine Kümo führte den Danebrog am Flaggenstock, der Eskimo war
dänischer Bürger und dem grünen Seesack nach zu schließen Seemann.
Die Zusammenhänge bestanden wohl darin, daß auf dem Kümo ein Besatzungsmitglied ausgefallen war und die Reederei als Ersatzgestellung
den nordischen Exoten hergeschickt hatte, der sich nun an Bord meldete. Ich konnte mir ihn in einem Fellkajak, eine Harpune in der Hand,
hinter Robben und Walrossen herjagend, besser vorstellen. Der Kapitän
aber war entweder kein·Däne oder der Landessprache seines neuen
Crewmitglieds nicht mächtig. Die Unterhaltung wurde jedenfalls in
Englisch und dazu noch höchst einseitig nur vom Kapitän geführt. Von
ihrem Inhalt war ich deswegen so fasziniert, weil ich bisher glaubte,
diese Art von seemännischer Unterhaltung habe es zuletzt bei Lord Nel-
son gegeben, vielleicht in der Schlacht von Trafalgar, und das war immerhin im Jahre 1805. Im schlichtesten Sailorenglish sagte der Kapitän
zu seinem Matrosen:
    ,,Hej, guy! I am the captain of this vessel here. Easy to understand?
Well! If you will obey and if you will do your duty we will splendid walk
along together and may be we are getting like brothers. Otherwise you
will find here on my ship the hell afloat. That's all, guy, and now go in
crews quarters. Easy to understand, guy?''
    Das Gesicht des Matrosen blieb völlig ausdruckslos. Ich winkte ihm
beschwichtigend mit der Hand zu, grinste und kniff ein Auge zu. Er sah
das, verzog keine Miene, schwang seinen Seesack auf den Rücken und
ging krummbeinig auf eine Eisentür zu, von der er wohl annahm, daß
sie zu seinem Logis führte.
    Kurz darauf warf ich meine Vorleine einem mich bereits erwar-
tenden Zollbeamten zu, der sie fachmännisch an einem Poller belegte
und dann an Bord kam, um mir zolltechnisch auf den Zahn zu fühlen.
Er fand alles zufriedenstellend, trank mit mir nach getaner Arbeit eine
Flasche Bier, war ein gebildeter Mann und wußte zu berichten, daß die
Dänen an ihren Grönländern nicht mehr Gefallen fänden als beispielsweise die deutschen Kolonisatoren damals an den Hottentotten in Afri-
ka. Das käme daher, daß die junge Intelligenz Grönlands sich plötzlich

besonnen habe und nun ihre Landsleute dazu dränge, die Fließbänder der Fischfabriken, die Betonbauten der Mietskasernen, die dröhnenden Diskotheken zu verlassen und ihre uralten Lebensgewohnheiten als Jäger und Fischer wiederaufzunehmen. Das aber sei zu spät, weil Europa einfach schon zu tief auf Grönland verwurzelt sei.

Dänemark, in kolonisatorischen Dingen nicht so besonders erfahren, habe da auch schwerwiegende Fehler gemacht. Aus Vereinfachungsgründen verwaltungstechnischer Art habe es die Einwohner Grönlands von ihren dünnbesiedelten Küstenstrichen in größere Ballungsräume zusammengezogen, um sich so Verwaltung, Schulwesen und Arbeitsplatz zu erleichtern.

Zunächst funktionierte das auch vorzüglich, weil guter Verdienst, bequemere Arbeitsbedingung und lockende Vergnügung nach Feierabend immer noch sehr zugkräftige Magneten sind. Schnell aber merkten die Grönländer, welch scharfe Klassentrennung sich da plötzlich auftat, und daß sie zu Menschen zweiter Klasse degradiert werden sollten. Auf den neu errichteten Schulen war zweisprachiger Unterricht vereinbart worden. Dänische Kinder wurden aber getrennt von grönländischen unterrichtet. Nicht aus Böswilligkeit, sondern weil die dänischen Lehrer kein Grönländisch sprechen konnten. Ärger kam auf.

,,Seht diesen klugen dänischen Lehrer'', sagten die Grönländer, ,,großartig, wie es ihm wieder gelungen ist, fünfzig Grönlandkindern Dänisch beizubringen, ohne selber zehn Worte Grönländisch zu können.''

Sie wollten also wieder in die Selbständigkeit entlassen werden und in die Lebensordnungen ihrer Vorväter zurückkehren, um Robben, Seehunde und Wale zu jagen, auf hundert Menschen dreihundertfünfzig Schlittenhunde zu halten und mit diesen unter gellendem Tjuk — tjuk — tjuk übers Eis zu jagen. Kurzum, von dänischer Kolonialpolitik hielten sie gar nichts mehr, und es sehe so aus, als wenn die Dänen ihr Entwicklungsland — für eine Handvoll Menschen fünfzigmal so groß wie das Mutterland — wieder in die Selbständigkeit entlassen müßten.

,,Aber noch dieses zum Schluß, lieber Herr, ich war da oben und habe mit eigenen Augen gesehen, wie sie die Leber einer frischgeschossenen Robbe, noch dampfend und roh, an Ort und Stelle auffraßen.''

Ich bin ein Freund der Minoritäten und mußte deswegen oft an den Seemann hoch oben aus dem Packeis denken, der so unnahbar und fremd seinen Schiffsdienst hier unten würde verrichten müssen. Was mochte in ihm vorgehen? Ob nun berechtigt oder unberechtigt — er tat mir leid.

Wenig später legte das dänische Kümo ab und verließ mit langsam drehender Schraube den Zollhafen von Kalmar. Der Grönländer stand auf der Back und schoß die Vortrosse in schönen, gleichmäßigen Buchten auf. Der Zollbeamte wollte mir, ehe er ging, als deutschem Gast seiner Heimatstadt eine Freude machen — vielleicht wollte er sich auch nur für den Schluck Bier bedanken — und erzählte mir, daß auf der Burg, Kalmar Hus, ein Sohn Konrad Adenauers namens Georg die Millionärstochter Inga-Britt Jeansson geehelicht habe, so in den fünfziger Jahren mochte das gewesen sein. Der Zöllner sah mich erwartungsvoll an und wollte, daß ich mich darüber freute. Ich glaubte, meinem Land etwas schuldig zu sein, freute mich also sichtlich und sagte darüber hinaus: ,,Ja, ja, der Alte, der Adenauer, ein schlauer Bursche.''

Ich konnte ja schlecht zugeben, daß ich von einem Kanzlersohn mit dem Namen Georg zum erstenmal erfuhr, obgleich ich das fünftemal in Kalmar war. Zwar wußte ich um die Geschichtsträchtigkeit dieser alten Festungsstadt, hatte mir auch die Festung mit Uniform- und Schiffsmodellsammlung, die Kunstgalerien, die wunderschöne Altstadt, den Dom, die Handwerks- und Keramikkunst angesehen, doch ich kann nun weiß Gott nicht sagen, daß mir diese ans Herz gewachsenen Dinge durch die Existenz des Kanzlersohnes Georg und seiner Millionärsbraut Inga-Britt liebenswerter geworden wären.

Aus der Perspektive des Zollbeamten sah das freilich ganz anders aus, weil er nicht wissen konnte, daß ich von der Bedeutung dieses großen alten Kanzlers für Deutschland erst sehr spät, von seinen Familienverhältnissen aber gar nichts erfuhr, weil ich noch viele Jahre nach Kriegsende für die Sowjets Hochöfen wiederaufbaute, die wir vorher kaputtgeschmissen hatten. Wenn uns Kriegsgefangenen jedoch mal die ,,Prawda'' oder ,,Iswestija'' in die Hände geriet, kam Adenauer darin verdammt schlecht weg. Die Russen hielten von Pieck, Ulbricht und Grotewohl eine Menge mehr. Bei uns aber standen, weil unser Leben davon abhing, 200 Gramm Brot ungleich höher im Kurs als die Politik jeglicher Couleur, die uns doch nicht aus dem Stacheldraht heraushalf, nachdem sie uns da hineinmanövriert hatte.

Am nächsten Tag kam ich spät weg. In Schweden kann man man Verpflegung und Benzin schon am frühen Morgen bekommen. Sehr viel schlechter ist es mit den Öffnungszeiten der Postämter bestellt, und gerade auf die war ich angewiesen. Kalmar gehörte zu den Häfen, die ich anlaufen mußte, weil dort Post auf mich wartete. Ich fand sie auch vor, sehr erfreulich war sie jedoch nicht. Ich befand mich jetzt in einem

Alter, wo die Freunde sich leise davonzumachen begannen; und einen dieser hatte Freund Hein nun schon eine ganze Weile in der Knochenfaust, ließ ihn nicht sterben, sondern drehte das Stundenglas immer wieder ein bißchen zurück, wenn der arme, gequälte Fahrensmann die müden Augen endgültig schließen und die Fähre ins Jenseits besteigen wollte. In dem Brief stand ein letzter Gruß für mich: ,,Goden Wind und hol di stief, old chap.''

Die Todesanzeige, wenige Tage später datiert, war beigefügt.

Ich überprüfte mich, wie ich nun eigentlich, der ich ja letztlich auch schon auf der Abrufliste vorgemerkt bin, diesen Dingen gegenüberstehe. Das kann ich mit wenigen Worten sagen. Ich setzte mich auf die Backskiste, dachte an meinen Freund und die schöne und die schlechte Zeit, die wir miteinander hatten. Ich wünschte ihm von ganzem Herzen, daß ihn kein Arzt in seiner schweren Stunde ohne erleichternde Hilfe gelassen hätte. Dann fragte ich mich, ob sein Tod in mir Angst oder Grauen vor diesem auf mich zukommenden Moment auslöste, der vor keinem Menschen Halt macht. Nein, das tat er nicht.

Das aber hängt wieder mit meiner Lebensauffassung zusammen, die, je mehr ich darüber nachdenke, immer sicherer wird. Sie ist sehr einfach. Nichts geht in dem großen Kreislauf verloren. Ich fühle den heißen Sonnenschein, der mich so behaglich wärmt, in meinem Gesicht, ich sehe bläulichen Dunst und flimmernde Hitzewellen, die der gleiche Sonnenschein auslöst und damit den gewaltigen Kreisel von Regen, Wind, Wolke, Fruchtbarkeit und Dürre in Bewegung setzt. Ich habe in den Nächten die Gestirne im dunkelblauen Samt der Nacht über mir und stehe auch hier staunend vor dem ihnen in ausgewogenen Magnetfeldern vorgeschriebenen Kreislauf. Vom winzigen Atom bis zu den fernsten Sonnensystemen ist alles in kreisender Bewegung. Ich bewege mich mit. Ich gehöre als unvergängliches Energieteilchen dazu. Dabei maße ich mir nicht an, mehr als die Mücke über mir oder der Fisch unter mir zu sein. Ich bin zufrieden, daß alles so ist, wie es ist. Natürlich weiß ich, daß die Herren Pastoren solcherlei Auffassungen gar nicht mögen. Mir aber helfen sie, an meinem Dasein großes Vergnügen zu finden — hoffentlich noch recht lange, weil ich das Leben sehr liebe.

Mit dem gleichen Vergnügen betrachte ich mich als Endglied in der großen Nahrungskette, und es macht mir wirklich nichts aus, irgendwann als deren Anfangsglied wieder zu beginnen. Möglich, daß ich diese Auffassung noch ändere oder verbessere; Zeit dazu habe ich ja genug. Die Herren Thales, Sokrates, Aristoteles, Epikur, Descartes und in Gottes Namen auch Kant drehen sich jetzt sicherlich vor einer mit soviel

Unverfrorenheit und Ignoranz durchsetzten Privatphilosphie mit über dem Kopf zusammengeschlagenen Händen auf die andere Seite und murmeln: ,,Mach's dir bloß nicht allzuleicht, du alter Segelbruder.'' Ich bedanke mich für vielerlei Denkanstöße bei ihnen ehrerbietig, möchte ihnen aber an dieser Stelle zu verstehen geben, daß sie mir eine besonders verläßliche Hilfe bisher auch nicht gerade waren. Aber da hat wohl jeder seine eigenen Auffassungen.

Ich kam also sehr spät weg und zockelte in der warmen Vormittagssonne unter Motor aus dem Hafen. Wer das Fahrwasser dort kennt, weiß, daß man an eine schmale, schwach betonnte Fahrrinne gebunden ist, in der zusätzlich noch ein seitlich versetzender Strom steht. Ich habe Kalmar noch nie angelaufen, ohne daß nicht ein Kollege deutscher, skandinavischer, holländischer oder englischer Nationalität auf Schiet gesessen hätte. Vor diesem Hafen ist das ein Dauerzustand, der schon daran zu erkennen ist, daß sich die Kalmarer eigens für dieses Bergegeschäft ein flachgehendes Bergeboot halten. Um dessen Bedeutung noch augenfälliger zu machen, haben sie die Besatzung uniformiert. Heute aber — vielleicht hatten sie ihren Betriebsausflug oder saßen bei einem gemütlichen kleinen Frühschoppen — war weit und breit nichts von ihnen zu sehen, obgleich eine kleine weiße Yacht ziemlich tief im Dreck stak.

Ein schwedischer Vater mit zwei hübschen, strohblonden Töchtern war's, der da seinen Peekhaken bis zum Heft in den weichen Mudd schob und nicht freikam. Den Motor hatten sie wohl auch ein bißchen hart rangenommen, deswegen verweigerte er jetzt maulend jegliche Dienstleistung. Die hübschen Töchter sahen mir als ihrem vermeintlichen Retter in blauäugiger Hilfsbedürftigkeit entgegen, während der Vater ein Tampenende wie einen bettelnden Hundeschwanz in der Hand baumeln ließ.

Leider stand die Intelligenz der Mädchen in reziprokem Verhältnis zu ihrer Schönheit, kurz: sie waren ein bißchen begriffsstutzig. Da das schwedische Boot in Luv zu mir festsaß, hätte ich gern gehabt, daß sie eine dünne Leine mit einem Fender versehen hätten, um diesen mit dem Wind zu mir hintreiben zu lassen. Den Fender wollte ich aus dem Wasser fischen, eine Schleppleine daran anbändseln, und schon hätten wir eine stabile Abschleppverbindung gehabt. Aber mache das einer zwei Oberschülerinnen klar, die vom guten, alten Shakespeare so belanglose Sätze wie ,,Sein oder Nichtsein, das ist hier die Frage'' in bestem Bühnenenglisch hervorsprudeln können, aber keinen Schimmer einer Ahnung von Begriffen wie Klampe, Schäkel, Tampen, Fender und Stag haben. Endlich merkte selbst der Vater, der mit einem gewissen Stolz den ihm unverständlichen englischen Tiraden seiner Zwillinge gefolgt war, daß es mit dem nautischen Teil ihrer Sprachkenntnisse nicht allzuweit her sein konnte, schaltete die beiden mit einer Handbewegung aus und kam dann mit mir in der Welt ältester Umgangssprache, mit Hand, Fuß und Grimasse, zu schneller Einigung. Die drei hängten sich in die Wanten, krängten ihr Boot soweit nur möglich weg, mein Motor hatte einen seiner besten Tage und — ruckzuck war das Schwedenboot frei.

Das war das Startzeichen für die Zwillinge, ohne erschwerendes nautisches Vokabular eine Kaskade des Dankes über mich auszuschütten. Als ich mit leicht gerunzelter Stirn auf meine Armbanduhr sah, schwiegen sie bestürzt, und auch der Vater blickte schuldbewußt drein, mir soviel Zeit gestohlen zu haben. Eine peinliche Stille trat ein, in der ich begriff, daß ich auf der Reise bis hierher nichts, aber auch gar nichts dazugelernt hatte, in der ich begriff, daß ich zwar alt war, daß es meinem Alter aber noch sehr an Würde, Anstand und Güte mangelte, in der ich begriff, daß ich vom Leben ein so großes Geschenk wie Gesundheit und Unabhängigkeit erhalten hatte und nun damit nur schlecht umzugehen wußte. Also gut, ich gebe zu, daß ich mir selber in diesem Augenblick höchst zuwider war, aber glücklicherweise auch erfaßte, daß ich hier nette schwedische Leute mit Zeitproblemen erschreckte und beschämte, die es recht besehen überhaupt nicht gab. Ich tat also das, was ich von Anfang an hätte tun sollen: Ich lachte aus ehrlichem Herzen vergnügt zu dem Schwedenboot herüber, zeigte auf meine Armbanduhr und sagte zu den Mädchen: ,,There is really no hurry about that.'' Eile mit Weile, lot Schap schieten — alter Binnenschiffer aus Elsfleth.

Golden wie die Sonne im seidenblauen Junihimmel lagen Verträglichkeit, Frieden und gegenseitige Sympathie über den beiden Booten. Alle eben im Entstehen begriffene Peinlichkeit war verflogen. Dem Vater gelang es, seine Zwillinge zum Schweigen zu bringen, jedenfalls so lange, daß wir beide uns über den Fortgang des Unternehmens ins Klare kommen konnten. Dazu aber bedurfte es nur weniger prägnanter Zeichen. Die Verbindungstrosse wanderte vom Heck zur Schleppklampe auf dem Vorschiff des Schweden, kam steif, als ich die Schraube meines Motors munter losquirlen ließ, und gemütlich bummelten wir die Baggerrinne zum Zollhafen zurück. Vorneweg AZIMUTH, die als gutmütiges Zugpferd die hübsche Schwedin im Kielwasser nachschleppte.

Ja, da lagen wir nun alle in der Hafenecke, die ich gut eine Stunde zuvor verlassen hatte. Eine Gruppe Kalmarer, die das kleine Bergungsmanöver vor ihrer Haustür beobachtet haben mochte, hatte sich eingefunden, nahm die zugeworfenen Festmacheleinen an und ließ mich wissen, daß sie meine ihrem Landsmann erwiesene Hilfeleistung wohl zu schätzen wisse. Auch der freundliche Zollbeamte eilte herbei und schien sichtlich erfreut, mich wieder in seinem Amtsbereich zu haben. Der Schwedenvater machte nicht viele Worte, redete zwei Sätze zu seinen Mädchen, die sie mir in Englisch in zwanzig Sätzen übermittelten und die in einer Mittagsseneinladung gipfelten.

Bei diesem Essen hatte ich Gelegenheit, festzustellen, daß die Art der schwedischen Lachszubereitung doch einige Etagen über der bescheidenen Kochkunst lag, mit der ich meine selbstgefangenen Dorsche schmackhaft zu machen versuchte. In dem Hotel, in dem wir saßen und uns unterhielten, ergab sich dann, daß die Nacht vom 22. zum 23. Juni, die Nacht der Nächte, den Höhepunkt des Mittsommerfestes darstelle. Ich hatte also für die vor mir liegenden 120 Seemeilen noch dreieinhalb Tage Zeit. Das war bei halbwegs normalen Windverhältnissen gut zu schaffen.

Ich hatte mir schon in Bremen in den Kopf gesetzt, das größte der schwedischen Feste im Stockholmer Schärengarten mitzufeiern. Vor vielen Jahren war ich schon einmal da oben, und seitdem geht mir diese seltsame Schärenwelt nicht mehr aus dem Sinn. Die Bezeichnung Schärengarten ist meines Erachtens ohnedies verfehlt. Ein Garten setzt Beete voraus. Jede dieser 24 000 Inseln und Inselchen aber stellt eine Welt für sich dar, jede ist ein einmaliger Farbtupfer auf einer gewaltigen Naturpalette. Die Farbskala reicht von sanfter, birkengrüner Lieblichkeit über kiefernblaues Waldgeheimnis bis zu vegetationslosem grauem Schärengranit. Die Sonne ist um Licht und Schatten besorgt, der Wind im Gezweig hält sie in huschender Bewegung, und das Wasser reflektiert in andersfarbiger Brechung alle diese kleinen Naturwunder.

Ich bemühte mich, dem Schwedenvater dies über seine Töchter nahezubringen. Die drei verstanden mich sofort und begriffen, daß da jemand ihre Küste entlangsegelte, der ihrer nordischen Heimat nicht weniger zugetan war als sie selbst. Der Vater schüttelte impulsiv meine Hand und sagte etwas auf schwedisch zu mir, das ich zwar nicht verstand, das aber sicher sehr herzlich gemeint war. Tochter Christina sah mich an wie eine 16jährige Oberschülerin ihren heimlich geliebten weißgelockten Zeichenlehrer, und Ingrid legte etwas mehr als nur blauäugige Zuneigung in ihren Blick.

Wir gingen zu unseren Schiffen, tranken dort den berühmten duf-

Öland södra Udde

tenden Bohnenkaffee meiner Heimatstadt und ließen ein Gewitter mit
krachendem Donnerschlag und prasselndem Wolkenbruch sorglos über
uns ergehen. Wenn die Schweden nicht ihre Grundberührung gehabt
hätten, wäre ich von dem Unwetter an den Sänden von Borgholm erwischt worden und nicht halb so vergnügt gewesen wie hier im sicheren
Hafen. Abends saßen wir auf dem Festungswall — um uns stark duften-
de Fliederbüsche, vor uns blankgewaschene Ziegeldächer und über uns
in den Kastanien die zärtlichen Kadenzen einer Amsel. Der übliche
Adressenaustausch fand statt, von dem ich schon gesagt habe, was ich
davon halte. Dann gab mir jedes der Mädchen einen Abschiedskuß, wobei der von Ingrid erkennen ließ, daß sie zwei Stunden vor ihrer Schwester das Licht der Welt erblickt hatte. So viel macht das aus.

Als ich im nächsten Morgengrauen ins Cockpit kam und die Schutz-
haube vom Kompaß nahm, hing da an einem silbernen Kettchen ein
kleiner grüner Jadeelefant, von dem ich hoffte, daß Ingrid ihn dort hin-
gehängt hatte. Der mir leider unbekannte Adenauersohn Georg scheint
ein ganz nachdenklicher Bursche gewesen zu sein, als er sich einstens in
dieser Gegend unter den Töchtern des Landes umgesehen hat.

Fast lautlos zog ich mein Schiff mit dem Peekhaken die Kaimauer
entlang, setzte am Hafenausgang Großsegel und Genua und lief unter
einer kleinen, freundlichen Morgenbrise die Baggerrinne entlang in den
Sund hinaus. Die Sonne kam über die grünen Hügel Ölands und lachte
AZIMUTH und mich anerkennend an, als sie sah, wie sorgfältig wir Tonnen, Baken und Türme mit dem Kurs am Kompaß in schöne, sichere
Übereinstimmung brachten. Nicht lange, und Kalmars Stolz, die gewaltige Ölandbrücke, stand wieder wie ein Spinnweb im Morgenhimmel hinter uns. Keine drei Kabellängen entfernt, lag an Steuerbord die
Küste der Insel Öland; 140 Kilometer lang, aber nur 16 Kilometer breit
ist diese zweitgrößte Insel Schwedens.

Vor Jahren habe ich sie einmal umsegelt, eine Woche Urlaub eingelegt und sie dann in ihrer Gesamtlänge von Ottenby an der Südspitze bis Byxelkrok im Norden mit dem Fahrrad abgestrampelt. Diese merkwürdige Insel versetzt jeden, der da hinkommt, in helles Erstaunen. Allerdings muß man sich vorher ein bißchen mit ihr beschäftigen. Öland ist nämlich eine uralte Kulturlandschaft. Viertausend Jahre sind eine lange Zeit. Als der gute, alte Cheops sich im Jahre 2700 v. Chr. daranmachte, seine Pyramide bei Giseh zu erbauen, gab es auf diesem Inselchen schon tausend Jahre die uralten Ganggräber von Resmo. Überall meldet sich die Zeit der Völkerwanderung, stößt man auf Zeichen aus der älteren Eisenzeit, und überall haben meine besonderen Freunde, die Wikinger, ihre Steine voller geheimnisvoller Runen errichtet. Das sind alles Dinge, die einem auf Öland Hinz und Kunz sagen kann, die Brust voller berechtigten Heimatstolzes geschwellt.

Aus dieser grauen Vorzeit sind aber auch lebendige Zeugen erhalten geblieben: Pflanzenarten, die die Eiszeit und die darauf folgenden Wärmeperioden schadlos überstanden haben. Kleine, harte Kämpfer sind das, die ich mir voller bewundernder Rührung angesehen habe. Es gibt in der Welt beispielsweise eine Blume, die nur auf Öland blüht. Es ist das Öländische Sonnenröschen. Und wenn man sich die Mühe macht, findet man weiße Veilchen. Da war der alte Linné oft und gern vom nahen Haus in Kalmar herübergekommen, um seine Gattungssysteme zu vervollständigen. Aber Blumen können sich nicht so verständlich machen, wie das die Kiebitze tun, die mir wie schwarzweiße Lappen mit hellem Schrei um die Ohren wuchtelten. Die Beinchen der Goldregenpfeifer wirbeln so schnell, als würden unsere Asse im Hundertmeterlauf ihre Strecke in vier Sekunden schaffen. Abends klingt das wehmütige Tla-hüt des großen Brachvogels über die Auwiesen, Rebhähne schreien ihr Volk zusammen, in den Nächten hört man die Nachtigallen in den Hecken schlagen — und für besonders romantisch Veranlagte sogar in den Gebüschen auf dem Berg mit der alten Burgruine, durch deren schwarze Fensterhöhlen silbern der Vollmond scheint.

Ja, und dann die Windmühlen. Davon gab es hier früher einmal 2000 Stück. 400 stehen einzeln oder reihenweise angeordnet immer noch auf den Hügeln der Insel. Von diesen Windmühlen will ich eine kleine Geschichte erzählen.

Ich hatte damals mein Boot im Hafen von Borgholm festgemacht und war einem Zollbeamten in die Hände gefallen, der grob und herrschsüchtig mit mir umsprang, mein Schiff umkrempelte und meine Frage, ob er denn Deutsche nicht leiden könne, in fließendem Deutsch beantwortete: ,,Meine Schwiegermutter kommt da her.''

Ob das ernst gemeint war, wußte ich natürlich nicht, aber mir war klar, daß ich es mit einem zwar groben, aber originellen und humorvollen Burschen zu tun hatte. Ich lachte. Das veranlaßte ihn, mit seiner Kramerei aufzuhören und sich ausruhend mit einer selbstgedrehten Zigarette zu mir ins Cockpit zu setzen. Eine von mir angebotene lehnte er ab und war überhaupt sehr einsilbig. Da kam ein älteres Fräulein daher. Vermutlich, um sich den Hafen anzusehen. In der einen Hand trug sie einen knorrigen Eichenstock (sicher war er zur Abwehr von Zudringlichkeiten gedacht), vor der Brust hing ein großes Fernglas. Mit der Schwäche aller Deutschen für Uniformen wandte sie sich sofort an den Uniformierten in meinem Cockpit. Zunächst wollte sie wissen, ob er Deutsch spräche. Der Zöllner betrachtete sie lange. Ich hatte große Sorge, daß er Vergleiche mit seiner Schwiegermutter anstellte, und daß das zu Ungunsten des Fräuleins ausgehen könnte. Aber nein, er knurrte irgend etwas, was die Dame wohl als Bejahung auffassen mochte. Sie teilte mit, daß sie soeben von einer Besichtigung der Schloßruine und des königlichen Sommerschlosses Solliden zurückgekehrt sei, von den angeblich vorhandenen 2000 Windmühlen aber bisher nicht eine einzige zu Gesicht bekommen habe. Wo die denn wohl wären. Da sagte der Zollbeamte: ,,Madame! Zweitausend Mühlen haben wir nicht mehr. Nur noch 400, leider. Die anderen mußten wir abreißen. Zuwenig Wind für so viele, müssen Sie wissen.''

,,Schade eigentlich'', bedauerte das Fräulein, bedankte sich und ging davon.

Der Zollbeamte ging auch. Nach einer Weile kam er zurück und forderte meinen Paß. Wütend reichte ich ihn hin. Er holte einen Stempel aus seiner Aktentasche, stempelte den Paß mit Datum und zuständigem Zollamt und gab ihn mir zurück. ,,Souvenir an die Windmühlen!'' sagte er, reichte mir die Hand und machte sich endgültig davon.

Er hätte genausogut sagen können: ,,Nimm's nicht tragisch. Mir ist einer so unlieb wie der andere von euch Scheißtouristen auf unserer hübschen Heimatinsel Öland.''

In vergnüglicher Erinnerung passierte ich Borgholm mit seiner weithin sichtbaren Landmarke, der Schloßruine auf dem bewaldeten Hügel, freute mich an Sonne, Möwenschrei und freundlicher Sommerbrise, vor der AZIMUTH munter dahinmarschierte, und sah die hochstehenden Windmühlen von Sandvik auf mich zukommen. Aber da kam noch ein bißchen mehr auf mich zu, gewissermaßen die Duplizität der Ereignisse. Stand da doch tatsächlich schon wieder jemand auf seinem Vorschiff, den unvermeidlichen Tampen in der Hand, und wedelte hoffnungsvoll einem Fischkutter entgegen, der aus dem Hafen von Sandvik herausgekommen war und nun die sandige Einfahrtsrinne in eiliger Fahrt hinter sich brachte, um in den Sund einzuschwenken. Der Kutter ging seinem Broterwerb nach und kümmerte sich den Teufel um die kleine weißblaue Motoryacht, die da — ein Bild stummer Hilflosigkeit — vor sich hindümpelte. Sie führte die deutsche Nationale am Flaggenstock. Ich legte hart Ruder, holte Genua und Groß ein bißchen dichter, segelte sie an und fragte nach ihrem Begehr. Der Motor tat es nicht mehr, und sie hatten Angst, auf den Sänden festzukommen. Also barg ich meine Segel, brachte meinen Knatterheinrich in Gang, steuerte sie an und warf ihnen meine Schleppleine zu. Diesmal ohne Zorn und Hektik und aus ehrlichem Herzen lachend, weil die Eigner ein Ehepaar aus Lübeck waren. Ich schleppte die Motoryacht im Schweiße meines hart arbeitenden Motors in den Hafen von Sandvik, holte meine Trosse ein, sagte mit artiger Verbeugung: ,,Keine Ursache, gern geschehen'', und 30 Minuten später war ich wieder auf meinem Kurs — Richtung Blå Jungfrun, dem seltsamen Granitkegel im Kalmarsund.

Meine Heiterkeit beim Anblick des Lübecker Schiffes war nicht ohne Grund: Ich hatte wieder einmal, wie schon so oft, das Vergnügen, Lübeckern zu begegnen. Da waren einmal die beiden hübschen Yachten im Hafen von Kåseberga, die meine Fischfangkünste angezweifelt hatten. Dann die Lübecker Barkasse, die den kleinen blauen Fischkutter im Hafen von Allinge übergemangelt hatte. Und hier nun die Begegnung mit der lübischen Motoryacht.

Die Hamburger, Bremer und Lübecker sind Einwohner von Freien Hansestädten. Die Hamburger sind, was die Häfen angeht, aus Konkurrenzgründen und, was die charakterliche Eigenart betrifft, aus einer gewissen Aversion nicht besonders gut auf die Bremer zu sprechen. Es ist nicht einmal sonderlich schwer, das zu beweisen. Will nämlich ein Hamburger irgend jemandem einen boshaften, abwertenden Seitenhieb versetzen, dann sagt er ,,du Bremer'' zu ihm.

In einem aber sind sich Hamburg und Bremen einig, daß nämlich kein Grund besteht, nicht mit besonderem Wohlwollen auf Lübeck zu blicken. Das ist auch völlig einleuchtend, denn Lübeck ist kleiner und läuft — jedenfalls was Häfen und Handel angeht — den größeren Brüdern nicht störend vor den Steven. Aus dieser Perspektive gesehen ist es eine liebenswerte, kleine Schwester. Wenn ich selber auch kein Hanseat bin, will ich doch gern zugeben, daß ich diesen Pfeffersäcken von Herzen zugetan bin, weil die meisten von ihnen, und besonders der seefahrende Teil, in ihrer blauäugigen Unschuld gar nicht wissen, welch prächtigem Menschenschlag sie eigentlich angehören.

Auch sollte man die Geschichtsabläufe nicht gänzlich außer acht lassen. Wenn man sie nämlich berücksichtigte, schwamm die kleine weißblaue Lübecker Yacht hier in Gewässern, in denen sie genau wie ihre Vorgängerinnen, die Kauffahrteischiffe der Hanse, zu Hause war. Unter der Führung Lübecks nämlich erlangte die Hanse die Seeherrschaft in der Ostsee, indem sie im Jahre 1370 den Dänenkönig Waldemar Atterdag schlug und sich auf Gotland festsetzte. Aber die Lübecker waren schlau genug, zu übersehen, daß sie sich an diesem Unruheherd nicht allzulange würden halten können. Als geschickte Kaufleute ergriffen sie, als sich die dänischen Könige Christian und Frederik in die Haare gerieten, die Partei des Siegers. Im Handel aber gibt es selten etwas gratis, und ein Lübecker verschenkt so leicht nichts. Als Äquivalent für ihre Hilfeleistung schlugen sie dem Frederik ein kleines Tauschgeschäft vor, auf das sich dieser einließ. Sie wollten auf Gotland auf jeden Besitzanspruch verzichten, wenn er ihnen — wie es hieß — Bornholm für fünfzig Jahre zu Pfande ließe. Das geschah im Jahre 1525.

Fünfzig Jahre durften sie auf Bornholm Steuern erheben, Waren einlagern und hatten genügend Zeit, die Anliegerstaaten der Ostsee wo immer möglich übers Ohr zu hauen. Gemütlich hatten sie's da, während sich auf Gotland die Dänen, Schweden, Herr Störtebeker mit seinen Likedeelern und der Deutsche Orden bis aufs Blut befehdeten. Das sind Dinge, die den Handel und damit den Seelenfrieden eines Lübeckers empfindlich stören.

Aber da gibt es noch eine erstaunliche und historisch belegte Geschichte über die Lübecker. Zum Erfolg und zum Wohlstand Schwedens gehört sein Erz. Von dessen Vorhandensein wußten sie zwar, waren aber lieber Holzfäller und Bauern als Bergleute. So um 1620 herum wuchs in Lübeck dem Brauereibesitzer Grape ein Sohn heran. Er hieß Ahrendt. Nach Ansicht seines Vaters war mit ihm nicht allzuviel los. Schließlich sah der alte Grape seinen Sprößling als mißraten an und setzte ihn kurzerhand vor die Tür. Ahrendt — leichtsinnig, aber keineswegs dumm — wanderte nun verstoßen und einsam allerorten umher. Dabei kam er auch nach Lappland und stieß hier auf besonders erzhaltiges Gestein. Sofort übersah er, daß hier kaufmännisch etwas zu machen war, und eilte unverzüglich zur schwedischen Königin Christina. Gutmütig hörte sie sich alles an, hatte nichts dagegen, daß er sich da so hoch im Norden Pfoten und Löffel erfrieren wollte, und unterschrieb ihm im Jahre 1646 ein Papier, worin ihm die königliche Genehmigung erteilt wurde, nach Erz schürfen zu dürfen. Die Historie weiß zu berichten, daß die Erlaubnis in der Christnacht erteilt worden sein soll, einem Zeitpunkt, an dem offensichtlich Königinnenherzen so weich wie das Wachs ihrer Kerzen werden.

All das überdachte ich, als ich die Lübecker Yacht auf dem Haken hatte und sie in den Hafen von Sandvik einschleppte. Meine artige Verbeugung beim Abschied galt aber nicht nur der großen Vergangenheit der Lübecker Hanse, sondern genauso der Tatsache, daß hier ein verträgliches und zufriedenes Ehepaar seine alten Tage auf einem kleinen Schiff verbrachte. Daß es über seine derzeitigen Lebensumstände glücklich war, sah man ihm an der Nasenspitze an. Die kleine Sorge, die sie hier im Augenblick vor den Sänden Sandviks hatten, fiel bei dieser Schönwetterlage überhaupt nicht ins Gewicht.

VI

Die traurigste Stunde der Reise — Vergnügen mit
Herrn Morse — Eine Taube wird aus Seenot gerettet —
Reflexionen über JUPITER — Klönschnack mit
einem Kleriker — Mittsommernacht in Västervik —
Die finnische Seglerin Britta

In den langen Wintermonaten arbeite ich zielstrebig, aber gemächlich fast täglich an meinem Schiff. In der Segelsaison fällt stets eine Menge kleiner Reparaturarbeiten an, die dann zu erledigen sind. Trotz aller Anstriche mit hochgiftigen Antifoulings setzen sich am Schiffsboden doch immer wieder Seepocken an, die immun zu sein scheinen und sich zu zementharten, schwer entfernbaren Höckerchen auswachsen. Mindestens die gleiche Zeit aber wende ich für mich selber auf. Da gibt es viel zu tun, wenn eine Reise wie diese nach Finnland zweckmäßig vorbereitet werden soll. Das fremde Land, seine Leute und seine Geschichte sind zu studieren, damit ich das Revier, in dem ich segele, mit dem Leben dieser zusammengelesenen Historie erfüllen kann.

Hier nun, im Kalmarsund, wurde ich mit einer 7000jährigen Geschichte konfrontiert, in der Einbäume, geschnäbelte Wikingerschiffe, Karavellen und Hansekoggen durch den Sund stakten, ruderten und segelten, bis sie von Schaufelrad und Schiffsschraube abgelöst wurden. Hier lief der Handel. Auf Gotland rieben sich die Wissenschaftler vor noch nicht allzulanger Zeit die Hände, weil sie auf einem Acker arabische Münzen gefunden hatten.

Für mich jedoch ist das Geheimnisvollste im Kalmarsund die Blaue Jungfrau, die sich jetzt vor meinem Bug als blauschattiger Kegel aus der See erhob. Tausende von Jahren kamen sie herangerudert, die Heiden,

Christen und die Sektierer, die eine Zwischenordnung zwischen diesen beiden darzustellen scheinen, gingen in Lee an Land, um zu opfern, Beschwörungen zu murmeln, Hexen zu verbrennen, jeder auf seine Art die Götter zu preisen und soviel Unheil wie nur irgend möglich anzuzetteln.

Wenn man diesen kleinen, geheimnisvollen Kegel umsegelt, sieht man aus der Nähe, daß er teilweise aus rotem Granit besteht. Ich liebe diese Jungfrau aus der Ferne ganz besonders, weil sie nur von weitem gesehen in ein zartes, duftiges, geheimnisvolles Blau gehüllt ist. Um ihre Jungfräulichkeit zu erhalten, hat man sie zum Naturschutzgebiet erklärt. Aber wie das so ist: Seitdem klettern täglich Scharen von Touristen auf ihr herum, die auf eigens dafür konstruierten Booten von Byxelkrok herantransportiert werden, ihren Jungfernkranz wo es nur geht zerfleddern und ihr keusches Gemach mit unpassendem Lärm erfüllen. Die Alteingesessenen dieses Gebietes spähen beunruhigt zur Jungfrau hin. Sie sehen das alles nicht so sehr gern, weil nach ihrer Auffassung Trolle und Wurzelmänner behutsame Stille lieben und sie deshalb eines Tages, von Lärm und Menschen belästigt, Klippen, Busch und Wald verlassen könnten.

Am Nachmittag schlief der Wind ein und zwang mich, die letzten drei Seemeilen bis zu den Hafenfeuern von Byxelkrok unter Motor zu laufen. Um diese frühe Sommerzeit findet man hier eigentlich immer eine Menge freier Liegeplätze. Diesmal aber war der Hafen voller dänischer und schwedischer Yachten. Die geheimnisvolle Unruhe der Mittsommernacht begann umzugehen und sich den Menschen dieses Küstenstrichs mitzuteilen; sie zwang sie und ihre Schiffe, diese alten Thingstätten vor Ölands Norra Udde oder Blå Jungfrun anzulaufen. Sie entzündete ein merkwürdiges Licht in ihren Augen, das man bei uns im Norden als spökenkiekerisch bezeichnen würde.

Ich fand für AZIMUTH schließlich doch ein freies Plätzchen. Es war mit Abstand das unvorteilhafteste im Hafen. Es lag an einer Betonwand, und diese wiederum war dem Schraubenwasser der Fähren ausgesetzt, die hier in der fünfzig Meter breiten Einfahrtsrinne drehen mußten und damit allerlei Wirbel veranstalten würden. Ich war gerade dabei, mein Schiff nach allen Regeln seemännischer Kunst abzufendern und mit raffiniert ausgeklügelter Spring vor Sog und Welle bestmöglich zu bewahren, als ein knappes Dutzend Schweden unter mancherlei Gebärdenspiel herbeieilte und meine Aufmerksamkeit auf die betonnte Einfahrtsrinne zu richten versuchte. Von meinem tiefen Standort aus konnte ich sie zwar nicht überblicken, was ich aber sah, waren die Aufbauten eines Fährschiffes, das gerade die Hafeneinfahrt anlief und dann unverzüglich mit seinen wirbelreichen Anlege- und Wendemanövern beginnen würde. Ich warf einen Blick auf meine an Land befindliche Hilfsmannschaft. Stabile schwedische Burschen waren das, die da Vor- und Achterleine ergriffen und AZIMUTH kraftvoll an die Betonwand zerrten, etwa so, als wenn man einen Anker am Bugkorb festlascht, um ihm bei bewegter See kein Spiel zu gestatten. Da diese Methode mir verdammt nicht gefiel und ich um AZIMUTHS Steuerbordseite besorgt war, gab ich meinem Mißfallen mit Hand, Fuß und Kehle lebhaften Ausdruck. Sie sollten ja lediglich ein bißchen mehr Lose zwischen Schiff und Betonwand geben. Keiner kümmerte sich um mich. Fest hatten sie mich in ihrer Gewalt.

Der Bug des Fährschiffes schob sich an mir vorbei. Ich sah den Rudergänger über mir, der nun gleich seine Vor-zurück-Manöver einleiten würde. Ich hob den Zeigefinger zu ihm. Statt seiner sah nun der weißbemützte Kapitän zu mir herunter. Mit dem rechten Arm machte ich langsamer werdende Flugbewegungen und stellte mir vor, daß wohl in etwa der gleichen Manier Karajan seine Philharmoniker vom Vivacissimo zum Andante abbremst. Er lachte. Beide tippten wir in gegenseitigem Einverständnis an unsere Mützenschirme, und ohne nennenswertes Kabbelwasser oder besondere Sogströme legte sich die Fähre sanft an ihren Liegeplatz, wo sie begann, Passagiere, Autos und Warenballen eilfertig an Land zu spucken.

In Deutsch und Englisch bedankte ich mich bei meiner in verdutzter Anerkennung verharrenden Helferschar. Alle waren wir zufrieden, und eine Atmosphäre völkerverbindender Verträglichkeit lag über Byxelkroks Hafen. Ich hing alle verfügbaren Fender schützend an AZIMUTHS perlweiße Außenhaut, wußte, daß die Fähre mit äußerster Sorgsamkeit den Hafen verlassen würde, und wandte mich, da ich tagsüber wenig gegessen hatte, der Zubereitung einer reichhaltigen Mahlzeit zu. In diesem Augenblick trug der Wind den Duft brutzelnder Pommes frites und Bratengeruch über das Hafenbecken. Natürlich flüsterte mir der Teufel sofort ins Ohr: ,,Halt ein, Alter! Riechst du denn nicht, daß da schon andere Leute für dich am Werk sind? Denk doch an den Aufwasch hinterher, an das olle Spülwasser, das Abtrocknen und Wegstauen des Geschirrs.''

,,Überredet!'' murmelte ich, gab dem gehörnten, bocksbeinigen Höllensohn nach, schloß mein Schiff ab und ging, mit hocherhobener Nase witternd wie ein Vorstehhund und auch Geschmacksfäden wie ein solcher ziehend, dem Bratengeruch nach, der mich sicher zu einem

Kiosk leitete. Er stand hinter den Geräte- und Netzschuppen der Fischer an der Straße, die zur Nordspitze Ölands führt. Ich bestellte mir ein Steak, Pommes frites und mancherlei Beilagen, setzte mich in den Raum vor der Theke und ließ munter den Verschluß von einer Bierbuddel springen, ohne zu ahnen, daß ich damit die traurigste Stunde dieser Finnlandreise einleitete. Zufrieden kaute ich vor mich hin, zunächst eilig und ziemlich humorlos nur auf Sättigung bedacht, aber dann, als der größte Hunger gestillt war, wohlerzogen und tischsittenbewußt — eine Zierde jeder Wurstbude. Die wohlproportionierte, blonde Büfetthilfe sah mich daraufhin auch mit freundlichem Wohlwollen an. Ich beantwortete ihre Freundlichkeit mit mindestens dem gleichen Wohlwollen und bemühte mich, zusätzlich noch eine Andeutung jugendlichen Feuers in meinen Blick zu legen.

Aber da gab es einen dritten, dem meine Tändelei so albern erschien, wie sie wohl auch tatsächlich war, weil sie ihn von dem Anliegen, das er an mich hatte, störend ablenkte. Tschilp — tschilp machte er in einem Ton, in dem sich Bitte und Forderung die Waage hielten. Ja, da saß er nun auf der Türschwelle der Wurstbude, der kleine Passer domesticus. Unter diesem wissenschaftlichen Namen hat ihn sein schwedischer Landsmann Karl von Linné, der übrigens Byxelkrok und die Blaue Jungfrau auch besucht hat, ornithologisch eingeordnet. Wir würden ihn schlicht als Haussperling bezeichnen. Er selber wußte weder das eine noch das andere, und diese Unwissenheit schien ihm auch wenig auszumachen. Sein Sinnen und Trachten war ausschließlich auf meine Kartoffelchips gerichtet, von denen er sich seinen Anteil zu erbetteln gedachte. Ein hübscher kleiner, blankäugiger Bursche war das, der sich da mit kohlschwarzer Kehle und braunen Wangenflecken ungeduldig tschilpend als Spatzenhahn auswies. Da er mit meiner Sympathie von vornherein rechnen konnte — meine Einstellung gegenüber Minoritäten und Habenichtsen habe ich ja schon deutlich gemacht —, wandte ich meine Aufmerksamkeit von dem schwedischen Büfettfräulein ab und ihm voll zu. Ich warf ihm ein Stückchen von den Pommes frites hin. Er quittierte das mit einem Freudenschrei und stob davon.

Ich kenne die Spatzen recht gut, weiß daher um ihre dreiste Verfressenheit und sah seiner Rückkehr in sicherer Gewißheit entgegen. Er war auch schnell wieder da. Vor der Tür patrouillierten jetzt einige Lachmöwen. Das ist ein scharfäugiges Volk, bei dem es sich schnell herumzusprechen pflegt, wenn sich da ein ihnen unverständlicher menschlicher Schwachkopf von seinem kostbaren Futter trennen will. Aber ehe sie an die Reihe kamen, sollte mein Spatz noch ein großzügig bemessenes Stück zur Bereicherung seines Abendbrotes bekommen. Ich warf es ihm hin. Zu meinem Leidwesen gelang es ihm aber nicht, sich damit aus dem Staube zu machen. Zwei Lachmöwen ließen sich wie Sturz-kampfbomber auf ihn fallen und nahmen ihm seinen Chip in so grober Manier weg, daß er sich mehrfach überschlug, ehe er unter Protestge-schrei davonschoß. Die Lachmöwen beherrschten jetzt das Feld. Natür-lich gehören auch diese silbernen, eleganten Flieger zu meinen Freun-den. ,,Leuchtturmwärters Tauben'' nennen wir sie an der Küste, be-trachten sie als unsere Glücksbringer, lieben sie sehr und würden ihnen nie etwas zuleide tun. Mit jedem Bissen, den ich ihnen zuwarf, wurden ihre Anzahl und ihr Geschrei größer. Um den Kiosk war ganz schön der Teufel los.

Plötzlich kreischte ein bremsender Autoreifen auf der Straße. In der einsetzenden Stille hörte man nur eine einzelne Möwe kläglich schreien. Ich stürzte vor die Tür. Von einem Auto angefahren, taumelte mit ge-brochener Schwinge eine Möwe mit klagendem Schrei über den Asphalt. Der Fahrer stieg aus. Aus Gummistiefeln und Sportanzug schloß ich, daß es wohl ein nach Hause fahrender Angler war. Er hob die Möwe auf und untersuchte die Schwinge. Still und ohne Klagelaut lag sie in seiner Hand. Alle anderen Möwen waren verschwunden. Der Mann stand einen Augenblick nachdenkend da, legte die Möwe dann auf die Straße, zertrat ihr mit dem Gummistiefel den Kopf, warf sie in den Müllcontainer hinter dem Kiosk, hob bedauernd die Arme zu mir hin und fuhr davon.

Ich habe in den Materialschlachten in Rußland und später in Kur-land ganze Berge Toter gesehen. Auch Freunde waren darunter. Aber da werden wohl andere seelische Bezirke angesprochen. Inzwischen war ich alt geworden, hatte gelernt, welch kostbares Geschenk die Freiheit ist, und trug nun die Schuld, oder zumindest einen großen Teil, am Tod eines freilebenden Tieres. So etwas ist schwer gutzumachen. Wenn ich im Winter von den Weserbrücken den hungernden Lachmöwen ein bißchen von meinem Überfluß abgebe, geht mir oft ihre tödlich verun-glückte Schwester von Byxelkrok durch den Sinn.

Am nächsten Morgen linderte die Natur höchstpersönlich mein Schuldbewußtsein ein wenig, weil sie mir Gelegenheit gab, einem ande-ren Vogel das Leben zu retten. Trotzdem geht die Gleichung für mich nicht plus minus Null auf.

Übellaunig an Bord zurückgekehrt, klapperte ich die kHz-Frequen-zen aller irgendwie erreichbaren Wetterstationen ab und erhielt die tröstliche Gewißheit, daß ich am nächsten Tag Winde um Süd haben würde; schlechte Sicht war zu erwarten, und darüber hinaus wurden Wärmegewitter in Aussicht gestellt. Zumindest die Richtung war gut, aus der der Wind wehte; ich würde ihn als Schiebewind haben. Das hat aber auch Nachteile, weil man bei achterlichem Wind schlecht von der Pinne weg kann und den Kompaß nicht aus dem Auge lassen darf. Segelschiffe sind dann selten kursstabil. Ich mußte jedoch meinen errechneten 350-Grad-Kurs sehr genau steuern, weil ich nach 25 gesegelten Meilen das in der See liegende Feuer Kungsgrundet auf den Kopf treffen mußte. Wenn ich diesen Turm erreicht hatte, änderte sich der Kurs nämlich und führte mit 290° auf die Leucht- und Richtfeuer und damit auf die Schärenfahrwasser von Västervik zu. Spätestens in diesen Seeräumen beginnt die Auseinandersetzung mit dem doppelten Betonnungssystem der schwedischen Fahrwasser. Das ist oft ein bißchen kompliziert, weil man achtsam nach speziellen schwedischen Schärenkarten segeln muß. Das aber funktioniert nur, wenn man alle festen und schwimmenden Seezeichen beim Passieren in der Karte mit dem Bleistift abhakt; ansonsten findet man sich mißgelaunt mit einem Loch im Bootsrumpf auf einer Unterwasserklippe wieder.

Ein armer auf sich gestellter Einhandsegler wünscht sich in den Schärenfahrwassern sechs Hände: zwei für Pinne und Schot, zwei für Fernglas und Schärenkarte und zwei, um sie in manchen Situationen — und das sind nicht wenige — entsetzt über dem Kopf zusammenschlagen zu können. Gleich die erste Klippe, hinter dem Feuer Kungsgrundet an Backbord liegend, heißt sinnigerweiße Dämons-Bank. Da kann man sich leicht vorstellen, daß für den, der hier zum erstenmal und dazu noch allein segelt, unter Wasser einiges los ist.

Das waren so Dinge, die mir durch den Kopf gingen, als ich in Byxelkrok, immer noch an meiner Betonwand liegend, die Seewetterberichte abhörte. In Erinnerung an den abgewetterten Sturm gefielen mir die Wärmegewitter darin wenig.

Wegen der verunglückten Lachmöwe schlief ich unruhig, schwang mich gegen drei Uhr aus der Koje — zur Mittsommerzeit ist dann schon heller Tag — und segelte gegen vier Uhr mit ausgebaumter Genua vor einer leichten Südbrise aus dem Hafen heraus, den Tonnenstrich entlang ins tiefe Fahrwasser. Es war sehr dunstig. Blå Jungfrun verbarg sich schamhaft in dieser Dunstglocke. Obgleich wir nicht mehr als zwei Knoten machten, verlor sich die bewaldete Küste Ölands schnell hinter uns. Seit Utklippan war ich jetzt endlich wieder im freien Seeraum mit einer Menge Wasser unter dem Kiel. Die Schweden mit meinem Sextanten fielen mir ein. Bei dieser friedlichen Segelei ohne Landsicht sah ich die

Gelegenheit gekommen, meinem in Roßtäuschermanier eingehandelten Funkpeiler mal ein bißchen auf den Zahn zu fühlen. Die Wassertiefe betrug hier zwischen 30 und 40 Meter. Auf meinem Wege zum Feuer Kungsgrundet hatte ich eine Untiefe zu passieren. Da steigt der Seegrund für eine kurze Strecke auf acht Meter an. Dieser Hügel unter dem Meeresspiegel liegt etwa drei Seemeilen vor Byxelkrok. Als ich meinte, ihn fast erreicht zu haben, schaltete ich das Echolot ein. 18 — 16 — 12 — 8 Meter zeigte es an. Ich hatte also eine Stelle gefunden, wo gegißter und wahrer Schiffsort fast zusammenfielen. Für mich ist es immer wieder die gleiche Freude, zu wissen, wo sich mein Schiff und ich auch ohne Landmarke oder Seezeichen befinden. Das Kreisfunkfeuer Ölands Norra Udde lag wenige Seemeilen entfernt etwa 90° steuerbords. Es hat die Frequenz 298,8 kHz, die Kennung NO und eine Reichweite von 70 Seemeilen. Da war also lediglich die Doppelstab-Ferritantenne auf den Handfunkpeilkompaß aufzusetzen und das Feuer einzupfeifen.

,,da dit da da da'' meldete sich, Musik für meine Ohren, Norra Udde klar und laut. Ich suchte das Minimum und stellte betrübt eine Differenz von 12° zu meiner aus der Seekarte errechneten Peilung fest. Durch Dunst, Dämmerung und Küste schienen sich hier Effekte zu ergeben, die meine Funkstandlinie und mein Rechenergebnis stark beeinträchtigten und fast unbrauchbar machten. Aber kein Grund zur Panik. Da war noch über See das Feuer Kungsgrundet auf der Frequenz 294,2 kHz und der Kennung KT. Schließlich wollte ich da ja hin. Klar und schnell hatte ich es im Peiler.

,,da di da da'' meldete es sich. Als ich meine Rechnung gewissenhaft aufgestellt hatte, lag es haarscharf am Ende meines 350-Grad-Kurses. Zufrieden rieb ich mir die Hände, war doch mein Segelrevier hier oben mehr oder weniger ein Gebiet unsicherer Mißweisung, unnormaler Lichtbrechung und Fata Morganen — voller optischer und magnetischer Geheimnisse also. Wenn der Kompaß über irgendeinem Erzlager oder weiß der Teufel was für einem Magnetfeld seine Zuverlässigkeit verlor, meldete sich in der Ferne das ,,da di da da'' von Kungsgrundet und zog mich auf seinem Peilstrahl wie die Motte das Licht an.

Jetzt wollte ich nur noch auf Gotland ein Feuer suchen und mir die Zeit mit einer hübschen kleinen Funkortung vertreiben. Aber Eile mit Weile. Ich fischte die Rumbuddel aus der kühlen Bilge und trank zunächst einen ganz Lüttjen auf Herrn Morse und sein Alphabet, der mir mit seinem ,,di da di dit'' soviel Vergnügen bereitete und dafür sorgte, daß ich mich nicht langweilte und mein Gehirn schön fit blieb. Aus der

Gotlandpeilung wurde jedoch zunächst nichts, denn da war der Augenblick gekommen, wo die zweite Vogelgeschichte einsetzte.

Aus dem Morgendunst kam in ihrem unverwechselbaren abgehackten Flugstil eine Taube herangeschossen, umkreiste in zwei engen Kurven meinen Mast, sah mich im Cockpit sitzen, zog erschreckt steil nach oben und landete dann 50 Meter von mir entfernt auf dem Wasser. Da saß sie nun. Vermutlich völlig erschöpft, den sicheren Tod vor Augen. Ihr Bauchgefieder würde sich vollsaugen. Sie mußte ertrinken. Mein Herz quoll vor Mitleid und Hilfsbereitschaft über, und ich war bereit, alles Erdenkliche für ihre Rettung zu tun. Also holte ich die wie Schmetterlingsflügel entfalteten Segel zunächst mittschiffs und nahm damit die Fahrt aus dem Schiff. In ihr Schicksal ergeben, saß die Taube regungslos da. Wie aber rettet man eine Taube aus Seenot? Ich beschloß, sie unter Motor ganz langsam anzusteuern, mich dann über Bord zu beugen und zu versuchen, sie vorsichtig aus dem Wasser zu heben. Dann würden wir beide weitersehen.

Mir war nur nicht klar, wie lange sich eine Taube schwimmend halten kann. Sicher aber ziemlich lange, denn da konnte ich auf eine gewisse Erfahrung zurückblicken. In Pommern war uns mal ein von einem jungen Hund aufgeschrecktes Huhn unter entsetztem Geschrei und Geflatter mitten auf den Dorfteich gejagt worden. Dort saß es dann genauso still und schicksalsergeben und wartete auf den Tod oder auf Hilfe. Die nicht schwimmfähigen Gefiederten scheinen zu wissen, daß Geflatter und unzweckmäßige hektische Bewegung den Untergang nur beschleunigen. Jedenfalls hatte ich damals Zeit, den Hund in aller Gemütlichkeit und unter belehrendem Zuspruch zu verdreschen (später hätte er nicht mehr gewußt, worum es ging), um dann durch Schilf und Entenflott zu waten und unser Huhn zu retten. Wie ich interessiert feststellte, war sein Gefieder zur Hälfte vollgesogen.

Anders verhielt sich diese Taube. Als sie die nasse Kälte auf der Bauchhaut spürte, schlug sie verzweifelt mit den Schwingen, kam hoch, flog auf mich zu und landete unmittelbar vor mir auf dem Handläufer. Da saß sie nun, keine zwei Meter von mir entfernt, und sah mich unverwandt an. Ich blickte weg, weil Tiere von Menschen nicht gern angesehen werden wollen. Ich war froh, den Motor nicht gestartet zu haben. Das hätte sie mit Sicherheit ins Wasser zurückgetrieben. Die hohe weiße Segelfläche über ihr schien ihr nicht allzuviel auszumachen.

AZIMUTH hatte bei dieser dem Wind so gar nicht entsprechenden Segelstellung selbständig gewendet und segelte statt nach Kungsgrundet mit 90° am Kompaß auf Ölands Nordspitze zu, die etwa vier Meilen recht voraus unsichtbar im Dunst liegen mußte. Ich ließ das Schiff auf seinem Kurs und verhielt mich so still wie irgend möglich. Aber wie das so ist: Da kribbelt es hier, juckt es da, und man meint, sterben zu müssen, wenn man sich nicht sofort den Bauch kratzen kann. Wenn ich ganz vorsichtig und langsam mit der Pinne den Kurs korrigieren mußte, schoß der Kopf der Taube ruckhaft, mit allen Zeichen des Entsetzens in die Höhe. Leise und mit gurrender Stimme begann ich zu ihr zu sprechen, und wirklich sah ich beruhigt, daß die Nickhaut des todmüden Vogels sich immer häufiger über den Augäpfeln schloß.

Die Sonne kam durch den Dunst. Meine Taube wurde warm und begann, ihr Gefieder zu ordnen. Ich betrachtete sie jetzt ungeniert und freute mich, in welch dezenten Farben ihr weinrotes Brustgefieder in das feine Stahlblau ihres Halses überging. Schöne bernsteinfarbene Augen beherrschten den hübschen Vogelkopf. Wie mochte sie nur hierhergekommen sein. Vielerlei Theorien gingen mir durch den Kopf — ein Einhandsegler hat eben Zeit, alles gründlich zu durchdenken. Man sagt, daß Vögel ihren Kurs nach erdmagnetischen Feldern ausrichten. Das ist hier oben, wie ich schon erwähnte, manchmal etwas kompliziert. Man sagt ferner, daß sich der Vogelflug nach Gestirnen orientiert. Bei diesem Dunst war da heute aber auch nicht viel zu machen. Es konnten also beide Möglichkeiten zu dem Fehlverhalten der Taube geführt haben.

Trotzdem legte ich mir eine andere Theorie zurecht, von der ich annehme, daß sie der Wahrheit am nächsten kommt. Früh fliegen die Tauben in geschlossenem Verband auf die Felder zur Futtersuche. Also müssen sich zur gleichen Zeit auch Habicht und Wanderfalke auf den Weg machen, wenn sie für sich und ihre Nestlinge ein Frühstück erjagen wollen. Keiner dieser pfeilschnellen Raubritter stößt je in eine geschlossene Vogelschar, sondern bemüht sich, ein Tier aus dem Verband herauszudrängen und dann zu schlagen. Oft geht aber auch der Todesstoß daneben, und die Beute entkommt. So wird wohl auch meine Taube weit aufs Meer hinausgeflogen sein und in ihrer Todesangst die Orientierung verloren haben.

Im Augenblick schien es ihr wieder ganz gut zu gehen. Ich ersah das daraus, daß sie sich anschickte, mein perlweißes Kajütdach mit schlichtem Taubenmist zu verunzieren. Aus Revanche und zum Zeichen meines Mißfallens begann ich mich zu kratzen, wo immer ich Lust hatte, legte das Ruder und holte sachte die Backsbordschot ein wenig dichter, was wiederum die Schotwinsch zu einem mißtönenden Knarren veranlaßte. Die Taube wurde ein bißchen aufgeregt, aber nicht sehr. Wir begannen, ganz verträglich miteinander auszukommen.

Es wurde sichtiger, und ich sah Ölands Wald als zartblaue Kontur im Dunst stehen. Merkwürdigerweise sah die Taube das sehr viel später. Aber dann veränderte sich ihr Verhalten. Sie trippelte unruhig auf dem Handläufer hin und her, drehte sich um ihre Achse und richtete aufgeregt ihren Bug auf den zu steuernden 90-Grad-Kurs aus. Dann schoß sie mit sausendem Schwingenschlag blitzschnell davon. Ich brachte AZI-MUTH auf den Kurs nach Kungsgrundet zurück, ehe ich mit einem Schwamm den Taubendreck vom Kajütdach in die See wusch.

Ob die Rechnung Lachmöwe — Taube nun plus minus Null aufgegangen war, erschien mir zweifelhaft. Ein geringfügiges Plus arbeitete ich mir aber auf andere Weise heraus. In Küstennähe fische ich oft mit meiner Mütze erschöpfte Bienen, Spinnen und Käfer aus dem Wasser und gewähre ihnen auf meinem Boot Asyl, bis sie trocken und wieder genesen sind. Dann freue ich mich, wenn sie an Land wieder ihren Geschäften nachgehen bzw. nachfliegen können. Einer hübschen, dicken schwedischen Spinne hatte es mal so gut auf AZIMUTH gefallen, daß sie sich zu längerem Aufenthalt entschloß und zwischen den Spanndrähten des Seezauns ihr Netz errichtete. Es ist geradezu ein Erlebnis, ein Spinnennetz bei Sonnenaufgang zu betrachten. Die Tautropfen darin funkeln wie Diamanten im Diadem einer Königin. Außerdem ist es ein Wunder an Elastizität, das kein Starkwind zerreißen kann. Weit über einen Monat segelten die Spinne und ich unter erheblicher gegenseitiger Rücksichtnahme zusammen, bis wir in Bremen ankamen und ich sie vorsichtig an den Stamm einer Pappel setzte, wo sie heute noch leben mag. Ich vermute jedoch, daß die Meisen über die einer Spinne zugemessene Lebensdauer völlig anderer Ansicht sind.

Um neun Uhr briste der Wind auf. Er war lau und nicht sehr angenehm zu atmen. Als gegen Mittag der Turm Kungsgrundet aus dem Dunst trat, änderte ich den Kurs. Die Luft war dick und schwül. Im Südwesten stand über Land eine blaue Wolkenbank. Backbords kam die Dämonsbank auf. In blutroter Farbe drohte warnend und tückisch der auf diesem Riff errichtete Steinkummel zu mir herüber. Noch segelte ich, von Spieren mit den gewohnten schwedischen Toppzeichen sicher geleitet, meines Weges dahin. An Backbord wetterleuchtete es. Leise grummelte der Donner aus der Ferne. In gespannter Aufmerksamkeit und mit großer Sorge sah ich dem Spierenwald entgegen, der zwei bis drei Seemeilen vor Västervik liegt. Hier kreuzen sich sternförmig etwa fünf Durchfahrten. Jede von ihnen ist der Klippen wegen mit schwimmenden Seezeichen reichlich versehen. Eine Gewitterbö in diesem Stangengewirr wäre das Schlechteste gewesen, was mir hätte passieren können.

In großer Entfernung sah ich vor dem schwarzgrauen Felshintergrund die weißen Dreiecke einiger Segelboote. Das war ein beruhigender Anblick, denn ich hoffte, daß es einheimische Segler waren, denen ich bis zum sicheren Hafen nur zu folgen brauchte. Aber ehe ich sie erreicht hatte, waren sie hinter kleinen bewaldeten Schären verschwunden — wie weggeweht. Auch ihnen schien das heraufziehende Gewitter Sorge zu bereiten.

Ich nahm das Vorsegel weg und ließ den Motor an. Zwei Spieren hatte ich auf der Schärenkarte noch abzuhaken, dann mußte ich AZI-MUTH im Zickzackkurs durch das Spierenfeld lavieren, wie ein Karnickel, hinter dem ein Hund her ist. Grell fuhr der Blitz quer über den dunklen Himmel. Der Donner war schon sehr nah und laut. Wie erwartet schlief der Wind ein. Von höchstgespannter Aufmerksamkeit, wohl auch ein wenig Furcht und der elektrisch aufgeladenen Atmosphäre gepeinigt, begannen meine Kopfnerven beängstigend zu schmerzen. Backbords und steuerbords standen jetzt scharfgratige oder rundgewaschene Granitrücken dicht neben dem Schiff. Aber dann fing ich an, das System der Fahrwasserbezeichnung zu übersehen, und wurde erheblich ruhiger — ein weiser, alter Yogi, der nun kühlen Blutes seinen gewundenen Kurs dahinschipperte.

Dann kam ich aus dem Felsengewirr heraus, lief in das seeartig erweiterte Gebiet der Innenschären ein und sah eine Kirchturmspitze aufkommen. All meine Aufmerksamkeit war voraus gerichtet. Das war zwar verständlich, wohl auch verzeihlich, aber nicht richtig, sonst wäre mir der ins Mark gehende, unerwartete Warnton hinter mir nicht so schreckerregend ins Gebein gefahren. Die Fähre Gotland — Västervik wies mich zornig auf ihr Wegerecht hin. Aber hier hatte ich jetzt — im Gegensatz zu Byxelkrok — genügend Raum, und in großzügig bemessenem Abstand konnte ich sie passieren lassen. Passagiere standen an der Reling und winkten dem kleinen Schiff mit der deutschen Nationale und dem betagten Skipper an der Pinne gastfreundlich zu. Mein Gegengruß fiel deswegen besonders höflich und vergnügt aus, weil ich jetzt das Kielwasser des Fährschiffes vor mir hatte, auf dessen quirlenden Blasenstrudeln ich wie auf einer Autobahn sorglos dahinmotoren konnte. Plötzlich stürzte die bunte, winkende Schar eilig wie die Hasen über das Fährdeck den verandaähnlich verglasten Aufbauten zu. Rauschend ergoß sich ein wundervoller Platzregen wie eine kühle Dusche über uns.

Naß wie ein alter Kater, vergnügt wie ein junger Hund und hungrig wie der böse Wolf lief ich in das große Hafenbecken ein und machte am

Kai hinter der Hamburger Motoryacht JUPITER fest. In vorsichtig abschätzender Hanseatenart beobachtete mich die JUPITER-Besatzung eine kleine Weile, dann holte sie mich zu Kaffee, Kuchen und Kognak an Bord. Ich war ihnen sehr dankbar, wenn auch mein Sinn mehr auf die geplanten Spiegeleier mit Speck, fetttriefenden Bratkartoffeln und ein kühles Fläschchen Bier am eigenen Kajüttisch ausgerichtet war. Über uns entlud sich krachend das Gewitter, verschwand murrend in der Ferne und ließ ein blitzblank gewaschenes Städtchen, tropfende Bäume und eine Luft voller Sommerduft und kühler Frische zurück.

Västervik. Die Leute auf der JUPITER hatten mir gesagt, daß heute hier die Mittsommernacht ihrem Höhepunkt zusteuern würde. Sie selber würden sich daran nicht beteiligen, weil sie rechtzeitig in die Koje kriechen wollten. Am nächsten Mittag spätestens sollte ihr Schiff in Kalmar anlegen. Ich überschlug im Kopf die Seestrecke Västervik — Kalmar und kam auf etwa hundert Seemeilen. Trotz des gastfreundlichen Empfangs und aller genossenen Benefizien, die sie mir hatten angedeihen lassen, meldete ich doch gewisse Zweifel an. Sie waren aber schnell bei der Hand, diese Zweifel auszuräumen. Sie zeigten mir ihren Motorraum. Da standen wohlausgerichtet, messingleuchtend und ölglänzend zwei gewaltige Motoren. Wenn ich mich recht erinnere, hatte jeder 150 PS. Mühelos lieferten sie 18 Knoten Marschfahrt. Wenn die JUPITER um sechs Uhr in Västervik ablegte, konnte sie tatsächlich spätestens um zwölf Uhr in Kalmar festmachen. Ich entschuldigte mich.

Mitleidig, aber in tiefer Zuneigung dachte ich an mein Jockelchen, das mit seinen paar kümmerlichen PS so geduldig — manchmal allerdings über zu hoch angesetzte Zumutungen meckernd — seines Weges dahinquirlte. JUPITER soff in der Stunde gegen 50 Liter Brennstoff, AZIMUTH begnügte sich mit etwa drei Litern. Unser Vorteil war eben der Wind. Mehr als eine Stunde täglich kam mein Flautenschieber selten zum Einsatz. Eigentlich völlig unklar, warum er bei diesem Faulenzerdasein zuweilen doch noch mit verölten Kerzen oder mit klemmendem Gasgestänge aufmuckte, nur weil uns ein Sturm ein bißchen gebeutelt hatte. Nee, nee! AZIMUTH und ich reisten auf Kosten von Rasmus. Wenn wir gegenan mußten, wurden wir natürlich sehr langsam. Aber dafür war unser Unternehmen auf äußerst rentable und billige Füße gestellt. Alles war dem Tempo und der Finanzkraft eines würdigen alten Pensionärs und Einhandsailors angepaßt.

Nun könnte sich das so anhören, als ob auch ich zu der Sorte Segler gehöre, die ein wenig abwertend auf die Motorboote herabsehen. Ganz gewiß nicht. Ich bin für gute Seemannschaft und damit auch für gute

Nachbarschaft mit den Vollmotorisierten. Mir tut es ehrlich leid, wenn so ein aufgeblasener Segler mit Besserwisserei und Arroganz die Motorbootfahrer veranlaßt, sich zu isolieren. Meistens weiß er nicht einmal, daß sich die Motorbootfahrer zu einem großen Prozentsatz aus altgewordenen Seglern zusammensetzen, die sich und ihrer Frau die Härte des Schotenreißens nicht mehr zumuten können oder wollen. Kurz und gut: Zwischen Motoryacht- und Segelyachteignern ist ein gespanntes Verhältnis entstanden. Das Alter hat mich Gerechtigkeit gelehrt. Deswegen muß ich den Seglern mindestens die Hälfte der Schuld an diesem Zustand anlasten. Natürlich sind die Motorbootfahrer manchmal ein bißchen rücksichtslos. Die freuen sich an ihrer Geschwindigkeit, wenn sie mit voller Pulle und haushoher Hecksee am unglücklichen Segler vorüberjagen, dessen Frau gerade den Pott auf dem Primus stehen hat. Da hilft kein Schlingergestell. Die Erbsensuppe mit Speck landet so sicher wie das Amen in der Kirche auf dem Kajütteppich — Auslegeware allererster Wahl. Natürlich stößt Madame einen gotteslästerlichen, haarsträubenden Seemannsfluch aus und wünscht den Renner zu den Fischen.

Ich wünsche ihm das im gleichgelagerten Fall natürlich auch. Aber wenn irgend möglich tue ich noch ein Übriges. Wenn er so herangedonnert kommt — böse Absicht ist eigentlich nie im Spiel —, zeige ich mit dem Finger auf ihn, ergreife das Schotende, das gerade nicht belegt ist, schlinge es mir um den Hals und gebärde mich dann mit Hiev-up-Bewegungen so, daß auch der größte Schwachkopf begreifen muß, daß hier jemand hoch im Masttopp aufgehängt werden soll. Bisher ist bei dieser Methode noch jeder mit seiner Fahrt heruntergegangen, hat ein bißchen beschämt gegrinst und mich der Überzeugung überlassen, daß er in Zukunft aufpassen wird.

Die Zeit ist nahe herangerückt, in der die Behörden mit Anmaßungen, Maßnahmen und Urteilen, die oft von wenig Sachkenntnis getrübt sind, hinter uns her sein werden wie der Hund hinter dem Kater. So recht wissen sie noch nicht, wie sie die Wassersportkuh melken sollen. Da sind zu große Industrien mit ihren Arbeitsplätzen und ihrem Steueraufkommen im Wege. Noch steht der Verwaltungsaufwand in keinem Verhältnis zum Nutzen. Einen Weg aber werden sie ertüfteln. Das sind sie sich einfach schuldig. Also laßt uns bloß zusammenhalten, Leute, Segler und Motorbootfahrer, und ihnen fauchend Zähne und Krallen zeigen, wenn sie uns demnächst ans Fell wollen.

Ich verabschiedete mich von der JUPITER-Crew und ging auf mein Schiff. Ihre Einladung zu Kaffee und Kuchen war gut gemeint gewesen, aber es ist leider so, daß man bei so netten Leuten schon aus Gründen der Etikette nicht die 20 Stück Kuchen verschlingen kann, die man nach einem Fastentag zur Sättigung eigentlich nötig gehabt hätte. Zur Fabrikation der bei mir sehr beliebten Bratkartoffeln hatte ich nun keine Lust mehr. Also Zwiebeln und Speck in die Pfanne, drei Eier und eine Büchse Fleisch hinterher, ein bißchen Salz, ein bißchen Pfeffer, ein bißchen Curry, ein bißchen Ketchup und eine kleine Büchse Champignons. Da kann man doch getrost ein kleines Gläschen Feuerwasser draufsetzen? Und wäre ich nicht ein Narr, wenn ich nicht noch ein Fläschchen Bier hinterhergluckern ließe?

Als ich dick und satt unter zufriedenem Magenkollern den Kopf aus dem Niedergang steckte, standen über mir auf dem Kai eine Menge Leute. Sie besahen sich AZIMUTH. In den kleinen Hafenstädtchen ist es üblich, daß man am Nachmittag noch mal zum Hafen hinuntergeht und sich die Neuzugänge fachmännisch und kritisch betrachtet. Als sie mich aber heraufkommen sahen, gingen fast alle ein wenig verlegen davon — die Schweden sind ein wohlerzogenes, zurückhaltendes, auf Schicklichkeit bedachtes Volk. Nur ein gutgekleideter Herr blieb stehen und sprach mich in so gutem Deutsch an, daß ich ihn für einen Landsmann hielt. Ich bot ihm an, sich zu mir ins Cockpit zu setzen, falls er Lust dazu verspüre. Die verspürte er, und ich half ihm an Bord. Ein wenig verlegen und die Wirkung seiner Mitteilung in meinem Gesicht ablesend, teilte er mir mit, daß er schwedischer Pastor wäre. Er sah zwar ganz normal aus, das konnte aber das Gefühl der Unsicherheit und sündigen Unzulänglichkeit, das ich nun einmal jedem Pastor gegenüber habe, nicht verhindern. Er war zu Besuch hier, hatte lange in Deutschland studiert, versah seinen seelsorgerischen Dienst in Stockholm und wollte der Übung wegen gern ein bißchen deutsch sprechen.

An Bord von AZIMUTH waren schon vielerlei Leute mit vielerlei Berufen gewesen, ein Kleriker noch nie und ein schwedischer schon gar nicht. Mit meinem Wissen um kirchliche Riten ist es sowieso nicht zum Besten bestellt. Da klaffen tiefe Bildungslücken. Von den Schweden wußte ich eigentlich nur, daß es ein frommes, lutherisch denkendes Volk ist, das ein wenig zum Sektierertum neigen soll. Mir fiel ihr König Gustav Adolf ein. Das war ein frommer, eifernder Mann, der im dreißigjährigen Krieg der Retter des deutschen Protestantismus wurde, den alten Katholiken Tilly aufs Haupt schlug, dann aber in der Schlacht bei Lützen gegen Wallenstein zu Tode kam. Ich dachte auch daran, daß die schwedischen Reiter damals meinen pommerschen Landsleuten übel mitspielten. Wenn einer der ausgepowerten Bauern nicht sofort die letzte Brotkrume herausrückte, schmissen sie ihn auf den Misthaufen im Hof, langten mit dem irdenen Krug in die Jauchebrühe unter ihm und flößten ihm reichlich davon ein. Das führte in allen Fällen zum Erfolg. Man nannte das damals ,,Schwedentrunk'' (nicht zu verwechseln mit Schwedenpunsch). Da war ich versöhnlicher gestimmt. Ich bot meinem Pastor ein Glas bremischen Bieres an. Sein Berufsstand verbot ihm, einen kräftigen Zug zu tun, wie man das bei so gutem Bier eigentlich macht. Aus seinen Augen, seiner Art zu schlucken und aus dem Spiel seiner Wangenmuskeln ersah ich jedoch zufrieden, daß er etwas von der Sache verstand. Ich wollte ihm eine Freude machen und erzählte ihm von einem Erlebnis, das ich im Jahre zuvor von Norwegen kommend in Strömstad gehabt hatte. Strömstad ist der nördlichste größere Hafen an Schwedens Westküste. Müde war ich am Spätnachmittag aus dem Oslofjord ins Hafenbecken eingebogen und hatte mich ausruhend auf die Koje gelegt. Ich traute meinen Ohren nicht, als plötzlich von See her ein Posaunenchor einsetzte. Neugierig stürzte ich an Deck. In den langen Zufahrtsfjord zum Hafen war ein großer, dunkler Schoner eingeschwenkt, der nun unter Motorkraft den Hafen anlief. Er hatte nur ein Rahsegel stehen, auf dem in großen schwarzen Lettern der Hinweis auf eine Bibelstelle gemalt war. An Deck stand eine Menge meist jüngerer Leute mit blinkenden Posaunen und Trompeten und blies schmetternd einen Choral. Ehe der Schoner sein Anlegemanöver beendet hatte, stand ich schon an seiner Steuerbordseite und war von diesem neuerlichen Hafenabenteuer fasziniert. Der Schoner hieß ELIDA.

Kaum waren seine Leinen fest, als sich ein Chor auf Deck versammelte, ein Harmonium herangerollt wurde und alle ein frommes Lied anstimmten. Dann schmetterten wieder die Posaunen los und riefen eine Menge gläubiges Volk herbei. Ein Mann trat hervor und predigte eindringlich zu uns auf dem Bollwerk stehenden Sündern herunter. Er trug einen Seemannspullover, war sparsam in seinen Gesten und hatte meistens eine Hand in der Hosentasche. Ich verstand ihn zwar nicht, aber er war mir und den schwedischen Zuschauern in seiner natürlichen Art so sympathisch, daß ich beschloß, mich etwas zu bessern. Eine Stunde lang lobten sie mit Posaune, Trompete, Harmonium, Zieharmonika und Gesang den lieben Gott. Dann legte der Schoner wieder ab und verschwand nach See hin. Auf meinem Wege nach Skagen begegnete ich ihm in Smögen nochmals.

Mir gefiel diese Art seemännischen Gottesdienstes überaus. Das sagte ich meinem Pastor. Leider war er von meiner Geschichte nicht so angetan, wie ich gehofft hatte. Er kannte das Schiff, wußte, daß Göteborg sein Heimathafen war und daß der Gottesdienst von einem kirchlichen Nebenzweig betrieben wurde, von dem er nicht allzuviel hielt. Ob ich evangelisch sei, wollte er wissen. Jawohl, das wäre ich, konnte ich antworten, und Luther wäre unser gemeinsamer Mann. Ob er einen kleinen Scherz auf Kosten Luthers vertragen könne? „Jeden", sagte er, verbesserte sich aber schnell: „Fast jeden."

Also erzählte ich ihm, daß in Bremen an einem Sonntagmorgen gegen sechs Uhr der katholische Priester zur Messe ging. Auf der Kirchentreppe seiner Kirche stieß er auf einen ziemlich betrunkenen Mann, den er etwa folgendermaßen anredete:

„Lieber Mann, schämen Sie sich denn gar nicht, heute am Tag des Herrn in diesem Zustand auf der Kirchentreppe zu sitzen?"

„Das geht Sie gar nichts an, lieber Herr, ich bin nämlich evangelisch", erwiderte der Mann.

„Na gut", sagte der Pfarrer, „auch wenn Sie evangelisch sind, sind Sie doch schließlich noch Christ und sollten sich ensprechend verhalten. Was meinen Sie wohl, würde Ihr Doktor Martin Luther dazu sagen?"

Der Mann: „Mensch, gehen Sie mir bloß los mit diesen Vertrauensärzten!"

Mein Pastor hielt sich den Bauch vor Lachen. Wir wurden warm miteinander, und ich versprach ihm, mir von ihm Västerviks größte Kostbarkeit, die St. Gertrudskirche, zeigen zu lassen. Am liebsten wäre er mit mir sofort aufgebrochen, aber es gelang mir, die Besichtigung auf den nächsten Tag zu verschieben. Mir war das lieber, weil ich heute an den Mittsommerfestlichkeiten teilhaben wollte und ich mir vorstellen konnte, daß sich auf solcherlei gearteten Festivitäten die Verhaltensweise eines Pfarrers von der meinigen doch sehr unterscheiden würde.

So kam es denn, daß ich mich einige Stunden später frischrasiert und aromatisch duftend mit heller Hose elastischen Schrittes auf den Weg machte — ein rechter Yachtsmann. Die Zeit meines Eingreifens in das Mittsommerfest war insofern richtig gewählt, als die jüngsten Schweden, wenn auch unter lautem Protestgeheul, gerade von ihren Müttern unbarmherzig dem Festreigen entrissen und ihren Betten zugeführt werden sollten. Unermüdlich tanzten sie zu den Klängen einer Zieharmonika eine Art Ringelreihen um den Maibaum, die äußere Reihe rechtsherum, die innere Reihe linksherum. Dazu sangen sie zwar in schwedischer Sprache, das Lied aber wird von unseren Kindern und jungen Leuten in Deutschland ebenfalls gesungen. Mir sind nur Teile davon in Erinnerung: „Wir sind hinausgegangen, den Sonnenschein zu fangen . . .'' und ,,Wir wolln euch aber singen, wie wir die Grillen fingen . . .'' Ein älterer, weißhaariger Schwede war der Zeremonienmeister — vielleicht nennt man es auch Tanzmeister. Er trug einen bequem geschnittenen Frack älterer Bauart. Der bequeme Zuschnitt war deswegen vonnöten, weil er hurtig umherspringen mußte, um halbwegs Ordnung zu halten. Da gab es eine Menge kleinster Schweden, die die Ringelreihenkette reißen ließen, weil es ihnen noch an Elastizität und Kraft mangelte. Diesen Schaden mußte er dann behende wieder reparieren. Manchmal stieß er beide Arme in die Luft und forderte Aufmerksamkeit. In dem Lied heißt es auch: ,,Ihr glaubt wohl, wir sind nicht gescheit, valera!'' Er hätte gern gehabt, daß dieses Valera nicht nur gesungen, sondern auch gehüpft wurde, also va-le-ra und gleichzeitig hopp-hopp-hopp. Damit überforderte er jedoch die Mehrzahl seiner Tanzgruppenmitglieder. Jedenfalls klappte es nicht besonders.

Die Kolonnen wurden sowieso laufend ins Schwanken gebracht, weil sich, wie schon gesagt, die Mütter an ihre Kinder heranzupirschen versuchten, um sie zu fangen und abzuführen. Das gelang durchaus nicht in allen Fällen, auch bei den kleinen Mädchen nicht, weil sie ein vorbildlich funktionierendes Warnsystem aufgebaut hatten, welches die Attacken der Mütter sehr oft ins Leere stoßen ließ. Den besten Job hatte der Zieharmonikaspieler. Der lehnte sich mit dem Rücken gegen den gewaltigen Maibaum und tat geduldig und gleichmütig alles, was von ihm gefordert wurde. Den durchdachtesten Auftrag erhielt er, als der alte Zeremonienmeister ihm gebot, nun das Spielen gänzlich einzustellen und seine Harmonika einzupacken. Damit nahm er den Kleinen allen Wind aus den Segeln. Die Mehrzahl konnte nun eingefangen werden und den Marsch zu Waschbalje und Bett antreten. Der geringe sich noch auf freiem Fuß befindliche Rest störte nicht mehr sonderlich.

Västervik besitzt die uralte Burgruine Stegeholm. Im Jahre 1360 wurde sie als Festung erbaut und drei Jahrhunderte später von den Dänen zerstört. Die dicken Mauern ragen geborsten zum Himmel. Die Jugend hat sich ihrer bemächtigt und feiert dort ihre Lieder- und Beatfestivals, besetzt mit den besten Bands und Popgruppen Schwedens. Auch jetzt war dort der Teufel los. Gar nicht daran zu denken, eine Einlaßkarte zu erhalten! Ich fand aber dicht daneben am See eine Bank und hörte mir ohne Entrichtung eines Eintrittsgeldes die elektrischen Gitarren, die Banjos, Jazztrompeten, Schlagzeugsynkopen und nicht zuletzt die Popsängerinnen an, die mit rauchigen, heiseren, an die Grenzen des Möglichen hochgejagten Stimmen in der ekstatischen Leidenschaft von Spaniern, Afrikanern und Südamerikanern ihre Songs vortrugen.

Wie schade, daß keine noch so große Mühe hilft, diese jungen Leute richtig zu begreifen. Ich bin fast zwei Generationen älter als sie und damit den großen Klassikern der Musik verhaftet. In der musikalischen Auffassung trennen uns Welten. Manchmal sitze ich an Bord, segle so allein vor mich hin und denke über das Musikempfinden der Jugend nach. Aber meine Hochachtung vor dieser Jugend beginnt zu steigen. Als ich in ihrem Alter war, wurden mir Slogans beigebracht wie ,,Wir Deutschen fürchten Gott und sonst nichts auf der Welt'' oder Lieder und Gedichte, in denen es hieß: ,,Jeder Tritt ein Brit, jeder Schuß ein Ruß, jeder Stoß ein Franzos.'' Ich habe also überzeugt jahrelang um mich getreten, geschossen und gestoßen. Jetzt sehe ich mit großem Erstaunen, wie sich die Jugend der Welt so gern miteinander vertragen möchte und von den Alten der Welt daran gehindert wird. Oft glaube ich, daß die jungen Leute deswegen keine besondere Achtung vor meiner Generation haben.

Manchmal kommt so ein langhaariger Kavalier meiner Töchter zu mir an Bord. Ich bin dann in Sorge, daß seine schulterlange Lockenpracht ins Rollreff geraten könnte, wenn wir bei hartem Wetter ein Reff eindrehen müssen. Nach der Zweckmäßigkeit dieser Art Haartracht fragend, werde ich jedoch auf jene von Christus, Barbarossa, Dürer, Tolstoi und so weiter verwiesen. Tatsächlich beginne ich langsam, den forschen Kavalleriehaarschnitt meiner Militärzeit ein bißchen lächerlich zu finden. Ein Trost für mich ist nur, daß einige Utensilien der früheren Bärtigen genauso lächerlich waren. Ich denke da an Bartwichse, Bartbinden, Bartkämme und schließlich auch an Barttassen, die sie brauchten, damit ihnen ihr Bart nicht auch noch in den Kaffee hing. Sehr zweckmäßig hingegen scheint mir die schwarze, wallende, wilde, überdimensionale Bart- und Haartracht unserer Fußballasse Müller und Breitner zu sein, weil ich mir vorstellen kann, daß der gegnerische Torwart zu Tode erschrickt, wenn die beiden einzeln oder geschlossen vor seinem Kasten auftauchen. Da ist dann ein Weltmeisterschaftstor schnell geschossen.

Ich pilgerte von der Burgruine wieder zum Maienbaum zurück. Hier ging es jetzt munter zu. Die Melodie, die die nunmehr engagierten drei Musikanten — zwei Gitarren und eine Ziehharmonika — am Wickel hatten, war tangoartig. Es war interessant, anzusehen, wie die Tänzer, je nach Alter, damit fertig zu werden versuchten. Die ganz Alten machten eine Art Polka daraus. Meine Altersklasse konnte natürlich Tango tanzen (manche sogar argentinisch). Das Mittelalter hüpfte den beliebten schwedischen Reigen. Am schwersten tat sich die Jugend mit dem Tan-

146

go. Die Geistlichkeit aller Welt hätte ihre Freude an den jungen Leuten Västerviks gehabt. Als der Tango aufkam, hatten Vatikan und sonstige Kirchenfürsten jenen, die ihn tanzten, mit Acht und Bann und ewiger Verdammnis gedroht, weil er ihnen verderbt und sittenlos erschien. Ich möchte zu gern wissen, woher die Kleriker so genau orientiert waren, was sich bei einem gut getanzten Tango so alles anstellen läßt. Die Västerviker jedoch wußten von diesen Möglichkeiten offensichtlich nichts. Die jungen Paare standen sich auf etwa zwei Meter gegenüber und schauten sich nicht einmal an. Die Mädchen wiegten sich sittsam in den Hüften und bewegten die Hände so, als wenn sie in jeder Hand ein Staubtuch hätten, um vorsichtig eine frischlackierte Kommode abzustauben. Und die Jungen erst. Am besten verglich man sie mit der seltsamsten Art aller Leichtathleten, den Gehern. Nach den typischen Becken-, Arm- und Schulterbewegungen zu urteilen, schienen sie von weither gekommen zu sein, um eine letzte Runde durchs Stadion zu machen und dann endgültig zusammenzubrechen.

Von diesen Langweilern wurde mein Interesse auf ein Paar gelenkt, das an der Peripherie des Kreises tanzte. Also das war wirklich ein unternehmungslustiger Hecht, der da den Tango in einen Rock and Roll umfunktionierte. Er ließ sein Mädchen in Überschlägen, halben Saltos und Pirouetten umherwirbeln wie einen Kreisel vor der Peitsche. In ziemlich regelmäßigen Intervallen stieß er einen schrillen, wiehernden Schrei aus, den er im Kino den Cowboys auf einem Rodeo abgelauscht haben mochte. Zuweilen hielt er inne, holte aus seiner Jackentasche eine Buddel, aus der er sich zunächst selbst stärkte, aber Kavalier genug war, seiner Dame dann auch ein Schlückchen zu gönnen, ehe er wieder in volle Aktion überging.

Meine Bewunderung für soviel Hingabe an eine Sache schien sich in meinem Gesicht ausgedrückt zu haben. ,,Komm, Seemann, tanzen'', sagten zwei blonde Mädchen zu mir in englischer Sprache, ergriffen meine Hände und los ging's — hinein in irgendeinen Reigen. Nur der Rock-and-Roll-Tänzer war für so altmodischen Kram nicht zu gewinnen und schwang im inneren Kreis sein Mädchen durch die Lüfte, so daß die Röcke flogen. Vergnügt wie ein Zicklein, schritt, hüpfte und sprang ich nach dem Vorbild der Eingeborenen diesen Reigen mit. Eine gewisse Beschwernis bei manchem Luftsprung ließ ich mir nicht anmerken. Da hatte mich nämlich vor etwa drei Jahrzehnten ein französischer Artillerist in der Maginot-Linie am Knie erwischt, und der behandelnde Militärarzt hatte eins der Splitterchen wohl vergessen, so daß es bei manchen Luftsprüngen immer noch mahnend piekst.

Bei diesen Volksbelustigungen, wo noch folkloristisch getanzt wird, sei es in Skandinavien, Polen, Lettland, Kurland oder auf dem Balkan, ist mir aufgefallen, daß alle fremdländischen Teilnehmer von der Zentrifugalkraft dieser Reigenkreisel langsam, aber sicher an die Peripherie gedrückt werden. Die Landesbewohner scheinen zu fühlen, daß da etwas Fremdes, Ausländisches unter ihnen mittanzt, und werden zwar nicht abweisend, aber doch zurückhaltend, scheu und verlegen. So kam es denn, daß bald außerhalb des Kreises einige Leute umherstanden — eine kleine Gruppe Fremdkörper. Meine beiden blonden Tänzerinnen gehörten zu meinem Erstaunen dazu. Sie waren mit ihrem Boot aus Finnland hierhergesegelt. Dann waren da noch der Amerikaner Freddy, ein holländisches Ehepaar, zwei Ostfriesensegler und zwei englische Mädchen mit ihren Kavalieren. Wir Fremdlinge fanden schnell zueinander. Alle Sprachbarrieren wurden durch den gemeinsamen Willen beseitigt, diese Nacht nicht in der Koje zu verbringen. Jeder sollte ein bißchen zu trinken holen und sich dann eiligst auf der Yacht des Holländers einfinden. Als Holländer hatte er natürlich wieder die größte.

Wir verteilten uns in Salon und Cockpit. Der Amerikaner Freddy übernahm, ordnete und überwachte die mitgebrachten Flaschen. Er schien zu wissen, wie aus der Mannigfaltigkeit der Getränke alkoholisch am meisten herauszuholen war. Er gab uns in etwa dieser Reihenfolge zu trinken: Whisky pur, giftgrünen finnischen Likör, deutschen Doppelkorn, deutschen Magenbitter, holländischen Genever, dänischen Aalborger und französischen Cointreau. Als das geschafft war, wurde ein Pappbecher mit Schwedenbier gereicht — gewissermaßen zur Erholung und besseren Bekömmlichkeit. Dann griff Freddy wieder zur ersten Flasche und läutete den Reigen erneut mit Whisky pur ein. Wir plauderten in mancherlei Sprachen, waren alle leicht betrunken und mit unserem Dasein sehr zufrieden.

Mitternacht war vorüber. Ein merkwürdiges Licht, weder der Abenddämmerung noch dem Morgengrauen vergleichbar, sondern mehr in hellem, diffusem Grau, lag über den Schären. Eine einsame Raubmöwe flog langsamen Schwingenschlages dicht über den scharfgezackten Wipfeln der dunklen Tannen jenseits der Seebucht dahin. Kiau — kiau — kiau schrie sie klagend. Trauer, Wehmut, Sehnsüchte, Zärtlichkeit und Einsamkeit tragen diese halbhellen Nächte in die Herzen. Die beiden finnischen Mädchen stiegen auf die Backskisten und sangen zweistimmig und sehr schön ein altes, trauriges finnisches Volkslied. Freddys Lied war genauso traurig und von der Art, wie es die Neger beim Baumwollpflücken sangen. Die Engländer sangen ein Hochlandlied.

Jetzt war meine Nation dran. Ich hatte meine Hoffnung auf die Ostfriesen gesetzt. Aber sie enttäuschten mich bitter, beriefen sich auf die sprichwörtliche Dämlichkeit der Bewohner ihres Küstenstrichs und wünschten, daß ich unser Land repräsentierte. Zeit war nicht mehr zu verlieren. Ich überlegte fieberhaft. Dann stieg ich auf die Backskiste und sang so gut und ehrlich ich konnte alle vier Strophen von Lili Marleen. Der Text war uns jahrelang von den Soldatensendern an der Front eingehämmert worden. Lale Andersen hätte sich gefreut. Doch nicht nur die Sängerin Lale, die leider tot ist, auch der Textdichter: Es ist der über 80 Jahre alte Hans Leip, der den die Seglerwelt tief berührenden Roman ,,Jan Himp und die kleine Brise'' geschrieben hat. Trotzdem will ich gestehen, daß mich, als ich so sang, doch eine große Besorgnis überfiel, daß ich mit diesem Lied jemanden in unserem Kreis verletzen könnte, weil es im gesamten Hafen so merkwürdig still wurde. Außerdem bin ich weiß Gott kein besonders stimmgewaltiger Barde. Plötzlich aber brach auf allen Schiffen ein donnernder Applaus aus. Ich wußte wirklich nicht, daß die halbe Welt dieses Lied kennt und liebt.

Freddy half mir mit einer Sonderration giftgrünen Finnenlikörs freundschaftlich über meine Verlegenheit hinweg. Die finnische Studentin Britta kam zu mir, nahm mein Gesicht in ihre Hände und küßte mich fest auf den Mund. Sie setzte sich neben mich. Jetzt sollten die Holländer singen. Sie versuchten es tapfer, aber beide waren so haarsträubend unmusikalisch, daß es einen Hund gejammert hätte, weshalb wir ihnen und uns ihr atonales Duett ersparten. Eigentlich wäre der Pappbecher mit Bier wieder an der Reihe gewesen, aber was den Holländern eben noch an Musikalität gefehlt hatte, glichen sie nun durch einen stärkenden Mokka aus. Ehe Freddy wieder zu den Flaschen griff, stellte er sich vor mich hin und sang für mich, seiner deutschen Vorväter eingedenk, mit amerikanischem Akzent ,,Guter Mond, du gehst so stille . . .''.

Der Kaffee war ausgetrunken. Ich saß neben Britta, legte meinen Arm um sie, sagte ihr, wie hübsch ich sie fände und ob es ihr wohl zu dumm erschiene, für den nächsten Morgen für sich und ihre Freundin eine Frühstückseinladung von mir anzunehmen. Allerdings hätte ich nur ein ziemlich kleines Schiff zu bieten.

,,Ach, Seemann'', sagte sie in gutem Deutsch, ,,ich habe dich und dein Schiff doch schon einlaufen sehen. Du warst ungekämmt, naß vom Regen und hast gelacht. War das eigentlich ein Bekannter von dir, der bei dir an Bord war?''

Um Gottes Willen! Ich hatte den Pfarrer vergessen, der morgens

150

kommen und mich zur Kirchenbesichtigung abholen würde. Ich bin alt und erfahren genug, um zu wissen, daß Frauen Ehrlichkeit über alles schätzen, und erzählte Britta von dem netten Pastor, wie vergnügt er meine Geschichte von dem Trunkenbold auf der Kirchentreppe aufgefaßt hätte und daß ich ihm deswegen die Peinlichkeit gern ersparen würde, zu mir an Bord geklettert zu kommen, um dort eine lustige Kaffeegesellschaft anzutreffen. Ihn selber könnte ich dann noch nicht einmal einladen, da ich nur drei Tassen besäße, die sich in Form und Aussehen erheblich voneinander unterschieden, wie das auch meine Schnaps- und Biergläser täten. Ich würde allerdings eine ganze Armee von Pastoren sausen lassen, wenn ich wüßte, daß ich sie deswegen nicht wiedersehen sollte. Sie sah mir mit dem prüfenden Blick der Frauen in die Augen, der selbst den geheimsten Winkel sündigen Mannestums durchforscht, und versprach dann, daß sie kommen würden, wenn ich zurück sei.

Freddy tauchte mit der Magenbitterflasche vor uns auf und erkundigte sich zwecks ewigwährender Blutsbrüderschaft nach meinem Vornamen. Als er erfuhr, daß ich Horst hieße, krähte er vergnügt und laut quer über den Hafen:

,,Three cheers for my good Horst Wessel!''

Wir umarmten uns, und ich brachte meinen Trinkspruch auf ihn, seinen Präsidenten, Onkel Tom, Marilyn Monroe und last not least den Indianerhäuptling Sitting Bull aus. Dann wollte ich gehen. Weil Freddy das aber durchaus unbegründet fand, erzählte ich auch ihm von dem zu erwartenden Pastorenbesuch.

,,And now you are troubled in mind, Wessel?'' sagte dieser verdammte Amerikaner, griff in seine Gesäßtasche, holte eine Brieftasche daraus hervor und entnahm ihr zwei Kaugummis, die er mir mit den Worten überreichte: ,,Steck sie in den Mund, wenn du ihn von weitem kommen siehst, er wird dann ganz sicher nichts riechen''.

Die Sonne kam über die Schären, die Drosseln sangen, und die Västerviker Hähne krähten, als ich die beiden Finnenmädchen zu ihrem hübschen Mahagoni-Schärenkreuzer brachte. Anna ging schnell und diskret an Bord. Britta und ich standen über dem Boot auf der Kaimauer — ein älterer Mann mit einer schönen jungen Frau. Es war das erstemal, daß ich wegen meines Alters traurig wurde. Das empfindsame Mädchen ahnte meine Gedanken, legte die Arme um meinen Hals, küßte mich und sagte: ,,Was bist du doch für ein lieber Dummkopf!''

Britta stieg aufs Deck und schob dann das Schiebeluk über ihrem Kopf zu.

Mittsommernacht! Ich war so glücklich, wie ich unsicher war, ob ich mich lächerlich machte. Mit der Begründung, mich ohnehin rasieren zu müssen, kramte ich an Bord meinen Spiegel hervor und fand zunächst, daß da nicht allzuviel Gewinnendes zu betrachten sei. Wenn ich aber über diesen Krähenfuß und jene Runzelgruppe hinwegsah, war ich eigentlich mit fast vollständigem Gebiß, mit wenn auch ein bißchen wäßrigen, so doch blauen Augen und kontrastierendem weißem Haar zu brauner Haut noch ein ganz attraktiver Bursche. ,,Du alter Affe bist verliebt!'' sagte ich zu meinem Spiegelbild und war sehr froh, daß das wirklich stimmte. Ich kroch voller Zweifel in meine Koje, legte, um gegen Überraschungen abgesichert zu sein, meine beiden Kaugummis griffbereit neben mich und dachte an Britta, bis sich ein gesunder, tiefer Schlaf meiner Kümmernisse erbarmte.

Das dumpfe Dieselgedonner eines Fischkutters und das schrille Geschrei seines Möwengefolges rissen mich unsanft aus dem Schlaf. Im Kopf drehte sich leise surrend eine Turbine. Nach einigem Schlucken behielt im Wettstreit um den Nachgeschmack der gestrigen Getränke der deutsche Magenbitter über den französischen Cointreau schließlich doch die Oberhand. Da lag ich nun in meiner Koje, schloß die Augen wieder und fühlte weiche Arme um meinen Hals. Mein Verstand riet mir, schnellstens alle verfügbaren Segel zu setzen, um draußen auf See den Frieden des Meeres zurückzugewinnen, der mich bis gestern so vergnügt, zufrieden und selbstsicher gemacht hatte. ,,Bist du wahnsinnig, Alter?'' empörte sich mein Herz. Natürlich gab ich seinem Begehr, hierzubleiben, sofort nach, schwang mich aus der Koje und räumte meine Kajüte auf. Das war schnell geschehen. Unter meiner Matraze befinden sich mit Holzdeckeln verschließbare Hohlräume. In diese pfefferte ich alle halbwegs entbehrlichen Sachen hinein. Was draußen blieb, war meiner Ansicht nach geeignet, dem vermutlich scharf zupackenden Zugriff eines pfarrherrlichen Auges standzuhalten. Vorsichtshalber nahm ich auch ein koloriertes Bildchen — das Geschenk von Freunden — von der Kajütwand. Da stand nämlich ein Segler vorn am Bugkorb seines Schiffes und pinkelte in hohem Bogen über Bord. Darunter war zu lesen: ,,Sehen Sie, deswegen trinken wir kein Wasser!''

Zufrieden sah ich mich nach getaner Arbeit um, steckte eine Schwedenkrone für den Duschapparat in die Tasche und ging zum Clubhaus. Sauber am Leib, im Herzen jedoch den pieksenden Pfeil Amors, erblickte ich schon aus der Ferne den Pastor vor meinem Schiff. Ordentlich gekämmt, gut rasiert, statt des Schnapsgeruches nunmehr einen aromatischen Odolgeruch verströmend, trat ich ihm furchtlos entgegen.

Er bat, AZIMUTH besichtigen zu dürfen, sah Echolot und Funkpeiler keineswegs als Teufelswerk an und ließ sich erklären, wie man den Kurs von Byxelkrok nach Västervik errechnet. Er begriff das sehr schnell und wäre vielleicht ein ganz brauchbarer Segler geworden. Eingedenk der biblischen Taube mit dem Ölzweig im Schnabel, die dem alten Kapitän Noah Land in Sicht gemeldet hatte, erzählte ich ihm auch noch die Geschichte von der Rettung meiner Taube. (Die Sache mit der verunglückten Lachmöwe unterschlug ich jedoch lieber.) Ihm gefiel das sehr. Mein Schiff und meine Art zu leben beeindruckten ihn sichtlich, so daß er sich nur zögernd entschloß, über den Seezaun an Land zu klettern.

Wir wanderten den Hafen entlang der St. Gertrudskirche zu. Dabei kamen wir an Brittas Schiff vorbei. Das Deck war leer. Als ich mich aber noch einmal umdrehte, war sie den Niedergang halb hochgeklettert. Wahrscheinlich hatte sie uns doch kommen sehen. Sie war noch im Schlafanzug. Als sie zu mir hochsah, faltete sie fromm die Hände vor der Brust, legte den Kopf schief und sah verschleierten Blickes zum Himmel empor. Dann beschrieb sie mit der Hand über ihrem Kopf einen kleinen Halbkreis von einem Ohr zum anderen. Mir war klar, daß sie damit zum Ausdruck bringen wollte, was für ein tugendhafter Heiliger ich doch wäre, der da im Gefolge eines geistlichen Herrn sittsam den Kai entlangwandelte. Ich legte daher zunächst beide Zeigefinger wie kleine Hörner an die Stirn, zeigte auf sie und dann weiter zu Hölle herunter. Um ihr klarzumachen, welche Hitze sie da unten erwarte, pustete ich auf einen Finger und schüttelte ihn dann kühlend in der Luft. Bei dieser Schüttelei drehte sich der Pastor um. Ich besah mir aufmerksam meinen Finger. Der Pastor tat das auch. ,,Moskitobiß'', meinte er fachmännisch. Dann wandte er seine Aufmerksamkeit wieder voll den Yachten zu. Ich sah, wie Britta von verhaltenem Lachen geschüttelt wurde. Sie legte einen Finger an die Lippen, küßte ihn und blies mir dann den Kuß nach oben.

Mein Pastor war ein ganz lieber Mensch. Er ging mit mir zu den Bootsmannshäusern. Die mußten die Västerviker 1740 für die Seeleute der königlichen Marine bauen und zur Verfügung stellen. Heute sind einige der Häuschen von Kunsthandwerkern in Ateliers umgewandelt worden. Darin malen, töpfern, schmieden und weben sie. Keiner von ihnen hat etwas dagegen, wenn man ihm bei der Arbeit zusehen will.

Dann aber blühte mein Pastor richtig auf. Wir betraten die St. Gertrudskirche. Sie wurde 1433 erbaut. Zielstrebig wanderte er auf uraltes Kirchengestühl los, schob einen seltsamen, altertümlich geformten Eisenriegel zurück und setzte sich mit mir in eine der rissigen, alten Bänke. Sie war hart, eng und so unbequem, daß der Gedanke an ein kleines Nickerchen von vornherein im Keime erstickt wurde. Die Schwedenpfarrer früherer Jahrhunderte wußten sehr genau, wie sie ihre müden Fischer, Matrosen und Bootsleute an den Sonntagen bei der Stange halten mußten.

Außer uns war niemand in der Kirche. Mich überfiel diese merkwürdige Bangigkeit wieder, die mich darin immer überkommt. Das Sonnenlicht fiel in schrägen Bahnen durch die buntgeglasten Fenster, lag warm und vertraulich auf braunem Holzschnitzwerk und schimmerte matt auf altgoldenen Bilderrahmen. Auf dem jahrhundertealten Altar brannten mit ruhiger, unbeweglicher Flamme einige hohe Kerzen. Es roch nach altem Holz, Wachs und wohl auch ein wenig nach Moder. Weiß und hell fiel ein Sonnenstrahl durch ein Rundfenster in eine dunkelschwarze Nische. Tausend Staubpartikelchen tanzten darin ihren geheimnisvollen Reigen. Feierlich und schützend wie die Hand Gottes lag das hohe Gewölbe über Kanzel, Orgel und Gestühl. Es war unausbleiblich, daß hier jeden Beter ein Gefühl von Demut und Frömmigkeit überkommen mußte.

Leider nicht jeden. Meine Gedanken waren nicht der himmlischen Jungfrau, sondern der höchst irdischen finnischen Seglerin Britta zugewandt, die mir eben noch einen Kuß auf den Kai hochgepustet hatte. Der Pfarrer schien meine Nachdenklichkeit für Andacht zu halten und ließ mich eine Weile gewähren. Dann aber hielt er seine Stunde für gekommen. Los ging's. Quer durch die Kirche. Hier war er zu Hause. Das war seine Domäne. Laut und unbekümmert redete, gestikulierte und fuchtelte er herum. Ich stellte fest, daß ich eine einzige große Bildungslücke war. Ich hoffe nur, daß nicht jeder weiß, wer denn nun Buchardt Precht, Carl Harlemann oder Frederik Adelcrantz eigentlich waren (nämlich hochberühmte Bildhauer und Architekten).

Mir schwirrte der Kopf, und ich war froh, als der eigentliche Pastor der Kirche hereinkam. Die beiden geistlichen Herren kannten sich natürlich, stellten sich schwätzend und lachend mitten in die Kirche. Ich war ganz sicher, daß sie sich über höchst weltliche Dinge unterhielten. Jedenfalls konnte ich von Andacht nicht viel feststellen. Aber schließlich war das hier ihr Arbeitsraum. Ich hatte mich früher in meinem auch nicht viel anders verhalten. Der zuständige Pfarrer klopfte mir abschiednehmend jovial auf die Schulter, wünschte mir auf englisch eine gute Reise und schritt dann vermutlich zum Mittagsmahl. Mein Pastor verließ mit mir die Kirche. Ich trat aus dem kühlen Dämmer in die goldene Sonne. Sie nahm mich warm und mütterlich in die Arme. Ein leichter

Sommerwind blies mir freundlich ins Gesicht. Ich brachte den Pastor zu seinem Auto, bedankte mich ehrlichen Herzens für soviel Mühe, sah ihn gemächlich die Straße hinunterrollen und um die nächste Ecke verschwinden — Richtung Stockholm.

Normalerweise befindet sich neben einer Kirche eine Kneipe. In Västervik ist eine Konditorei in der Nähe. Da ich von Kuchen nicht allzuviel verstehe, überließ ich der hübschen Verkäuferin, die außerdem noch ein ganz tadelloses Deutsch sprach, die Auswahl an Menge und Güte und stellte lediglich die Bedingung, daß alle diese Gebäcksorten möglichst finnischem Geschmack entsprechen müßten. Sie wäre keine Frau gewesen, wenn sie nicht innerhalb von zwei Minuten alle Zusammenhänge geahnt und nicht sofort begonnen hätte, mein Männerherz nach wissenswerten Einzelheiten zu durchforsten. Schließlich lachte sie mich mit einem kleinen, verständnisvollen Augenzwinkern an. Ich war unheimlich stolz, von ihr so selbstverständlich in die Kategorie leichtlebiger Don Juans eingestuft zu werden. Daß ich das noch bin — mit gewissen Abstrichen selbstredend —, wußte ich natürlich selber, aber daß mich nun innerhalb von 24 Stunden zwei hübsche junge Frauen als durchaus noch ernst zu nehmendes Liebessubjekt ansahen, hob mein Selbstbewußtsein beträchtlich. Mit einem großzügig bemessenen Zuschlag bezahlte ich meinen Kuchenberg und auch die Bestätigung meiner männlichen Ausstrahlung. Dann ging ich zum Schiff, legte mich auf meine Koje und unterzog Herz und Gemüt einer gründlichen Seelenwäsche. Säuberlich machte ich zunächst eine Gliederung. Was war? Was ist? Was sollte werden?

Tja, was war? Es gab da eine ansehnliche Anzahl von Frauen. Teils hatte ich sie, teils hatten sie mich enttäuscht. Die eine einzige aber, die Geliebte, die kein Mann je wieder vergißt, war auf dem Treck nach Westen erschossen worden. Das erfuhr ich, als ich hinter dem Stacheldraht saß. Seitdem will sich da eine Narbe nicht mehr so ganz schließen, und die so notwendige völlige Hingabe bei einer neuen Liebe ist eben nie mehr so unbefangen, wie sie das eigentlich sein müßte.

Und was ist? Es kam das sehr schöne Alter, in dem ich jetzt durchs Leben treibe — voller ehrlicher Freude an schönen Frauen, voller Bewunderung an Gottes schöner Welt, hilfsbereit und brüderlich den Tieren zugetan und fast jeden Tag ein wenig traurig, daß die meisten von ihnen in mir ihren Todfeind sehen, vor dem sie entsetzt durch Farn und Kraut, Buschwerk und Baum, durch Himmel und See flüchten. Es ist schön, mit einer Frau in Liebe vereint zu sein. Es ist aber auch schön, zu wissen, daß man sie lieben kann, aber nicht muß. Das ergibt eine kleine

Überlegenheit, die das gefühlsbetonte Wesen einer Frau niemals begreifen und schon gar nicht verzeihen kann. Ich segle also ohne größere seelische Quälerei und sonderliche physische Entbehrung allein über die blaue See und bin — kleine Ausnahmen gibt's immer — mit meinem Dasein recht zufrieden.

Was aber sollte werden? Wenn ich bestimmen dürfte, möchte ich gern, daß die Weisheit des Alters über mich kommt, daß ich ein gütiger, bescheidener alter Mann werde, den eine Herde Enkelkinder lieb und die Umwelt gern hat. Um das zu erreichen, ist der Weg noch weit und voller Dornen, denen ich zwar gern aus dem Wege gehen würde, die sich aber so geschickt unter den Rosen verborgen halten, daß sie sich mir immer wieder unversehens ins Herz bohren. Da würde beispielsweise Britta gleich kommen, ein junges, schönes, sonnengebräuntes Gesicht, eine schlanke Pagengestalt in geflickten, verblichenen Jeans. Eigentlich wußte ich gar nichts von ihr. Von meinem Verhalten ganz allein würde es also abhängen, ob der Rosendorn mich verletzte.

Das Resultat dieser Seelenwäsche war typisch männlich. Ich schob alle Verantwortung auf Britta und beschloß mein Verhalten einfach auf das ihre einzustellen. Wie ich schon sagte: Man kann sie lieben, aber man muß nicht. Kein besonders schöner Charakterzug.

Dann klopfte ein Holzschuh an Deck. Wenig später erfüllten die finnischen Mädchen meine Kajüte mit ungewohnter Geschäftigkeit. Als Geschenk hatten sie mir eine braune Tonvase mitgebracht, die mit einer großen Dolde violetten und einer kleineren weißen Flieders gefüllt war. Als sie Tassen und Besteck auf dem Tisch geordnet hatten, bemerkte ich staunend, daß die Unterschiedlichkeit meines Geschirrs sogar ganz reizvoll war. Jedenfalls verwandelten sie die in spartanischer Einfachheit gehaltene Behausung eines segelnden Eremiten gekonnt in einen Hort häuslicher Gemütlichkeit. Wir aßen, tranken, und die Mädchen erzählten von den Berufen, die sie bald ausüben würden. Britta war Kunsthistorikerin, Anna Architektin. Dann kam die betrübliche Mitteilung, daß sie am nächsten Tag in aller Herrgottsfrühe aus dem Hafen gehen würden. Anna wollte in Oskarshamn ihren Verlobten treffen, der für zwei Tage dort zu tun hatte. Oskarshamn ist einen Segeltag von Västervik entfernt und liegt im Süden. Mein Kurs aber lief nach Norden. Da war die Trennung also schon da — betrübliches Los der Seefahrer.

,,Wie schön für dich, Anna'', sagte ich, ,,und zu dir kommt niemand, Britta?''

Ich lachte dabei beklommen und so einfältig, daß Britta mich aufmerksam ansah: ,,Möchtest du denn das, Seemann?''

,,Nein!'' erwiderte ich, für einen Mann mit Selbstachtung eigentlich viel zu schnell.

Wir aßen von dem Kuchen. Er schien wirklich finnischen Geschmacks zu sein; ich schloß das aus dem ungenierten Appetit, mit dem die Mädchen sich darüber hermachten. Dann ging Anna, um noch etwas einzukaufen. Ich legte meinen Arm um Britta.

,,Wohin segelst du von hier aus?'' wollte sie wissen. Ich holte die Schärenkarten hervor und zeigte auf das Innenschärenfahrwasser von Arkösund. Britta kannte es, nahm einen Rotstift und machte in einer kleinen Schärenbucht ein Kreuz. Sie wollte, wenn ich warten und Anna damit einverstanden sein würde, auf dem Rückweg da vorbeikommen. Und ob ich warten wollte!

Ich brachte sie zu ihrem Schiff.

Um vier Uhr in der Frühe segelten sie dicht an AZIMUTH vorüber, riefen mich — ,,Ahoi, sailor!'' — an Deck, segelten eine Halse und hielten auf AZIMUTH zu. Anna legte die Hände wie ein Magaphon vor den Mund und schrie:

· ,,See you later in Arkösund! Okay, sailor?''

,,Okay, Anna'', schrie ich zurück, ,,bist ein prima Macker!''

,,Was bin ich?'' wollte sie wissen.

Aber so schnell ist diese Vokabel unseres Küstenlands nicht zu erklären. Anna mußte weitersegeln, ohne zu wissen, was nun eigentlich ein Macker ist. Britta stand an Deck und sah mich an. Dann fuhr sie sich mit dem Anorakärmel erst über die Augen und ein bißchen später unter der Nase entlang. Schnell schwenkte das Segeldreieck um die Schärenkante und ließ mich allein zurück. Ernst standen die dunklen Kiefern und das graue Felsgestein über dem Schärenwasser. Wehklagend schrien die Möwen in den kalten Morgen hinein. So ist das eben mit Seglern — schnell weht sie der Wind auseinander. Trotzdem war ich nicht traurig. Meine Gedanken waren bei dieser seltsamen Seglerin Britta. Die Schärenlandschaft um mich herum war karg und hart, wohl so hart wie Brittas nordische Heimat. Sie aber kam mir vor wie eine helle Birke ihres Landes, die mit flirrendem Blattwerk lichtgrün vor dem Ernst blauschattiger Tannen steht. Ich war glücklich, daß es diese Britta gab und daß sie sich mir freundlich zuneigte — aus was für Gründen auch immer. Zur Zeit segelten sie und Anna achtsam durch den Stangenwald der Außenschären von Västervik und hatten mit Segel, Schot und Fall sicher alle Hände voll zu tun. Ein finnischer Schärenkreuzer hat nämlich keinen Motor. ,,Rasmus, hilf ihnen!'' dachte ich.

Ich fühlte mich einsam. Weil Einhandsegler solche Gefühle eigent-

157

lich gar nicht aufkommen lassen dürfen, suchte ich meinen Freund, den Amerikaner Freddy. Er war mit fünf anderen Seglern aus den Staaten herübergekommen. In Holland hatten sie eine größere Yacht gechartert, um nach Stockholm zu segeln. Leider hatten sie nach Verlassen des Nord-Ostsee-Kanals in Kiel ihr Schiff so gegen einen Duckdalben genagelt, daß die Funken stoben. Dadurch verloren sie vier Tage mit Reparaturarbeiten, die ihnen jetzt fehlten. Die Crew sah sich Stockholm an. Freddy war beim Schiff geblieben.

,,Hello! Schön, dich zu sehen, Ledernacken, komm an Bord'', sagte er. ,,Erzähle, wie die Sache mit deinem Pastor gelaufen ist. Ganz wunderbar, deine Story mit dem Betrunkenen und dem Vertrauensarzt!''

Und schon erzählte er mir eine, wie er sagte, ähnliche Story:

,,Da kommt ein Amerikaner an den See Genezareth. Weil er ans andere Ufer will, fragt er den Fährmann nach seinem Tarif. Fünfzig Dollar, sagt der. Du hast wohl einen Spleen, sagt der Amerikaner, und geht zur Fähre nebenan. Wieviel? fragt er. Fünfzig Dollar, sagt der Fährmann. Viel zu teuer, schimpft der Amerikaner. Mister, sagt der Fährmann, bedenken Sie denn gar nicht, daß dieser See hier seine Geschichte hat? Über den ist Christus zu Fuß gewandelt. Bei euren Preisen kann ich das gut verstehen, sagt der Amerikaner''.

Freddy wollte wissen, ob mein Pastor auch da noch mitgelacht hätte. Wie ich ihn einschätzte, hätte ihn sein Beruf sicher gezwungen, aus Prestigegründen die Stirn ein bißchen zu runzeln. Innerlich aber hätte er bestimmt so sehr gelacht, daß ihm der Bauch wehgetan hätte. Diese Pastöre sind schließlich auch ganz normale Menschen.

,,Then let's have a drink together'', lud Freddy mich ein.

Wir tranken ein Glas zusammen und erzählten uns was. Dann gaben wir uns abschiednehmend die Hand. Ich war wie vom Donner gerührt, als der Amerikaner dabei zu mir sagte:

,,Wessel, old sailor, mach keine traurigen Augen. Meistens sind sie das gar nicht wert, diese Brittas und Janes und Marys und Mathildas. Steck deinen Stelzfuß in das dafür an Deck gebohrte Loch, damit dich keine See über die Reling wäscht, schieb die Binde über das ausgeschossene Piratenauge, blick mit dem anderen nach den Horizonten und segele dem Teufel den halben Hintern weg. Have a good time, Wessel!''

,,Same to you, Freund Freddy!'' verabschiedete ich mich und ging, um auch mein Schiff für den nächsten Tag klarzumachen.

VII

Herr einer kleinen Schäre — Der Kampf mit den Vögeln —
Brutgeschäft und Kinderstube von Zwergseeschwalben —
Ein toller Hecht — Liebenswerte Störenfriede —
Wie ich zu einem Siamesen kam — John Steinbeck über die
Finnenfrauen — Pit auf Abwegen — Reinschiff und was
man dabei entdecken kann — Erinnerungsbrei —
Abschied vom Heckenrosenbusch

Um drei Uhr segelte ich in einen kalten, klaren Morgen hinaus, schlug mich durch den Stangenwald der Seezeichen und lief vor einer freundlichen kleinen Morgenbrise nach Norden, der Stelle entgegen, die Britta in der Seekarte mit einem roten Kreuzchen versehen hatte. Am Tage segelte ich draußen auf See, des Abends lief ich in die Schären, ankerte, wo es mir am besten gefiel, schlief tief und gesund und war wieder ein zufriedener Segler.

Am Abend des zweiten Tages fand ich die Bucht. Sie war nicht so schön wie eine kleine Schäre, die etwa hundert Meter weiter lag. Da ließ ich den Heckanker fallen, pumpte mein Gummiboot auf, ruderte an Land, machte die Vorleine an einer Birke fest und nahm damit mein Inselchen in Besitz.

Das tat ich vorsichtig und sehr behutsam, denn es ist nun einmal so, daß jedes Stück Erde schon einen oder mehrere Besitzer hat, die sehr viel ältere Anrechte darauf haben als der soeben Dazugekommene, der sich sofort daranmacht, in unachtsamer menschlicher Manier den Vogel vom Nest zu jagen, den blauschimmernden Laufkäfer unter seinem Tritt zu zermalmen und das fleißige Volk der Ameisen in angstvolle, besorgte Geschäftigkeit zu versetzen. Gar nicht zu reden von den stumm und geduldig leidenden Pflanzenfamilien, deren Blüten, Dolden, Rispen, Ähren, Halme und Stengel tödlich verwundet zu Boden sinken, weil sie

159

nicht fliehen können, wenn Bordschuhe oder Gummistiefel ihnen das Leben nehmen. Da liegt er nun zerquetscht unter dem Absatz, der kleine Löwenzahn. Eben war er noch eine winzige goldene Sonne im grünen Wiesengras und hat sein Blumengesicht seiner großen Schwester im Himmelsblau entgegengehalten. Er hat Gefühle, und der ist einfach ein Narr, der sie ihm absprechen wollte.

Man braucht sich doch nur einmal eine ganz gewöhnliche Wiese vor Sonnenaufgang anzusehen. Sie ist grün und voller Tau. Aber dann kommt sie, die Wärmespenderin und Lebenserhalterin, die Sonne, und ist für den kleinen Löwenzahn und auch für mich gleichermaßen lebensnotwendig. Staunend nehme ich wahr, daß die grüne, taunasse Wiese langsam beginnt, golden aufzuleuchten. Das kommt daher, daß alle kleinen Löwenzähne ihre Blütenkelche öffnen und ihre Gesichter der Sonne zudrehen, deren Licht und Wärme sie so notwendig brauchen. Da gibt es für mich überhaupt keinen Zweifel, daß sie die gleiche Behaglichkeit empfinden wie meine Haut, wenn die Sonne sie nach kühler Nacht zu wärmen beginnt. Ich bedachte also allerlei, ehe ich mich zum Herrn der kleinen Schäre machte. Schließlich wollte ich hier mindestens eine Woche bleiben und dabei so wenig Unheil wie möglich anrichten. Eine gewisse Schärenerfahrung besaß ich ohnedies, weil ich schon einmal für kurze Zeit im Stockholmer Schärengarten gewesen war. Die bitterste Erfahrung waren damals die Mücken, die sich aus den Büschen und Gräsern erhoben und uns die Nächte zur Hölle machten. Ich hatte daraus gelernt, daß kleine Buchten, wie Britta sie mir empfohlen hatte, zwar wunderhübsch sind, aber bei den Mücken mindestens den gleichen Enthusiasmus auslösen wie bei den Seglern. Das war letztlich der Grund, weswegen ich diesmal mein Boot hundert Meter näher an die offene See vor Anker gelegt hatte. Da lagen nur zwei unbewachsene, felsige Schärenrücken vor mir, die den Seegang draußen-, den leichten Seewind aber hereinließen. Ich kenne die Moskitos und ihre finsteren Absichten, mir Löcher ins Fell zu fräsen nur zu gut und weiß daher, daß ihr blutdürstiger Charakter eine entscheidende Schwäche aufweist, und das ist ihre geradezu zimperliche Empfindlichkeit gegen Zugwind. Natürlich gibt es auch da Ausnahmen, und in ihren Reihen befinden sich erfinderische Subjekte, die es zu einer gewissen Vollendung gebracht haben, sich irgendwie im Windschatten heranzupirschen, um dem unglücklichen Schläfer ihren Speer bis zum Heft ins Aderwerk zu rammen.

Ein schwedischer Segler hatte mir ein Moskitospray empfohlen, das mir allerhöchste Achtung abnötigte. Als ich es ausprobierte, ließ ich das Schiebeluk eine Handbreit offen und legte mich — den Finger am Abzughahn — auf die Lauer. Mit singenden Motoren kam denn auch bald ein kohlrabenschwarzer Moskitotiger herangeschwebt. Den Rüssel spitz und lang ausgefahren, hielt er geradewegs auf mich zu. Ich löste aus und schoß ihm direkt vor den Bug. Entsetzt stieg er steil nach oben, zog Fahrwerk und Speer ein und ging auf die Matte — vermutlich noch mit dem letzten Atemzug die moderne Chemie verfluchend. Allerdings hatte dieses Spray auch gewisse Nachteile. Es war so stark, daß man nach seiner Anwendung etwa eine halbe Stunde husten mußte und niemals ganz genau wußte, ob man aus Müdigkeit eingeschlafen war oder ob eine Art Ohnmacht den ermatteten Segler lange Zeit umfangenhielt.

Von außen und flüchtig besehen war meine Schäre etwa 60 Meter lang und 40 Meter breit. Ihr höchster Punkt mochte wohl acht Meter über dem Meeresspiegel liegen. Da hinauf — zu einem von Seewind, Sand und Regen kahlgescheuerten Granitrücken — führte ein schmaler

Geröllpfad. Meine kleine Insel war ein wenig bewaldet. Eine ziemlich große Birke stand dicht vor meinem Boot, hatte aber eine ganze Menge kleinerer Schwestern, die sich über die Schäre verteilten und mir mit ihren schwarzweißen Röckchen und dem zierlichen Laubwerk wie eine Schar kleiner, frischgewaschener Mädchen vorkamen. Viele von ihnen hatten smaragdgrünes Moos zu ihren Füßen. Darauf saßen gelb-schwarz gestreifte Schwebefliegen und leuchtend blaue Libellen. Nicht genug damit, mittendrin stand ein knallroter Fliegenpilz, der es sich seiner Giftigkeit wegen leisten konnte, mit seiner auffallenden Farbe so zu prahlen. Zur kleinsten Birke hatte sich eine blaue Glockenblume gesellt, die ihr Glöckchen lautlos im warmen Sommerwind hin und her schwingen ließ.

Dann gab's da noch einen Wacholderbaum, einiges Haselnußgesträuch und zwei Latschenkiefern. Die hatten sich am weitesten zur Felsenklippe heraufgearbeitet, alle Stürme in Kauf genommen und für ihren Wagemut mit Knorrigkeit und einer gewissen Verkrüppelung bezahlt. Ihr Nadelkleid war grünblau und paßte sich in erstaunlicher Schönheit dem Hintergrund der silbergrauen harten Flechten und Moose auf der windabgewandten Seite des Granitrückens an. Diese Leeseite war mit Heidelbeerkraut und einigen niedrigen Farngewächsen bedeckt.

Zu meinem Erstaunen stand Schilf am Uferrand. Wenige hundert Meter entfernt lag die See, und die ließ mit ihrem Salzgehalt normalerweise nicht zu, daß sich Schilf zu einer immerhin so beträchtlichen Höhe entwickeln konnte. Aber das kommt daher, daß die Zuläufe der Bäche, Flüsse und auch das Wasser der Schneeschmelze den Salzgehalt in den Schären herabsetzen, so daß Brackwasser entsteht. In dem können nicht nur Schilfgewächse, sondern, was für meinen Speisezettel nicht unwichtig war, auch Süßwasserfische nach einiger Anpassung gut existieren. Wundervolle Hechte gab es hier, denen ich mit Spleißstock und Blinker demnächst zu Leibe rücken würde. Den letzten Außenposten möglicher Vegetation hatte sich oben auf der Klippe ein hartes gelbes Dünengrasbüschel erobert, das versalzen und sturmzerzaust ums Leben rang.

Als ich so weit hochgekommen war, daß ich gerade über den Felsgrat zur Seeseite herübersehen konnte, trat das ein, worauf ich eigentlich schon gewartet hatte. Tobend vor Zorn meldete sich mit viel älteren Anrechten der eigentliche Besitzer dieser Schäre. Piet-wriet-gräet schrie in kreischender Erregtheit eine Zwergseeschwalbe und stieß mit pfeifendem Schwingenschlag nach meinen Augen. Entsetzt schlug ich die Hände vors Gesicht. Der empörte, schreiende silberne Flieger überflog mich so dicht, daß ich den Windzug seiner schmalen Schwingen im Gesicht verspürte. Der Grund seines Zornes war unschwer zu erraten. Vermutlich hatte diese Schwalbe ihr Gelege in der Nähe. Zuzeiten von Brut und Aufzucht jedoch stellen Vogeleltern das Leben ihrer Kinder weit vor ihr eigenes. Was sollte ich tun? Die Schäre verlassen? Auf der nächsten würde irgendjemand anderes sein, dem meine Anwesenheit nicht paßte.

Mir fiel — das ist eben auch ein Vorteil des Alters, daß man auf vielerlei Erfahrungen zurückgreifen kann — eine ähnliche Situation ein, die sich an einem steinigen Strand an der Ostsee in der Nähe von Schleimünde zugetragen hatte. Da war in gleicher zorniger Manier eine Flußseeschwalbe über mich hergefallen. Als ich damals zu Boden sah, war mein Stiefel wenige Zentimeter vom Gelege des Schwälbchens entfernt. Ich trat, zornig attackiert und übel schreiend beschimpft, den sofortigen Rückzug an, setzte mich etwa hundert Meter entfernt in den Sand und stellte erstaunt fest, daß dieses der Fluchtabstand war, den der Vogel für notwendig hielt, um jegliche Gefahr abgewendet zu sehen. Es fiel mir auf, daß die Seeschwalbe keinerlei Notiz von einem großen Pappkarton nahm, der unmittelbar vor ihrem Gelege lag. Ferner schwabberte ein alter Benzinkanister in der leichten Dünung umher und mußte doch eigentlich für den Vogel vernehmbare kratzende und mahlende Geräusche von sich geben. (Damals wurde den Stewards und Maschinisten noch nicht auf die Pfoten geklopft, wenn sie mit Pappkartons und Ölfässern die Umwelt besudelten.)

Nee, nee, die kleine Schwalbe mußte zusehen, wie sie mit mir auskam. Ich ging ein Stückchen zurück und setzte mich auf einen Stein, ließ gleichmütig die Schimpfkanonade über mich ergehen und stellte zufrieden fest, daß die Attacken an Heftigkeit verloren. Nach einer Weile ging ich zu AZIMUTH hinunter. Zunächst kam die kleine Schwalbe alle Augenblicke nachgucken, ob ich mich gesittet aufführte und gewillt war, Frieden auf unserer Insel zu halten. Das war ich nun ganz gewiß. Aber der Ölkanister und der Pappkarton gingen mir nicht aus dem Kopf. Einer meiner vielen Nachteile ist, meine Nase voller Neugier in die Angelegenheiten der Natur hineinzustecken und mehr wissen zu wollen, als mir eigentlich zusteht. Zu oft hatte ich schon in Tierschutzkalendern geblättert und mich staunend gefragt, wie es möglich ist, Tiere so dicht vor die Kamera zu bekommen, daß jede Einzelheit an ihnen haarscharf zu erkennen ist. Es war zu spät. Der Funke, der sich da soeben in mir entzündet hatte, würde zum lodernden Brand aufflammen. Da lag eine wunderbare Gelegenheit vor mir, den Schleier, den die Natur so geheimnisvoll über das Verhalten ihrer Geschöpfe breitet, ein ganz klein wenig anzuheben und vorsichtig dahinterzuschauen, um vielleicht dem Ursprung der Dinge ein wenig näherzukommen. Ich holte meine Spiegelreflexkamera und ein 135er Objektiv hervor, kroch aufs Kajütdach und stellte auf die achterliche Belegklampe an Backbord ein. Sie ist silberhell und hat etwa Größe und Farbe einer Zwergseeschwalbe. Haarscharf mit allen Kratzern und einem kleinen Teerfleck stand sie im Objektiv. Die Entfernung betrug etwa drei Meter. Bei einer so geringen Entfernung aber waren, um ansehnliche Fotos zu erhalten, Sonnenstand und damit Lichteinfallswinkel sehr genau zu berücksichtigen. Außerdem würde die zierliche Quecksilbrigkeit meiner Fotomodelle die sehr kurze Belichtungszeit von 1/250 Sekunde erfordern, es sei denn, sie hätten ein Gelege oder gar schon Junge, dann war alles bedeutend einfacher. Das Allerwichtigste aber war, daß weder die Vogeleltern noch ihre Piepmätze beunruhigt werden durften.

Trotz allen Nachdenkens übersah ich keineswegs die durch das Himmelblau schießenden schwarzen Anker der Mauersegler, überhörte auch den Kuckuck nicht, der von einer Nachbarschäre zu mir herüberrief und der, wie ich ahnte, von meiner Anwesenheit ebenfalls nicht sonderlich begeistert war. Hinter mir schlug ein jagender Hecht von der felsigen Klippenkante. Das sind Augenblicke, in denen mich ein tiefes Glück darüber überkommt, gleichzeitig Segler, Fischer, Jäger und allein zu sein.

Ich hatte damit zu tun, alles in meinem Gedächtnis abzurufen, was ich über Seeschwalben wußte. Allzuviel war das nicht, aber immerhin fielen mir allmählich Einzelheiten aus Büchern und Kulturfilmen ein. Da bauten die Kameramänner einfach eine primitive Hütte an den Strand, setzten sich hinein und filmten aus nächster Nähe Säbelschnäbler, Austernfischer, Strandläufer und Möwen. Doch noch war mir nicht bekannt, ob und wo mein Zwergseeschwälbchen sein Gelege hatte. Das galt es zunächst festzustellen.

Ich bestieg meinen Gummikreuzer. Er ist aus Sicherheitsgründen von grellroter Farbe, damit mich im Seenotfall jedermann auch ja findet, wenn er zufällig meinen Unfallort passieren sollte. Diese Farbe war hier im Schärengürtel jedoch völlig deplaciert, denn Amsel, Drossel, Fink und Meise erhoben ein wildes Gezeter, als sie dieses geschmacklosen, schreienden Anstrichs ansichtig wurden. Sofort war die Zwergseeschwalbe da, um auch ihrerseits den Herd der Unruhe zu besichtigen und in die Haßgesänge mit einzustimmen. Ich umrundete meine und auch noch die nächste Insel und suchte mir einen Platz, von dem aus ich die Vorderseite meiner Schäre einsehen konnte. Keine zwei Minuten, und ich hatte die Schwalbe im Glas, und nicht nur sie. Da gab es noch eine zweite. Sie saß brütend dicht vor einem großen Felsstück in weißem, mit Geröll vermischtem Seesand. Mir genügte das, und zufrieden ruderte ich zum Boot zurück und machte mich an die Arbeit, wobei ich ehrlicherweise zugeben muß, daß mir solche Art von Arbeit ungleich mehr Interesse abnötigt, als das die Aktenberge auf meinem Schreibtisch je vermochten.

Ich kramte einen saharagelben Segelsack hervor, stopfte eine genauso gefärbte große Persenning hinein und steckte einige Segellatten nach. Dann kletterte ich zum höchsten Punkt meiner Schäre hoch und legte den Segelsack dort ab. Sofort war der Teufel los. Die wunderhübschen, schneeweißen Flieger jagten mich unter gellendem Gezeter in die Flucht. Dann ließen sie ihren Zorn an dem Segelsack aus, der reglos und stumm da oben auf der Klippe lag. Zuerst taten das — ein verträgliches Ehepaar — beide, dann setzte nur noch einer die Attacken fort. So mutig ihre Kampfesmethode auch war, einiges daran gefiel mir wenig. Das waren nämlich die weißen Flecken, die sie zielsicher auf den Sack zu setzen wußten. Sie sahen zwar recht attraktiv und kontrastreich aus, würden sich aber kaum je wieder völlig beseitigen lassen. Was es mit der beißenden Schärfe von Möwendreck auf sich hat, wußte ich nur zu gut.

Der Segelsack war weiter nichts als die Nachäffung des Pappkartons und des Ölkanisters am Strande von Schleimünde. Es verging noch nicht einmal eine Stunde, und er gehörte für die Seeschwalben so selbstverständlich zum Erscheinungsbild unserer Schäre wie Fels, Baum und AZIMUTH. Sie beachteten ihn nicht mehr. Ich als Mensch war der einzige, dem sie nicht über den Weg trauten und das auch nie tun würden.

Am Spätnachmittag überkletterte ich die Felsklippe und baute in wenigen Augenblicken aus Persenning und Segellatten ein kleines Zelt über einem geräumigen Felsspalt — das Gelege mit zwei Eiern lag drei Meter schräg unter mir. Ein gewaltiges Geschrei setzte ein. Meine kleine Felskammer war sehr gemütlich und immerhin so groß, daß man darin nicht nur zusammengekrümmt kauern, sondern sogar liegen konnte. Zufrieden hockte ich nun da und stellte erstaunt fest, daß das Geschrei sehr bald nachließ. Wenn eine Seeschwalbe oder Möwe die Gefahr nicht mehr sieht, ist sie für sie auch nicht mehr vorhanden.

Eine Stunde blieb ich im Versteck, schnitt mit aller Vorsicht einen schmalen Schlitz in die Vorderseite der Persenning und steckte da einen Schäkel hinein, der die Leinwand auseinanderhielt und außerdem so wie das Objektiv einer Kamera aussehen sollte. Als ich das tat, sah ich, daß keine Schwalbe brütend auf dem Gelege saß.

Unter haßerfülltem Geschrei ging ich zu meinem Schiff zurück. Schnell kehrten Frieden und Ruhe in unsere Schärenlandschaft zurück. Der Abendwind spielte im Birkenlaub, eine Wildentenmutter mit einer Schar entzückender, quicklebendiger Kinderchen kam um die Schärenkante gepaddelt und hielt mit warnendem Kehllaut ihren Nachwuchs von einer allzu nahen Besichtigung von AZIMUTH ab. Später kam groß, rot und rund der Vollmond über die Kiefern der benachbarten Schäre. Zirpend jagte eine Fledermaus im Abendhimmel. Mit heiserem Schrei zog hoch über mir ein Nachtreiher der See zu.

Ich schlief diese Nacht miserabel, weil ich mir Sorgen um die Zwergseeschwalben machte. Natürlich weiß ich, daß zur Zeit von Brut und Aufzucht bei den Gefiederten Instinkte ausgelöst werden, die den Vogel unter Hintanstellung seiner Sicherheit zum Gelege oder zu den Jungen treiben. Daher die haarscharfen Aufnahmen in den Kalendern. Mir lag sehr viel daran, in Brutgeschäft und Kinderstube der zierlichen Schwalben einen tiefen Einblick zu tun, mir lag aber gar nichts daran, sie vom Gelege zu vertreiben. Also beschloß ich, am nächsten Morgen in das Versteck zu gehen. Um neun Uhr sollte das sein. Zu diesem Zeitpunkt war die Sonne schon so hoch und warm, daß den Eiern nichts passieren konnte, wenn ein Altvogel sie aus Angst nicht bebrüten sollte, Genau eine halbe Stunde wollte ich im Zelt bleiben. Es konnte dann kein Schaden entstehen. Ich gebe zu, daß ich in eigenem Interesse bedacht hatte, daß die Sonne zu diesem Zeitpunkt für gestochen scharfe Aufnahmen den günstigsten Einfallswinkel haben würde.

So machte ich das auch. Ein Riesenspektakel setzte ein, als ich ins Zelt kroch, den Schäkel durch das Objektiv ersetzte und die Kamera in ein Stativ klemmte, in dem sie fest wie in einem Schraubstock saß. Ich stellte, für die Schwalben nunmehr unsichtbar, scharf auf das Gelege ein. Das dauerte keine Minute. Hell, mit feinem dunklem Geäder lagen die beiden Eier im Objektiv. Bildschöne kleine Porzellankunstwerke. Die kunstvolle Behausung künftiger kleiner Seeschwälbchen. Draußen war es jetzt totenstill. Durch den Einblickstutzen starrte ich auf die primitive Mulde im Sand, in der die Eier lagen. Da fiel ein Schatten aufs Gelege. Mit eigentümlich wackelndem Gang kam eine Seeschwalbe zu den Eiern und ließ sich sofort darauf nieder. Vor Glück stockte mir der Atem. Welch bildschöner Vogel saß da vor mir. Der lange gelbe Schnabel hatte eine schwarze Spitze. Das Köpfchen mit den schwarzen, glänzenden Augen ging aufmerksam beobachtend hin und her und trug hinter einem weißen Stirnstreifen eine bis ins Genick reichende, schwarze Kopfplatte. Die Oberseite des Gefieders war zartgrau, die Unterseite von schneeigem Weiß. Der aufgerichtete Gabelschwanz, der den etwa drosselgroßen Vogel größer erscheinen ließ, als er in Wirklichkeit war, hatte als Einfassung eine elegante schwarze Borte. Ich war von soviel quecksilbriger Schönheit so gefangen, daß ich an mancherlei dachte, nur nicht ans Auslösen. Mit dem langen Schnabel nahm er unentwegt kleine Steinchen auf, die er unter sein Gefieder schob. Es bildete sich dort ein niedriger Ringwall, der aber wohl genügen mochte, den Seewind von den Eiern fernzuhalten. Als er sich ein wenig erhob, um die Eier in eine ihm vermutlich günstiger erscheinende andere Lage zu bringen, war ich gezwungen, mein Objektiv ein bißchen schräger zu stellen. Die Schwalbe bemerkte das sofort, sah zum Objektiv hoch und dachte gar nicht daran, wegen solcher Bagatellen ihre Nistmulde zu verlassen. Ich war aus tiefstem Herzen glücklich.

Als ich auslöste, zeigte die standhafte Brüterin keinerlei Reaktion. Pit — wriet — Gräet schrie es da über mir. Mit leise quarrenden Tönen kam die zweite Seeschwalbe auf ihren Schwimmfüßen zur Ablösung auf das Gelege zugewackelt. Die brütende Schwalbe wollte sich nicht erheben. Da stieß die Ablösung sie sanft mit der Brust an. Sie erhob sich sichtlich unwillig und schoß dann hell schreiend der See zu. Die Sonne stieg, und voller Mitleid bemerkte ich, wie das brütende Vögelchen mit hechelnd geöffnetem Schnabel und pumpenden Flanken da saß. Plötzlich war es mit wuchtelndem Flügelschlag weg. Ich steckte vorsichtig den Kopf seitlich aus dem Versteck und sah, wie es eine Krähe auf den Trab brachte, die für seinen Geschmack vermutlich zu dicht das Gelege überflogen hatte. Erstaunt war ich, daß es wenig später gegen den Besuch eines Halsbandregenpfeifers nichts einzuwenden hatte. Dieser hübsche kleine Vogel kam in der ihm eigentümlichen waagerechten Körperhaltung mit unwahrscheinlich schnell wirbelnden Beinen herangelaufen und durfte unbehelligt neben der Seeschwalbe stehen und sie unverwandt betrachten.

Die Sonne heizte mir jetzt gehörig ein in meinem Felswinkel. Schweißüberströmt und nach einem kühlen Trunk japsend, machte ich mich unter Zurücklassung meines Fotogeräts an einen von Spektakel und Schwingenschlag begleiteten Rückzug. Das sind so Fälle, in denen der Gerstensaft besonders lieblich durch die Kehle rinnt. Draußen aber, in der Mittagshitze, saß mit geöffnetem Schnabel ein hechelnder Vogel auf seinen kostbaren Eiern und ertrug um seiner Kinder willen ohne Murren Durst, Hitze und solche menschlichen Störenfriede wie mich.

Solchen Gedanken nachhängend, beschloß ich, das Zelt über dem Felsspalt heute und morgen nicht mehr zu besuchen und mich lieber den Hechten zuzuwenden. Goldbraun gebraten, mit ein wenig Zitronensaft und einem majonäsereichen Dressing am Kartoffelsalat würden sie ein rechter Gaumenkitzel sein. Noch standen sie jedoch regungslos, nur den langen, schmalen Räuberschädel ein wenig aus dem Schilf heraussteckend, in der glasklaren, grünen Tiefe. Von da bis zum olivenölbedeckten Boden meiner Bratpfanne aber war es ein weiter Weg. Diesen begann ich unverzüglich zu beschreiten. Zunächst schöpfte ich meinen Kochtopf voll Wasser. In diesen Schärengebieten hat der liebe Gott zwischen Daumen und Zeigefinger soviel Salz ins Wasser gestreut, wie man es zur Fabrikation von Pellkartoffeln selber kaum bessermachen könnte. Der Topf kam auf den Primus. Ich habe einen, der für einen tröstlichen Zuspruch stets aufgeschlossen ist und darüber hinaus gern noch sanft mit der Düsennadel gekitzelt werden will. Nach diesen Präliminarien beginnt er dann dankbar und zuverlässig seine gemütliche Faucherei. Aus den Pellkartoffeln würde ein Kartoffelsalat entstehen, so recht geeignet, einem jungen Hecht als begehrenswerte Unterlage zu dienen. Wenn das aber wider Erwarten nicht klappen sollte, konnte ich den Hecht spielend durch goldgelbe Speckspiegeleier ersetzen. Wenn man Kartoffelsalat hat, bieten sich mannigfaltige Variationsmöglichkeiten an.

Nachdem ich dieser Sache also zu einem guten Anfang verholfen hatte, wandte ich mich meinem Hechtgeschirr zu. Da war zunächst eine zusammenschraubbare Stahlrute. Vor mehr als vierzig Jahren hatte sie mir ein alter Waffenmeister meines Regiments geschenkt. Zu dieser Zeit lief die Schnur noch in echten Achatringen. Inzwischen hat der Zahn der Zeit stark an ihr genagt. Vierzig Jahre sind eben eine lange Zeit. Beide haben wir vieler Herren Länder gesehen und befischt. Recht besehen ist die Rute, weil sie in Krieg und Frieden immer in meiner Nähe war, das letzte Überbleibsel einer einst ziemlich umfangreichen Habe, die im Osten zurückgeblieben ist. Ein bißchen gerührt halte ich diesen alten Stahlstock oft in der Hand, dessen einst so elegante Außenhaut nun voller Schrunden und Ätzflecken ist und der von seiner federnden Elastizität doch nichts verloren hat. Unter den modernen Glasfiberruten nimmt er sich aus wie ein schlicht gewandeter pommerscher Dorfschullehrer im Konferenzsaal eines neuzeitlichen Gymnasiums. Aber wo wir beide fischen, gibt es weit und breit kein Glasfiber.

Diesem alten Kämpen also schraubte ich eine wundervolle Mitchellrolle in die Halterung, sprühte ihr noch einen Hauch Kriechöl ins empfindliche Federwerk, setzte die Spule mit 100 Meter im Wasser kaum sichtbarer synthetischer 35er Schnur ein und krönte das Ganze mit einem bildhübschen bunten Bleikopflöffelblinker. Den Hechten würde das Wasser im Munde zusammenlaufen.

Von der Backskiste aus pfefferte ich einen weiten Probewurf in die Landschaft und sah mit Genugtuung, wie mein scheinheiliges Metallfischchen mit dem haarscharfen Drilling am Schwanzende wieder auf mich zugetaumelt kam. Alles war wunderschön. Die Kartoffeln blubberten vor sich hin, schmal und schnell kam ein Sperber um die Nachbarschäre geschwenkt, es roch nach Birkenlaub, Schilf, Kiefernharz und trockenem Moos auf sonnenheißem Gestein. Leise wehte der Seewind zu uns hinein, gerade so stark, daß das krause, grüne Gelock der Birkenfräulein zitternd angerührt wurde. Erdhummeln brummten, blauschimmernde Wasserjungfern jagten einander, liebten sich, behielten ihre Umarmung bei und traten in verliebter Vereinigung unverzüglich ihre Hochzeitsreise an. Inmitten all dieser Herrlichkeiten pellte ich meine Kartoffeln, schnitt hauchdünne Zwiebelscheibchen, dünstete sie in winzigen Speckstückchen und verfertigte mit Hilfe von Majonäse, Säure und Gewürzen einen Kartoffelsalat, wie das nur eine rechtschaffene Bäuerin fertigbringt. Eine solche war meine Großmutter. Jetzt blickte sie sicher gerührt auf ihren weißhaarigen Enkel herunter und murmelte wie einstens vor sich hin: ,,Junge, vermalheur bloß nicht mal mit deinem Segelkahn!''

Wie eine Braut in weißes Linnen verpackt, kam die Schüssel mit dem Kartoffelsalat in die kühle Bilge. Hier war allen Ingredienzen Gelegenheit gegeben, sich miteinander zu vereinigen, Duft und Würze voll zu entfalten und als Endprodukt einen Salat zu zeitigen, wie ihn nur noch wenige alte Dorfgasthäuser im Angebot haben. Zwei feingewürfelte hartgekochte Eier lagen als letzte Beigabe abwartend daneben.

Ich packte Rute, Eimer, Angelkasten, Unterfangnetz und schließlich noch die Handspake in den Gummikreuzer. Diese Handspake ist eins der unangenehmsten Geräte an Bord, weil es zwar ausschließlich dazu bestimmt ist, die Leiden meiner Opfer zu verkürzen, aber sie letztlich doch tötet. Dann bestieg ich ohne Verzug das Boot und ruderte geräuscharm, mit aller gebotenen Vorsicht einem ziemlich langen, schmalen Schilfstreifen zu. An dessen Ende hob ich den Kreuzer auf einen Felsabsatz und stellte mich daneben. Es war später Nachmittag, voller Sonnenschein, Insektengesumm und dem allmählich einsetzenden Abendgesang der Vögel. Hier und da spielte eine rauchzarte Mückensäule über den hellgrünen Schilfspeeren.

Weit hinaus flog der erste Wurf. Plopp — tauchte das Blinkerchen ins klare Wasser. Klack — sprang der Schnurfangbügel vor. Systematisch fischte ich die Schilfkante ab. Wurf auf Wurf. Zweimal — fünfmal — zehnmal. Hinter mir rief der Schärenkuckuck. Jeder Kuckuck neigt dazu, hinter seinen hübschen Kuckucksruf ein sehr viel leiseres Gelächter zu setzen. So etwa: kuckuck — kuckuck — hä — hä — hä. Auf mich bezogen, tat das dumme Tier dies viel zu oft und, wie mir schien, auch eine Spur zu höhnisch. Aber da! Da war er. Der erste Biß. Mir saust dann immer ein heißer, elektrischer Schlag vom Zehennagel zum dürftigen Haargelock. Ich haute an. Meine Rute und ich kennen uns ganz gut. An ihrem Spannungsbogen und ihrer Vibration kann ich Gewicht und Kampfvermögen des Fisches ablesen. Hier hatten wir es mit einem zitternden Schlappschwanz zu tun, der sich sofort in sein Schicksal ergab und sich willig aus dem Wasser heben ließ. Es war ein kleiner, nicht ganz halbpfündiger Barsch, dem ich ernst ins Antlitz sah und den ich zu künftiger Vorsicht ermahnte, ehe ich ihn zurück ins Wasser warf. Ich war heilfroh, denn bekanntlich gebe ich dem ersten Fisch ohnedies die Freiheit zurück. Eingedenk des Kartoffelsalats wäre ich bei einem stärkeren Hecht diesem Vorsatz nämlich untreu geworden. Hä — hä — hä lachte dieser dämliche Kuckuck hinter mir.

Plopp — klack. Plopp — klack ging's weiter. Viele Male. Da! Aber jetzt! Elegant wie ein Florett bog sich die Rute nach dem Anhieb zur Wasserfläche herunter. Ich brachte die Schnur auf volle Spannung. Ein Dreipfünder, schätzte ich und leckte mir die Lippen. Bei diesen Gewichten mache ich keine besonderen Umstände. Ich hielt ihn stramm auf Zug. Aber hier war ich an eine Kämpfernatur geraten. Meine Sorge, daß er ins Schilf gehen könnte, war unbegründet und auch nicht durchdacht. Das Schilf steht hier dicht an Land im ziemlich flachen Wasser. In den Schären steigt der Grund oft aus felsiger Zwanzigmetertiefe steil zum Ufer hin an. Mein Hecht aber wollte ins Tiefe. Er begriff sehr schnell, daß er dem Zug, der ihn da so unaufhaltsam nach oben dirigierte, nicht gewachsen war. Also gab er ihm nach, schoß nach oben und schnellte sich schwanzschlagend hoch aus dem Wasser. Ich hörte dabei den Blinker gegen seinen langen Kiefer klappern — er saß fest und sicher im Winkel des Hechtrachens.

Ich wollte den Fisch zwar gern essen, aber ganz sicher nicht quälen. Deshalb hielt ich die Schnur, die gewichtigeren Burschen spielend gewachsen war, auf höchster Spannung. Das ging erheblich über seine Kraft. Ermattet drehte er bald seinen weißen Bauch nach oben und ergab sich in sein Schicksal, das ja leider die Handspake ist. Da lag er nun grünsilbern glänzend — ein schmaler, eleganter Torpedo — in meiner Hand und starb seinen zitternden Tod. Ich war mir plötzlich nicht mehr so sicher, ob Spiegeleier auf meinem Salat nicht doch angenehmer ausgesehen hätten, als dieser hübsche, wilde Räuber das nun tun würde. Der Kuckuck hinter mir schwieg. Aber keine Sentimentalitäten. Wo käme ich hin, wenn ich bei jeder Hähnchenkeule an das bunte Federkleid und die lächerlichen ersten Krähversuche denken wollte? Ich ruderte eilends nach Hause. Das heißt zu AZIMUTH. Beides ist für mich gleichbedeutend. Dort machte ich meinen Hecht bratfertig. Aber erst gegen Mitternacht konnte er die rechte Pfannenreife haben. Zwar hatte das ein erheblich verspätetes Abendbrot zur Folge, doch wen auf der Welt gab es denn eigentlich, der mir meine Abendbrotzeit hätte vorschreiben können? Vorsichtshalber und weil ich nun mal kein Asket bin, aß ich vorher eine große Schwarzbrotstulle, bestrichen mit Butter und belegt mit Kartoffelsalat. In der Bilge lag kühl und frisch ein Fläschchen Wodka. Davon zwei Gläschen auf das dunkle Brot gesetzt, gaben mir allerlei Selbstsicherheit.

Als es dämmrig wurde — Nacht wird es um diese Jahreszeit hier sowieso nicht —, heißte ich die finnische Landesflagge unter der Steuerbordsaling vor und die Ankerlaterne am Fockfall zum Masttopp hoch. Der Mond kam über die felsigen Grate der Schären; da fühlte ich mich doch sehr einsam. Es war eine schmerzliche Einsamkeit, richtiger: Verlassenheit. Dieses Verlassenheitsgefühl ist die in uns verbliebene uralte Angst vor der Nacht, die seit Jahrtausenden alle Tiergeschlechter überkommt, wenn sie die Gefahren der Dunkelheit auf die Bäume treiben, von wo sie angsterfüllt nach unten lauschen, wenn der schwarz-gelb gestreifte Tod auf leiser Brante mit phosphoreszierenden Sehern umgeht. In meinem Falle war es Britta, die dieses Verlassenheitsgefühl in mir auslöste. Aber der Mensch ist ein eigentümliches Wesen. Als um Mitternacht mein Hecht buttertriefend auf seinem Salatbett lag und ich mich hungrig über ihn hermachte, war alle Herzensnot vergessen. Ich sah noch einmal nach der Petroleumfunzel hoch im Mast und schliefte dann — ein alter, satter Fuchs — zufrieden zu Baue.

Als der Morgen graute, erwachte ich erschrocken aus tiefstem Schlaf. Irgend etwas stimmte da nicht. Jedenfalls war nicht alles so, wie es sein sollte. Aber gar nichts war passiert. Es regnete. ,,Warum sollte es nicht mal regnen'', das war alles, was ich dachte. Da hatte es vermutlich weit drin im Land ein Gewitter gegeben, und nun wusch eine versprengte Regenwolke Laub, Gras, das Felsgestein und AZIMUTH sauber. Als ich aber an meine oben im Zelt zurückgelassene Leica dachte, fuhr ich wie der Leibhaftige aus den weichen Daunen und steckte den Kopf aus dem Schiebeluk. Da hing eine dunkle Wolke im grauen Morgenhimmel und sandte einen wunderschönen, schräg herabsträhnenden kühlen Regenguß zu uns herunter. Den Gedanken, den Fotoapparat unverzüglich zu holen, verwarf ich sofort wieder. Unter keinen Umständen durfte das Gelege jetzt von der brütenden Seeschwalbe verlassen werden. Die Eier wären erkaltet, und das hätte den Tod der noch ungeborenen Seeschwalbenküken bedeutet. Die Persenning da oben über der Felsspalte war zwar so gut wie neu, auch sehr gut gewebt, was mich jedoch beunruhigte, waren die weißen Möwenmistflecken. Ich hatte keinerlei Erfahrung, ob und wie sie die Wasserdichtigkeit des Gewebes beeinflussen würden. Nur eins wußte ich aus trüber Erfahrung: daß die Reinigung von Kameragehäuse und Teleobjektiv soviel wie eine normale Kleinbildkamera kostete. Aber mochte es kosten, was es wollte, die kleine Zwergseeschwalbenfamilie würde ganz gewiß nicht behelligt werden.

Über mir hing die finnische Nationale schlapp im Regen, doch hell wie Bethlehems Stern leuchtete hoch am Vorstag das Ankerlicht den Seglerinnen Britta und Anna entgegen. Morgen konnten sie schon hier sein. Bibbernd überließ ich mich dem Regen und seiner Reinigungskraft, listete ihm zusätzlich noch einen Kessel Kaffeewasser ab sowie eine kleine Waschbalje voll weichen Wassers zur Wäsche von knallroten Socken, eines blütenweißen Hemdes und hellgrauer Shorts mit eingepreßter Bügelfalte. Für Britta.

Alles, was dann kam, nahm einen guten Verlauf. Die Wolke zog vorüber. Zwei weitere, kleinere folgten, dann kam die Sonne. Alle Drosseln sangen, was die Kehlen hergaben, der Kuckuck schrie aus Leibeskräften, die Locken der kleinen Birken funkelten von glitzerndem Diamantschmuck, und jedes Spinnennetz im Gesträuch entzündete ein funkelndes Feuerwerk. Um neun Uhr stopfte ich eine Decke unter den Arm, um es auf dem harten Fels ein wenig gemütlicher zu haben, und ging schnell zum Zelt. Das übliche Geschrei setzte ein und hörte genauso schnell wieder auf. Ich nahm die Schutzkappe vom Objektiv. Alles war trocken, sauber und aufnahmebereit. Dann stellte ich scharf auf das Gelege ein. Neben dem vorn liegenden Ei entdeckte ich ein eben geschlüpftes, dauniges Küken. Das andere Ei hatte einen Sprung. Ein Elternvogel kam heran, spreizte weit sein Bauchgefieder ab und schob sich vorsichtig über die Nistmulde. Dann wurde ich Zeuge einer mich tief berührenden, reizenden Familienszene.

Mit hellem Schrei meldete sich die Brutablösung an. Sie trug ein Fischchen im Schnabel und lief, lockende, quarrende Töne ausstoßend, auf die brütende Schwalbe zu. Diese hob die Schwingen an, eine hellgraue, kleine Wollkugel erschien, öffnete einen gelbschnäbligen, roten, winzigen Rachen und bekam das Fischchen hineingestopft, das ihm weit aus dem Schnäbelchen ragte. Dann fing das Kleine so heftig an zu schlucken, daß es von den Schluckbewegungen auf seinen drolligen Schwimmhautbeinchen hin und her gerissen wurde. Es machte gar keinen begeisterten Eindruck, als es vom langen mütterlichen Schnabel sanft wieder in Dunkelheit und Wärme zurückgedrängt wurde. Der Ernährer löste den brütenden Vogel nicht ab, flog davon und erschien kurz darauf wieder mit einem Fisch. Sein quarrendes Locken blieb vergeblich. Das Schwälbchen unter dem Mutterbauch war satt und dachte gar nicht daran, aus seiner wohligen Wärme hervorzukrabbeln. Die Seeschwalbe ließ den Fisch eine Weile unschlüssig im Schnabel pendeln, dann wackelte sie zu ihrem brütenden Ehegespons und gab diesem ihren Fang. Ich muß gestehen, daß mich dieser Ausdruck unmißverständlicher Zuneigung zutiefst beeindruckte. Danach erfolgte die Brutablösung.

Liebevoll, aber mit großer Vorsicht fotografierte ich das alles und war fasziniert vom Verhalten dieser Vogelfamilie. Viele dieser Fotos sind später in Kalendern und Tierzeitschriften erschienen. Das ist mir nicht wichtig. Man sieht darauf jedoch, daß sich keine dieser kleinen Seeschwalben gestört fühlte — das ist mir wichtig.

Glücklich und in tiefstem Herzen angerührt ging ich nach einer Vierstundensitzung zu meinem Schiff. Der Atem stockte mir. Dicht neben mir hatte eine größere schwedische Yacht festgemacht. Ihre Vorleine lief zu meiner Birke. Zwei helle Blondschöpfe, ein Junge und ein kleines Mädchen, winkten mir zu. Die Eltern saßen gemütlich im Cockpit. Ich ruderte längsseits, und wir begannen einen Schnack auf englisch. Es waren nette Leute, die hier nur Mittag machen und dann auf Västervik zulaufen wollten, um von dort nach Gotland weiterzusegeln. Zunächst wollte ich ihnen eigentlich vorlügen, daß ich im Begriff war, diese Schäre schnell zu verlassen, weil es hier von Schlangen und Hornissen geradezu wimmelte. Ich hatte große Angst um meine Zwergseeschwalben, die ihr kleines Familienglück zwar mit Haßgeschrei und Schwingenschlag verteidigen würden, aber dennoch in dieser so wichtigen Zeit, wo ihr Nachwuchs noch so hilflos war, empfindlich gestört worden wären.

Aber wie gesagt: Es waren einfach zu nette Leute, und ich sagte den Eltern die Wahrheit. Doch wie das so ist, nun fingen sie an, ihren Kindern, zwei lebhaften Stromern, die längst begehrlich nach meinem Gummiboot schielten, ein bißchen was von Schlangen und Hornissen vorzulügen. Ich gab ihnen das Boot und dirigierte sie in eine passende Richtung, die sie auch willfährig einschlugen. Um Schwedenkinder braucht man nie Angst zu haben. Sie stecken, ob Regen oder Sonnenschein, stets in dicken Schwimmwesten und hüpfen im Gefahrenfalle wie Angelkorken über die Wellen. Sie verschwanden um die nächste Schärenkante und kehrten erst gehorsam zurück, als ihr Vater ein grünspaniges Messingrohr an die Lippen setzte und sie mißtönig zurückbeorderte.

Ich aß bei ihnen zu Mittag. Es gab so eine Art Frikadellen, die hervorragend zubereitet waren. Nur schwer trennte sich der Schwedenvater von meiner Wodkaflasche, schwer trennten sich die Schwedenkinder von meinem leichten Gummiboot, und vergnügt nahm die Schwedenmutter einen Brotkorb aus geflochtenem Reisstroh an, den ich in Kiel an einem Stand, wo zum Wohle der Gesellschaft zur Rettung Schiffbrüchiger eine Tombola veranstaltet worden war, für eine halbe Mark gewonnen hatte. Dann legten sie ab. Leise tuckerte ihr Diesel und führte sie von dannen. Zurück blieben, wie das immer so ist, ihre Anschriften in Stockholm. Es verschwanden auch zwei rote Lampions, die sich — letzte Zeugen eines fröhlichen Festes — bei mir an Bord angefunden hatten und die nun mit brennenden Kerzen mit nach Västervik segelten. Ich atmete auf, denn Stille und Frieden kehrten zu unserem Inselchen zurück.

Zwei Stunden lang ging ich AZIMUTH mit Schmierseife, Schrubber und Feudel zu Leibe, ölte die Teakverkleidungen ab und verwandte viel Zeit und Mühe auf die Reinigung meiner Teekanne, deren Teesedimente annähernd Daumenstärke erreicht haben mochten. Natürlich macht so etwas ein versierter Teetrinker nicht, aber wie Finnen sich Tee gegenüber verhielten, war mir nicht klar. Früher hatte ich mal gelesen, daß sie da hoch oben im Norden Ziegeltee hätten. Es war der Beschreibung leider nicht zu entnehmen, um was es sich dabei nun eigentlich handelte. Nur soviel war erklärt, daß diese Schneemenschen von einem Zuckerhut einen Keil heruntermeißelten, diesen Keil zwischen die Zähne schoben und dann den sogenannten Ziegeltee über das Zuckerstück in den Schlund gossen. Ich besitze für die Reinigung hartnäckig verschmutzter Chromteile eine Schmirgelpaste. Sie war es, die mir schließlich half, die Kannenwandung von ihren Versteinerungen zu befreien und sie wieder repräsentabel zu machen. In Gottes Namen auch für Ziegeltee.

174

Am Nachmittag, als die Sonne wieder den vorteilhaftesten fotografischen Einfallswinkel erreicht hatte, machte ich mich auf den letzten Weg zu den Zwergseeschwalben. AZIMUTH glänzte still vor sich hin, als ich von oben auf sie heruntersah. Freundlich wehte die Flagge mit dem blauen Kreuz auf weißem Grund den Finnenmädchen entgegen. Ich brauchte mich meines Schiffes nicht zu schämen. Zufrieden verschwand ich schnell unter meiner Persenning.

Inzwischen hatte sich eine Menge verändert. In der Nistmulde lag ein noch feuchtes Küken in der warmen Sonne. Auf der Spitze seines gelben Schnäbelchens war noch der kleine Höcker des Eizahns zu sehen, mit dem es sich durch die Kalkwandung des Eis gebohrt hatte. Die Augen hatte das Kleine geschlossen, und es lag heftig atmend da. Es unterschied sich in gar nichts von seiner Unterlage aus Sand und Geröllstückchen. Doch schon wurde es meiner interessierten Betrachtung entzogen, weil seine Mutter es liebevoll mit den weichen Daunen ihres Bauchgefieders bedeckte. Wo aber mochte das andere, erstgeborene Küken sein?

Als ich noch darüber nachgrübelte, meldete sich schreiend der zweite Elternvogel an. Mit einem Siberfischchen im langen Schnabel kam er zur Nistmulde gewackelt. Den Fisch hatte er offensichtlich dem jüngsten Küken zugedacht, denn lockend stand er vor der Mulde. Da stolperte dicht neben meinem Zelt das zweite Seeschwälbchen herbei, riß den Fisch an sich und verschlang ihn gierig. Das Kleine, das gerade gewärmt wurde, erschien nun auch, sperrte hungrig seinen Schnabel auf und stand erwartungsvoll vor seinem ratlosen Ernährer. Um seine Mahlzeit betrogen, wurde es wieder in Wärme und Obhut des mütterlichen Gefieders zurückgeschoben. Die Seeschwalbe hob die Schwingen an und bedeutete damit dem Erstgeborenen, er möge beschleunigt zu seinem Brüderchen ins warme Nest kriechen. Aber dieses freche, kleine Ding dachte gar nicht daran. Es suchte das Weite.

Die Schwalbe verließ ihr Kleinstes und machte sich an die Verfolgung des Ausreißers. Geschickt verlegte sie ihm den Fluchtweg so, daß er stehenbleiben mußte. Gespannt erwartete ich nun die wohlverdiente Bestrafung. Nichts dergleichen. Seine Mutter scharrte ihm erstaunlich schnell eine flache Mulde in den Sand, das Küken wackelte hinein und blieb wirklich eine Weile artig darin liegen. Dann endlich folgte es den quarrenden Locktönen und verschwand, um eine Erfahrung bereichert, unter dem schattenspendenden Gefieder seiner Mutter.

Die Verteilung der Fänge an die Geschwister erfolgte nun etwa alle dreißig Minuten und erschien mir gerecht. Die Kleinen wurden sichtlich kräftiger und damit unternehmungslustiger. In der Nistmulde waren sie trotz aller Anstrengungen ihrer Eltern nicht mehr zu halten. Einzeln und zu zweit unternahmen sie Erkundungsgänge zu größeren Steinen. Ein besonders beliebtes Ausflugsziel war mein Zelt. Wenn sie sich ihm aber zu weit näherten, stießen die Altvögel einen quarrenden Warnschrei aus. Ich meinte ihn richtig zu deuten. Sie ahnten instinktiv, daß da ihr Todfeind saß, in dessen Nähe sie nur deswegen verblieben, weil die Natur ihnen zu dieser Zeit ein Brutverhalten eingegeben hatte, das sie einfach dazu zwang. Da hilft keinerlei Mühe, mit einem freilebenden Tier ist keine Freundschaft zu schließen. Dafür haben wir ihnen zu viel angetan. Meine kleinen Zwergschwalben aber wackelten, von ihren Eltern zärtlich umsorgt, stolpernd immer weiter von meinem Zelt fort, hinein in Freiheit und Zwergseeschwalbenglück.

Ich machte mich daran, mein Fotogerät wieder einzusammeln und säuberlich wegzustauen, als die Seeschwalben ein ohrenbetäubendes Gezeter begannen und meine Persenning so heftig wie am ersten Tag attackierten. Betroffen suchte ich zunächst den Grund ihrer Erregung bei mir und meinte, vielleicht durch eine unbedachte Bewegung die Plane in zu starke Wallung versetzt zu haben. Das aber war nicht der Grund.

,,Seemann, bist du da drin?'' hörte ich die ziemlich furchtsame und in dem erbosten Haßgeschrei der Zwergseeschwalben kaum vernehmbare Stimme Brittas. Ich hob vorsichtig die Einstiegseite der Persenning an. Britta kam schnell ins Zelt herunter. Da stand sie nun vor mir, schmal, blond, braungebrannt und schöner, als ich sie in Erinnerung hatte. Ihre Augen waren von einem intensiv strahlenden Blau. Sie waren forschend auf mich gerichtet, voller Vertrauen, Freude und nur mit ein ganz klein wenig Besorgnis. Der Granitfelsen über uns hatte in seiner Mitte einen breitklaffenden Riß. Durch ihn beleuchtete die Abendsonne den Teil des Zeltes, in dem das bezaubernde finnische Mädchen stand. Das Sonnenlicht wurde durch die gelbe Leinwand gefiltert, so daß ein unwirklicher goldener Schein im Raum war. In hellem Grau erhob sich dahinter die Granitwand der Schäre. Ich sah alle diese natürliche Schönheit um mich herum und fühlte neben Freude und Glück eine leise Trauer im Herzen, wie sie nun mal notwendig zu sein scheint, wenn solchen Individualisten und Romantikern wie mir eine tiefe Seelenregung begreiflich gemacht werden soll. Sie waren gekommen, die beiden Seglerinnen, sie hatten mich gesucht und gefunden, sie zeigten mir, daß sie sich mir freundlich zuneigten, daß sie dem fremdländischen Segler vertrauten, daß nicht nur gegenseitige Sympathie, sondern auch die See und unsere Schiffe uns miteinander verbanden. Meine Gedanken müssen wohl aus meinem Gesicht ablesbar gewesen sein, weil Britta mich so forschend ansah.

,,Bei dir braucht man wirklich nicht zu fragen, ob du dich freust'', ,,es macht mich glücklich, daß man dir das ansieht. Was treibst du denn hier. Fängst du Möwen?''

Sie betrachtete das umherliegende Fotogerät. Die Seeschwalben waren zur Ruhe gekommen. Ich ließ Britta durch den Riß in der Vorderseite unseres Verstecks gucken. Glück und Zufall wollten es, daß gerade ein Seeschwalbenküken zu seiner Mutter gewackelt kam, winzig, selbstbewußt und egoistisch sein Schnäbelchen aufriß und einen Fisch verlangte, von seiner Mutter aber mit dem langen Schnabel unters Brustgefieder geschubst wurde. In der Abendkühle hatten solche Piepmätze nichts mehr draußen zu suchen.

,,Mein Gott, so etwas Entzückendes habe ich bisher wirklich noch nicht gesehen. Stören wir sie denn gar nicht?'' wollte Britta wissen.

Und dann: ,,Wie gut, daß du Tiere liebst. Ich habe da, glaube ich, einiges richtig gemacht. Anna hatte doch recht. Sie kennt dich besser als ich. Ich denke, du wirst dich freuen''.

Ich wollte natürlich wissen, worüber. Jedoch, Anna sollte es mir sagen. Sie hätten ohnedies ein bißchen Sorge, ob ich damit etwas anzufangen wisse.

Die Sonne hatte ihren lodernden Tagesbogen nun fast beendet, senkte sich in sanftem, dunklem Rot hinter das zerklüftete Gestein und ließ die Nadelhölzer als scharfumrissene Silhouetten auf den Schärenrücken zurück. Draußen war es still. Die Seeschwalben wärmten ihre Kinderchen und waren wohl auch hinter der Felskante, weil sie uns einen friedlichen und geordneten Rückzug gestatteten. Das Zelt ließ ich zurück. Eigentlich auf Bitten Brittas, die gern wollte, daß Anna die kleine Vogelfamilie auch noch betrachten könne. Wir gingen den Geröllpfad zum Wasser hinunter. Anna hockte auf dem Kajütdach ihres Schärenkreuzers. Im letzten Tageslicht glänzte ihr Haar wie Messing. Zwei Haarsträhnen fielen ihr in die Stirn. Sie waren von der Sonne ausgebleicht wie Weizenstroh. Als sie uns hörte, sah sie auf. Mit schönen weißen Zähnen, hellen Augen und mahagonibrauner Haut saß da Poseidons Tochter höchstpersönlich auf ihrem Schiff, für meinen Geschmack mindestens genauso hübsch wie die kleine Kopenhagener Meerjungfrau, und schien wie diese soeben der See entstiegen zu sein.

Sprachforscher haben bewiesen, daß die Finnen mongolischen Ursprungs sind und Sprachgruppen ihres Volkes noch heute weit hinter dem Ural leben. Wenn ihnen meine beiden blonden und blauäugigen finnischen Landestöchter vor Augen geführt worden wären, hätten sie ihre Aussage vielleicht noch einmal überprüft, ehe sie Britta und Anna dem alten Dschingis Khan als Nachfahrinnen untergeschoben hätten. Ich habe zwar nichts gegen diesen alten Mongolen, der sein Stück Rindfleisch noch unterm blanken Hintern auf dem Pferderücken weichritt, aber wenn er auch sein Großreich vom Schwarzen Meer bis zum Stillen Ozean ausgedehnt hat, wäre es mir doch lieber, wenn meine beiden Freundinnen Wikingerblut in den Adern hätten. Daß das so ist, läßt sich einfach beweisen. Wenn sie nämlich mongolischen Geblüts wären, würden sie vermutlich reiten und nicht segeln. So einfach ist das. Noch dazu, wenn man Haare wie Weizenstroh hat.

,,Hello, Macker, schön, dich zu sehen'', begrüßte mich Anna, ,,schön auch festzustellen, daß mein Vorschotmann endlich wieder strahlende Augen hat. Die letzten Tage war er nämlich ein bißchen wehleidig, trotz ruhiger See und guten Windes''.

Ich bedankte mich bei ihr, daß sie hier vorbeigekommen war, und versprach, ihr am nächsten Tag etwas sehr Hübsches zu zeigen. Etwas sehr Hübsches aber wollte sie mir heute schon präsentieren. Doch zuvor wollten wir gemeinsam schwimmen.

Wenig später vergnügten wir uns wie die Ottern im klaren, sehr kalten Schärenwasser und krakeelten so vergnügt umher, daß eine der Seeschwalben angeflogen kam und uns mit mißbilligendem Geschrei zu Ruhe und Ordnung rief. Keiner war darüber erfreuter als ich. Ich fror wie ein junger Hund. Außerdem zwickte mich im einen Knie das Granatsplitterchen des französischen Artilleristen, während im anderen ein leichter, bisher unbemerkter Rheumatismus aufgekommen zu sein schien. Vor Kälte noch bibbernd, beschlossen wir, auf AZIMUTH zu Abend zu essen, weil mein Kajütraum höher und breiter als der eines Schärenkreuzers ist. Unter anderem würde es Pellkartoffeln mit Petersilie und frischen Quark mit Schnittlauch geben. Das ist für seefahrendes Volk eine Delikatesse, die nur sehr selten zu haben ist. Die Mädchen wußten das und hatten alle diese Köstlichkeiten besorgt.

,,Macker'' sagte Anna, ,,wie schon angedeutet, bringen wir eine Überraschung für dich mit. Du brauchst sie nicht anzunehmen. Wirklich nicht. Rate schon mal, was es sein könnte. Es ist lebendig''.

Es sei ganz sicher ein Papagei, vermutete ich. Freddy habe mir beim Abschied geraten, den Stelzfuß in einem Loch an Deck fest zu verankern, die schwarze Binde über das ausgestochene Auge zu ziehen, voraus nach den Horizonten zu starren und vor ihnen beiden zu fliehen, was Schiff und Segel hergäben. Wie beim alten Käptn Flint würde sich ein Papagei auf meiner Schulter sehr gut machen, besonders, wenn er unablässig krächzte.

,,Dieser verdammte Freddysäufer!'' erboste sich Britta. Aber im Ernst, sie wollten mir wirklich etwas Lebendiges schenken, damit ich nicht immer so allein sei.

,,Paß auf, ich mach's dir leichter. Kein Papagei, denn es kann nicht fliegen, es hat nämlich vier Beine, einen langen Schwanz und ist fast weiß.''

Das sei dann wohl eine weiße Maus, riet ich, die hoffentlich weiblich und hochschwanger sei, so daß wir bald eine nette kleine, etwa zehnköpfige Familie wären, die friedlich zu den Ålandinseln segelte. Etwas Käse und Speck würde ich für die Frau Mama immer vorrätig halten, damit die Kinderchen ausreichend gestillt werden könnten.

Ich hatte beinahe richtig geraten, denn mit Mäusen sollte es tatsächlich etwas zu tun haben. Ich sei eben doch ein tierliebender Mensch.

Als die Abendbrotzeit herangerückt war, kletterten die Mädchen über die Seereling zu mir an Bord. Britta trug ein Einkaufsnetz, in dem wohl Kartoffeln, Quark und sonstige Leckerbissen sein mochten. Darin war nichts Lebendiges zu vermuten. Mein ganzes Interesse wandte sich daher Anna und deren Gepäck zu. Sie trug eine Art Schuhkarton in den Händen, in dessen Deckel mit einem Bleistift eine Menge Luftlöcher gestoßen waren. Ich wurde ins Cockpit beordert und hatte mich dort abrufbereit zu halten. Als ich nach angemessener Zeit meine Kajüte wieder betreten durfte, blieb mir wirklich die Luft weg. Da war mein allerbestes Paradekissen, hellrot in der Farbe und mit liebevoll eingesticktem Dreimasttoppsegelschoner, mitten auf den Tisch gelegt, und darauf saß mit großen, runden, hellblauen Augen und winziger schwarzer Schnauze ein fast weißes Kätzchen. Als ich so groß, massig und das Licht verdunkelnd im Niedergang auftauchte, bekam es wohl Angst. Es machte sich ganz flach. Nur seine schwarze Schwanzspitze zuckte nervös hin und her.

Was mir bei seinem Anblick durch den Kopf ging, war etwa folgendes: ,,Was soll denn nur aus dir werden, wenn wir in Sturm oder langanhaltendes schweres Wetter geraten. AZIMUTH und ich würden uns da irgendwie wieder herauslügen, aber du kleines, dünnbeiniges Tierchen auf einem im schweren Seegang hart arbeitenden Schiff kannst doch so einer Sache einfach nicht gewachsen sein. Woher die Milch nehmen? Alle so gern gegessenen Gerichte wie Labskaus, Erbsen mit Speck, Curryreis mit Büchsenfleisch und Dorsch in scharfer Soße waren doch

179

gewiß nichts für einen so kleinen Katzenmagen. Wie regelte sich die Toilettenfrage?"

Britta sah mich erwartungsvoll an: „Sie heißt Britty, wenigstens hat Anna sie so getauft." Ich müßte sie nicht nehmen, wenn ich nicht wollte. Es sei eine Siamesin, anhänglich wie ein kleiner Hund, aber eine Menge klüger und von hohem Adel. Sie hätten auch für viele Tage Futter mitgebracht, Milch brauchte die Katze nicht. Sie hätte zwar gern ein paar Tropfen Kondensmilch in ihrem Wasser.

„Doch, ich will sie", sagte ich und streckte der kleinen Katze vorsichtig die Hand zur Begrüßung hin. Ich sah, daß sie Angst vor mir hatte. Britta nahm sie hoch und legte sie mir in den Arm.

Wir hatten in Pommern immer Katzen. Irgendwo in einer Dielenecke stand stets eine Schale voller Milch für sie bereit. Dort traf man sie zuweilen. Manchmal lag auch eine schlafend auf Großmutters Schürze. Wir Männer jedenfalls kümmerten uns den Teufel um diese pelzigen Leisetreter. Das machte ihnen nichts aus. Sie kamen sehr gut ohne uns zurecht. Unsere Sache waren die Hunde, die wir uns zu guten Jagdgenossen und zu absoluter Stubenreinheit zu erziehen bemühten. Den Katzen war Sauberkeit ohnedies angeboren. Unsere Hunde und Katzen vertrugen sich großartig. Natürlich kam es auch mal vor, daß so ein Köter sich aufspielen und einer Katze zeigen wollte, was für ein mutiger Kerl er doch sei. Das aber tat er nur ein einziges Mal in seinem Leben, dann hatte er seine Lektion weg und ein für allemal begriffen, daß man sich mit solchen krummbuckligen, fauchenden, funkensprühenden Gespenstern besser gar nicht einließ.

Nun lag so ein weiches, warmes Dingelchen in meinem Arm. Ich drehte es auf den Rücken und kraulte der kleinen Britty den Bauch. Mit diskretem, aber kundigem Blick stellte ich dabei fest, daß ich es nicht mit einem Katzenfräulein, sondern einem kleinen Kater zu tun hatte. Ich sah ihm in die Augen. Er mir auch. Mir kam es vor, als zwinkerte er mit dem einen ein bißchen, als wenn er sagen wollte: „Ganz schön dämlich, das Weibervolk, was?" Dann begann er zu schnurren. Wir hatten uns. Ich ihn und er mich. Das rote Paradekissen mit dem eingestickten Dreimasttoppsegelschoner aber hatte er und gab es auch nie wieder her, weil er es für geschenkt ansah. Da ich keine Lust hatte, die Finnenmädchen über die primären Geschlechtsmerkmale von Katzen aufzuklären, verriet ich mein Katerchen nicht und nannte es wie verlangt zunächst auch Britty. Als wir aber dann allein segelten, taufte ich es in Pit um — das heißt Peterchen, klingt männlicher und hat den Vorteil, daß man Pit durch die Zähne pfeifen kann, um ihn — vorausgesetzt, es paßt zufällig gerade in sein Konzept — herbeizubeordern. Ihm war das gleichgültig. Wenn ich wütend auf ihn war, nannte ich ihn oft Piefke dämlicher, Stinktier oder verfluchtes Katzenbiest. Das waren aber immer Fälle, in denen er sowieso keine Zeit hatte, auf so feine Nuancen zu achten, weil er mir — nur ein harmloses Beispiel — eine Scheibe Corned beef von meinem Frühstücksbrot gestohlen hatte, sich in voller Flucht befand und seine gesamte Aufmerksamkeit ausschließlich darauf gerichtet war, dem hinter ihm hergepfefferten Gummistiefel möglichst zu entgehen.

Als Britta und ich im nächsten Winter in Mittelschweden zusammen Ski liefen, habe ich ihr von der Katergeschichte erzählt. Sie mußte zwar lachen, aber es war ihr deutlich anzumerken, daß es ihr lieber gewesen wäre, wenn meine immer größer werdende Zuneigung einer kleinen blauäugigen Katze und keinem frechen, selbstbewußten Kater gegolten hätte.

Aber hier und im Augenblick wußte sie davon nichts und kümmerte sich um das Abendessen, während Anna eine mit Sand gefüllte Kiste holte, die sie ins Cockpit stellte. Der kleine Kater hörte das hölzerne Geklapper, fühlte sich angesprochen, hüpfte wie ein Gummiball die Niedergangsstufen hoch, scharrte mit zierlicher Pfote schnell ein Loch in den Sand und verrichtete sauber sein Geschäft. In aller Unschuld sah er dabei mit seinen himmelblauen Augen zu uns Erwachsenen auf, ehe er begann, den Sand in seiner Kiste wieder einzuebnen, um sie reinschiff zurückzulassen. Ich dachte ganz still für mich, daß es zweifelhaft wäre, ob wir immer genügend geeignetes Futter für ihn haben würden. Ganz sicher aber war, daß wir tonnenweise Sand für seine Kiste beschaffen und so seinem Ordnungs- und Hygienebedürfnis weitestgehend entgegenkommen konnten. Britty, Pit, Piefke, wie immer er mal heißen würde, machte sich inzwischen daran, AZIMUTH eingehend zu inspizieren.

„Dein Schiff gefällt ihm aber sehr", sagte Britta.

Ich bemühe mich immer, aus den Lauten und Bewegungen von Tieren herauszufinden, was sie beabsichtigen oder mir mitzuteilen haben. Im vorliegenden Falle wußte ich nach knapp zwei Minuten, was dem kleinen Kater so an AZIMUTH gefiel. Es gab da offensichtlich Stellen, die ihn geradezu faszinierten und seine dunkle Schwanzspitze in wilden Aufruhr versetzten. Der Geruchssinn bei uns Menschen ist nahezu verkümmert, und unsere Nasen taugten allenfalls dazu, den Brillenbügel zu halten oder eins draufzubekommen. Für Britta, Anna und mich roch mein Schiff nach Tauwerk, Holz, Teer, Bilgenwasser, Seesalz und ähnlichen ein angenehmes Aroma verbreitenden Dingen. Für Pit aber schien es alle Düfte des Morgenlandes zu verströmen. Für ihn roch AZIMUTH so betörend wie ein Fischkutter in praller Sonnenhitze, vielleicht sogar so fischig wie Bremerhaven, wenn der Wind weseraufwärts steht. Je nach Betriebsamkeit der Bremerhavener Fischindustrie riecht man das auf drei bis fünf Seemeilen. Da mochte auf meinem Schiff doch noch so manche Dorsch- oder Hechtschuppe an verborgenem Ort still vor sich hingammeln. Als er bei seinem Inspektionsgang an meine Hosenbeine kam und dort offensichtlich auf den gleichen wundervollen Duft stieß, sprang er auf meinen Schoß und fing behaglich an zu schnurren. Damit war unsere Freundschaft endgültig geschlossen. Die Mädchen staunten. Ich hingegen sagte nichts. Denn wer will schon als Fischstinker gelten?

Anna hatte das Kätzchen in Oskarshamn von ihren Verwandten geschenkt bekommen und wollte es eigentlich an Freunde in Helsinki weiterverschenken. Weil aber Britta zwei Tage lang das Schiff bewachen mußte, während Anna mit ihrem Verlobten zusammen war, hatte sie das Kleine an Bord genommen, und dabei war ihr der Gedanke gekommen, mir damit eine Freude zu machen. Sieh an, sieh an, da war wohl doch so mancher Gedanke zu ihrem Lilly-Marlen-Barden und singenden Seemann nach Arkösund vorausgeeilt.

Da lag er nun schnurrend auf meinem Schoß, mein kleiner Zwitter Britty-Pit. Von uns allen war ich, der Besitzer, indes der einzige, der dunkel ahnte, was mit diesem Pit so auf mich zukommen könnte. Ganz sicher jedoch wußte ich, daß ihn die Ordnungshüter seines Geburtslandes mitleidslos ergreifen und ersäufen würden, wenn sie seiner habhaft werden sollten. Die schwedischen Zöllner sind wirklich nette Leute, aber sie reagieren unbarmherzig, wenn sie auf Schiffen ausländischer Herkunft auf Katzen ohne Impfpaß stoßen. Mein armer, kleiner Pit jedoch hatte auch nicht die Andeutung eines Personalpapiers und war somit vor dem Gesetz ein mit Aussatz behafteter, staatenloser Tramp, der in den nächstbesten, mit Steinen beschwerten Sack und mit diesem zusammen auf den Grund der See gehörte, wo diese am tiefsten war.

Ich streichelte ihn. Ich würde Mittel und Wege finden, mit ihm gemeinsam über die Gesetzeshürden zu springen. Pit erhob sich, machte einen Buckel wie ein gotisches Kirchenfenster, biß mit seinen nadelspitzen Fangzähnen liebkosend und sehr vorsichtig in meinen Handballen und begab sich zu seinem Paradekissen. Dort fiel er an Deck des Dreimasttoppsegelschoners in den tiefen, unschuldigen Schlaf junger Tiere, die sich behütet wissen.

Dann gab es Kartoffeln mit Quark und hinterher ein Lachsbrot zu starkem schwarzem Kaffee. Schließlich noch einen Aalborger. Ich erzählte von meiner kleinen Seeschwalbenfamilie, ihrer ehelichen Verträglichkeit und von den merkwürdigen Tischgewohnheiten ihres Nachwuchses, der sein Fischchen, wenn es zu groß ausgefallen war, aus dem Schnäbelchen heraushängen ließ und geduldig wartete, daß der von unten einsetzende Verdauungsprozeß es verkürze und so allmählich in den Schlund befördere. Die Mädchen konnten nicht genug davon hören, und da das Zelt ohnedies noch abgebrochen werden mußte, beschlossen wir, in aller Frühe den Fütterungsvorgang noch einmal zu beobachten, um dann den Zwergseeschwalben endgültig ihre Ruhe zu lassen.

Plaudernd saßen wir beieinander und sahen dem Mond zu, dessen Messingscheibe leuchtend wie ein Lampion in der Birke hing und der mit erstaunlicher Geschwindigkeit durch deren Geäst wanderte, bis er frei in die Nachtbläue hinausschwebte. Anna holte ihre Gitarre. Die beiden Mädchen sangen leise und sehr schön uralte finnische Volkslieder. Ein leichter Nebel stand über dem Schärenwasser und wurde vor dem Uferschilf etwas dichter, so daß die Schilfspitzen im Mondlicht ein mattglänzendes Spitzenmuster vor dem Birkengehölz bildeten. Kein Wind ging. In vielerlei Schattierungen lag ein unwirkliches Licht über den Schrunden, bizarren Blöcken und den von Wind und Wasser glattgeschliffenen Kanten und Flächen des Felsgesteins. Man hörte, wie sich hinter dem gegenüberliegenden Felssockel ein schwerer Fisch warf. Wellenringe schwebten über die stille, mondüberglänzte Wasserfläche und erstarben in den schwarzen Schlagschatten neben unseren Booten. Körr — gerr — gragrag rief schnarrend und heiser ein Säger. Zwei Wildenten klingelten mit pfeifendem Schwingenschlag übers Wasser und rissen sich in steiler Kurve vor unserer Birke in den blausilbrigen Himmel, in dem der freundliche Mond schwamm.

Anna nahm den kleinen, schlafenden Pit hoch. Er machte ein griesgrämiges, belästigtes Gesichtchen, nestelte seinen runden Katerkopf unter ihren Arm und schlief sofort wieder fest ein. Anna wünschte uns eine gute Nacht, sagte zu Britta, sie möge nicht so spät kommen, und ging.

Pit war nicht da. Deswegen lieh ich mir sein Paradekissen aus, legte es unter Brittas Kopf und deckte sie mit einer Wolldecke zu. Sie lag so, daß ihr Gesicht ein wenig schräg nach oben gerichtet war und in jeder ihrer Pupillen der goldene Mondball schwamm. Ich fragte sie, wann sie weitersegelten.

,,Übermorgen in aller Frühe.''

Im Erzhafen von Oxelösund mußten sie das Schiff mittags drei Män-

nern aus Annas Verwandtschaft übergeben. Die wollten damit nach
Gotland weiter. Britta und Anna würden dann ihr Auto übernehmen,
es in Stockholm verladen und die Fähre nach Helsinki nehmen.

Britta wollte wissen, ob ich mit ihnen segeln würde.

,,Nee, Britta, ich weiß, wie so etwas ist. Erstens ist euer Schärenkreuzer schneller als meine AZIMUTH, und zweitens kenne ich solche Schiffs-
übergaben zur Genüge. Da stört man bloß.''

Sie hatte die Augen geschlossen. Ihr Gesicht war ganz entspannt.
Ich meinte Geborgenheit und wunschlose Zufriedenheit darin zu erkennen. Britta mußte eigentlich sehr müde sein. Die Mädchen waren den
ganzen Tag in Sonne und Wind gesegelt. Woher kam ihr Vertrauen zu
mir? Das alles paßte so gar nicht in das Bild, das ich mir von finnischen
Frauen gemacht hatte. Schuld daran war der von mir sehr geschätzte
Amerikaner und Nobelpreisträger John Steinbeck, Autor von ,,Die
Straße der Ölsardinen'', ,,Jenseits von Eden'', ,,Die Perle'' und so weiter. Ehe ich mich auf diese Finnlandreise machte, hatte ich irgendwo
nachgelesen, daß er 1963 in Finnland gewesen war. Dieser doch nach-
weislich versierte Frauenkenner hat über die Finnenfrauen geschrieben:
,,Sie ist das attraktivste weibliche Wesen der Welt. Sie hat die klassi-
schen nordischen Züge, aber mit einem kleinen Anflug von unbeschreiblicher Wildheit in den Augen und ein spezielles Federn in ihrem
Schritt.''

Brittas Kopf lag wie ein zufriedenes kleines Tier in meinem Schoß.
Anders hatte Pit vorhin auch nicht auf dem Kissen geschlafen. Wie in
ihre oder Annas Augenbläue diese Steinbecksche Wildheit hereinkom-
men sollte, war mir schleierhaft. Als nachdenklicher Mensch vermutete
ich, daß der gute alte Johnny Steinbeck in einer Tanzbar in Helsinki
einen über den Durst getrunken hatte. Alle Welt hing an seinen Lippen
und erwartete ein Bonmot, und da hatte er das zitierte wohl zu seinem
Tanzgirl gesagt. Und dieses war sicher unheimlich stolz, endlich einmal
nicht als Unterkühlte aus dem hohen Norden, sondern als Tigervamp
angesehen zu werden. Ein Kompliment für alle Frauen seines Gastlandes war es außerdem noch. Ein gerissener Hund, dieser John, ein guter
Psychologe dazu.

Ich lachte leise in mich hinein. So vorsichtig wie möglich zwar, trotzdem ließ sich dabei ein leises Vibrieren meiner Bauchmuskeln nicht ver-
meiden. Britta schlug die Augen auf und erkundigte sich mißtrauisch
nach dem Grund dieses Heiterkeitsausbruchs. Ich sagte es ihr. Sie überlegte ein bißchen und gab mir dann eine sehr viel einleuchtendere Erklärung. Die finnischen Frauen mögen Männer aus dem Westen gern.

Sie sind galanter als ihre Nordmänner, hilfsbereiter und auch zärtlicher. Ob ich wüßte, was „Sisu" sei oder vielleicht „Reilu". Natürlich wußte ich das nicht. Es ist auch gar nicht zu übersetzen. „Sisu" ist bei finnischen Männern so etwas wie Durchhaltevermögen und „Reilu" so etwas wie Fairneß. Eigenschaften, ohne die es nie einen Nurmi gegeben hätte. Insoweit wären sie auch ganz liebenswert, aber Sisu und Reilu hörten in dem Moment auf, wo der Alkohol mit ins Spiel käme. Nicht lange, und die junge Ehefrau müßte mit der Schnapsflasche des Gatten konkurrieren, in sehr vielen Fällen jedenfalls.

Schade, daß so etwas nicht bis zu Steinbeck durchgedrungen ist, von dem Britta feststellte, daß seine Aussage nicht stimmte.

Da wir schon mal beim Thema waren, wollte ich von Britta auch noch wissen, ob denn die anderen Dinge, die ich über Finnland zusammengelesen hatte, der Wirklichkeit entsprächen. Schließlich wäre sie ja Kunsthistorikerin und als solche prädestiniert, mir den Wahrheitsgehalt solcher Lektüre zu bestätigen. Ich sagte ihr, daß ich als Soldat zwar vier Monate in Finnland, dabei jedoch mit der Zivilbevölkerung nur sehr wenig in Berührung gekommen war. Über Holz, Bodenschätze, Handel und Politik war ich im wesentlichen informiert; trotzdem blieben da noch einige Fragen offen. Stimmte es, wollte ich wissen, daß ein Finne, dem man seine mongolische Abstammung vorhält, seinen Puukko aus dem Stiefelschaft zöge und den Beleidiger auf der Stelle erdolche? Stimmte es wirklich, daß es in Finnland noch sogenannte Politurmänner geben soll (Leute, die bei der dort üblichen Alkoholrationierung auf hochprozentige Möbelpolitur oder Kölnisch Wasser umsteigen)? Stimmte es, daß Finnland zwar schon im 16. Jahrhundert christianisiert worden sei, daß aber den inzwischen evangelisch getauften und erzogenen Lappen die Todesstrafe angedroht werden mußte, weil sie vor 150 Jahren immer noch in ekstatischen Tanzrhythmen zum Gedonner ihrer phantasievoll bemalten Schamanentrommeln umhergesprungen seien?

„Es stimmt alles, Seemann, vergiß in deiner Aufzählung nur nicht zu erwähnen, daß wir hoch im Norden auch noch Goldwäscher haben, solche wie Jack Londons Klondyke-Typen. Und daß wir das Volksepos ‚Kalewala' haben und daß der Finne Jean Sibelius es war, der es vertont hat, daß wir Waltari, den Schriftsteller, sowie Sillanpää und Virtanen, Nobelpreisträger in Literatur bzw. Chemie haben, daß der Wunderläufer Nurmi aus unseren Wäldern kam und schließlich, daß das finnische Volk im Gegensatz zu euch Leibeigenschaft nie gekannt hat".

„Sisu" und „Reilu" seien nicht nur Vokabeln, sondern Anschauungen.

Britta wollte wissen, ob es mir leid täte, daß morgen unser letzter gemeinsamer Tag sein werde. Ich versuchte diese Frage anders zu beantworten, verständlicher und seemännischer. Ich ließ sie den Himmel anschauen. Da standen drei große, leuchtende goldene Sterne, die Deichseln des Großen Wagens. Über dem mittleren Stern Mizar war ein winziges, gerade noch sichtbares Sternchen zu sehen: Alkor, das Reiterlein. ,,Wenn du es über Suomi oder ich über meinem Schiff sehe, wollen wir aneinander denken. Gut so?''

,,Gut so'', sagte Britta. Sie weinte.

Gewiß, wir hatten ein Problem, und das waren die 750 Seemeilen, die zwischen Helsinki und Bremen liegen. Wenn man sie jedoch durch zwei teilte, waren es nur noch 375. Wir beschlossen, unseren Urlaub so einzurichten, daß wir uns zum Skilaufen irgendwo in Schweden treffen konnten. Im Sommer wollte ich mit AZIMUTH wieder in die Schären kommen. Und außerdem wollten wir uns jede Woche einen Brief schreiben.

Britta kletterte über die Reling des Schärenkreuzers. Wie wir uns das in dieser Mondnacht in den Schären vorgenommen hatten, so ist es bis heute geblieben. Im Sommer segeln wir, im Winter laufen wir gemeinsam Ski.

Am nächsten Morgen sah ich so gegen fünf Uhr ins Wetter. Da war schon Leben an Deck des Nachbarschiffes. Mein neues Crewmitglied Pit vertrieb sich dort die Zeit. Im Augenblick schien er sich in die Rolle eines auf der Jagd befindlichen Miniaturtigers hineinzusteigen. Ich glaubte das aus der Art seiner Blitzattacken auf ein im Frühwind wehendes Bändsel zu ersehen. Dann jagte er mit blitzschnellen Prankenhieben eine hölzerne Wäscheklammer vor sich her. Ich sprach ihn leise an. Der kleine Kerl erkannte mich tatsächlich wieder, stellte seinen Schwanz senkrecht und kam näher. Ich hob ihn zu mir an Bord. Zielstrebig steuerte er sein rotes Kissen an, flegelte sich hin und verfolgte von dort aus jede meiner Bewegungen. Sein Kopf lag still, nur seine blauen Augen wanderten hin und her.

Anna erschien. Ich erkundigte mich bei ihr, ob sie genug Brot hätten, denn bei mir begann es knapp zu werden. Ich sei den ganzen Tag ihr Gast, erwiderte sie. Es sollte ein original finnisches Mittagessen geben. Nach dem Frühstück wollten wir aber zunächst zu den Seeschwalben gehen, und dann sollte ihr Schiff aufgeklart werden, damit sie sich bei der Übergabe nicht blamierten.

,,Warum sprecht Ihr neben Englisch eigentlich auch so gut Deutsch?'' wollte ich wissen.

Ich erfuhr, daß die beiden Mädchen in ihrem Elternhaus von Kindesbeinen an Deutsch lernten. Das war Tradition. Englisch hatten sie nur wenige Jahre auf dem Gymnasium gehabt. Doch bald wurde es ihre Lieblingssprache. Der Grund: Die Deutschen konnten nach dem Krieg keine, wie sie meinte, vernünftigen Filme mehr machen. Hollywood aber konnte es. Die Filme wurden im Original gezeigt, mit finnischen Untertiteln. Um Clark Gable und Errol Flynn keine Sekunde aus den Augen zu verlieren, hielten sie sich an das Wort und erst in besonders schwierigen Fällen an den Text. Das war das eigentliche Geheimnis ihrer Englischkenntnisse.

Britta erschien an Deck. Wir badeten, frühstückten und machten uns dann auf den Weg zu den Seeschwalben. Wieder war das Glück auf unserer Seite. Die Eltern empfingen uns mit dem üblichen Haßgeschrei und waren die personifizierte Erregtheit, als ihre beiden Kinderchen so dumm und noch so weltunerfahren auf unser Tarnzelt zugestolpert kamen. Eine geraume Weile schwankten die Altvögel zwischen Beschützerinstinkt und Fütterungstrieb, entschlossen sich klugerweise aber dann doch, dem letzteren nachzugeben, weil sie sich vermutlich sagten, daß ein Küken in gutem Futterzustand schneller als ein hungriges den erwünschten Intelligenzgrad erreichen würde, um einen Gefahrenzustand wie diesen zu überschauen. Bei unseren Kindern ist das ja nicht anders.

,,Mein Gott, jetzt heule ich aber wirklich gleich los'', sagte Britta, als sie sah, wie ein Junges gefüttert wurde, wie die gelbbraune, kleine Wollkugel dabei unter entsetzlicher Anstrengung an ihrem Fischchen so schluckte und würgte, daß sie vor Anstrengung taumelte, aber sofort gefräßig loswackelte — der Fischschwanz, der weit aus ihrem Schnäbelchen hing, wackelte mit —, um wenigstens dabeizusein, als das Brüderchen einen Fisch bekam, wenn sie ihn schon nicht selber haben konnte. Anna sah sich das alles sehr ernsthaft an und meinte lediglich: ,,Sailor Horst, die kleine Katze wird bei dir sehr glücklich sein''.

Aber die kleine Katze war weg, als wir mit Persenning, Gestänge und Fotogerät den Schärenkreuzer erreichten. Dort war sie in sicher verschlossener Kajüte auf Brittas Koje zurückgelassen worden. Sie hatte zu diesem Zeitpunkt in tiefem Schlaf gelegen. Wir suchten die Kajüte systematisch ab und montierten sie zur Hälfte auseinander, ehe wir entdeckten, daß eine Art schmaler Belüftungskanal ins Vorschiff führte. Dort stand das Vorluk offen, und es war für Britty-Pit einfach gewesen, sich davonzumachen. Die Mädchen starrten auf das glasklare Schärenwasser und suchten auf dessen Grund das arme ersoffene Kätzchen.

,,Kommt mit, ich weiß, wo sie ist'', sagte ich. Wie vermutet lag sie an Deck ihres geliebten Dreimasttoppsegelschoners und gähnte uns mit spitzen Zähnen aus rosigem Rachen herzhaft an.

,,Laß dich nie wieder auf meinem Schiff erwischen, du verfluchter, treuloser Dachhase!'' schimpfte Anna erbost.

Pit stieg von seinem Kissen herunter und rieb seinen kleinen, runden Katerkopf an meiner fischigen Hose. Die Distanz, die er zu überwinden gehabt hatte, um auf AZIMUTH und damit auf sein Kissen zu gelangen, betrug etwa einen Meter. Sein Sprungbogen führte dabei über blankes Wasser und mußte darüber hinaus noch so berechnet werden, daß er unter dem tiefsten Spanndraht des Seezaunes durchkam. Hätte er nur die spiegelblanke Außenhaut des Schiffes erwischt, wäre er baden gegangen. Meine Besorgnis seinet- und des nächsten Sturmes wegen baute sich erheblich ab. Ich streichelte ihn. Er quittierte das mit einem behaglichen Schnurren. Von nun an blieb er auf AZIMUTH. Er erkor das Schiff gewissermaßen zur ständigen Bleibe, der junge siamesische Prinz.

An einer Kajütwand von AZIMUTH hängt eine Schiffsuhr moderner Konstruktion. Man braucht sie nicht aufzuziehen, weil ihr Werk von einer Batterie angetrieben wird. Für astronomisch-navigatorische Zwecke, für die man eine genaue Zeitnahme braucht, wurde ein überdimensionaler roter Sekundenzeiger angebracht. Man sieht ihn rastlos über das Zifferblatt hasten. Bisher hatte ich diesem Umstand nur Beachtung geschenkt, wenn ich dieses Zeigers zur exakten Standortbestimmung meines Schiffes bedurfte. Jetzt sah ich, wie Brittas Blick daran hing. Wir dachten beide an den Abschied. Anna war da resoluter.

,,Nun hört mal zu, Tristan und Isolde, wir machen jetzt Reinschiff, und dann sinkt euch in die Arme und weint euch nach Bedarf aus'', sagte sie.

Mir wurde immer klarer, daß dieser Anna kein Mann der Welt je die Butter vom Brot nehmen würde. Wir taten, wie uns befohlen. Die Mädchen auf ihrem, ich auf meinem Schiff. Der einzige Störenfried unseres Arbeitsfriedens war Pit, der damals schon auf dem Standpunkt stand, auf dem er heute noch steht, daß jegliche Tätigkeit ausschließlich zu seinem Vergnügen arrangiert wird. Als wenn er den Veitstanz hätte, sprang er wie ein Gummiball so lange vor Feudel, Quast und Schrubber umher, bis ich ihn abführen und in die Kajüte sperren mußte. Leider nahm er dort sofort die Gelegenheit wahr, mit einem kleinen, pfeiferauchenden Stoffseemann weiterzuspielen, bis diesem die Pfeife aus dem Gesicht fiel und das Holzwollegedärm aus dem Bauch quoll. Hierfür bezog er, auf frischer Tat ertappt, mit der Seekarte seine erste Wucht. Mir trug er das nicht nach, aber wenn ich später eine Seekarte aufrollte, hielt er sich tunlichst ein wenig abseits.

An Deck aber nahm die Arbeit ihren zufriedenstellenden Fortgang. Ich hatte mich noch nie in so unmittelbarer Nähe eines von Frauen befehligten Schiffes aufgehalten. Wer will es mir darum verdenken, daß mir so einige kleine Unterschiede zu meiner eigenen Verhaltensweise auffielen, wobei ich zugeben muß, daß ein nicht unerheblicher Teil meiner Aufmerksamkeit dem Nachbarschiff galt. Wenn beispielsweise meine Hosen durch die Bückerei beim Deckschrubben nach unten zu rutschen begannen, richtete ich mich auf, ergriff mit beiden Fäusten in Höhe meiner Hüften den Hosengurt, trat in den Schultern pendelnd von einem Bein aufs andere und zerrte die Hose unsanft nach oben. Auch den Mädchen rutschten die Jeans herunter. Aber anmutig brachten sie die Sache wieder in Ordnung, indem sie mit der flachen Hand in den Hosenbund fuhren und mit sanftdrehender Zugbewegung den korrekten Hosensitz wiederherstellten. Da ich nun schon mal aufgerichtet war, benutzte ich diese Gelegenheit gleich, meine herunterhängenden Haare mit allen zehn Fingern in eine zweckmäßigere Lage zurückzuharken. Nicht so die Mädchen. Sie schüttelten ihr Haar ein wenig zurück, ehe sie es mit einer schönen, weichen Armbewegung hinters Ohr strichen. Ich bemühte mich nach diesen Beobachtungen, auch meinen Bewegungen eine etwas gefälligere Eleganz zu verleihen, fiel aber, als ich feststellen mußte, daß Anna deswegen zu lachen begann, trotzig in meine vorherigen, lebenslänglich geübten Gewohnheiten zurück. Allerdings gab es auch Bewegungsabläufe, in denen sich diese beiden Seglerinnen in gar nichts von mir unterschieden. Als sie nämlich ihre Fock zum Trocknen hochbrachten, handhabten sie das Fockfall in der gleichen ungraziösen kniefedernden Manier, wie Männer das auch tun. Hand über Hand — hoch damit.

Britta stieg in die Kajüte hinunter, um dort Ordnung zu machen. Nach einer Weile kam sie wieder herauf. In den Händen hielt sie ein Buch, das Logbuch des Schärenkreuzers. Dieses und einen Kugelschreiber überreichte sie mir mit dem Ansinnen, da etwas hineinzuschreiben, zur ewigen Erinnerung gewissermaßen. Da war wieder genau die gleiche, unangenehme Situation wie mit dem Lilly-Marlen-Lied in Västervik. Sei man noch so friedlich und in allem Einklang mit sich selbst, man wird doch immer wieder aus seiner beschaulichen Stupidität aufgerüttelt und hat zu beweisen, was für ein Weltmann mit Esprit man doch ist. Ich konnte Britta doch keinen solchen Schmarren ins Logbuch schreiben, wie ich in anderen schon gelesen hatte, zum Beispiel ,,Heint is zimpfti!'' (von einem Bayern) oder ,,Ho-To-Jo, immer recht voraus!'' (von einem vom Bodensee) oder ,,In Deiner Plicht fürcht ich mich nicht!'' (von einer Lehrerin mit A-Schein von einer Harztalsperre). Aber — weiß der Teufel — ich bekam auch hier meinen Kopf noch einmal ziemlich elegant aus der Schlinge. Als ich fieberhaft nachdenkend übers Schärenwasser sah, stand dort in unschuldiger Schönheit mit blaßroten Blüten ein Heckenrosenbusch auf einer Schäre. Mir fiel ein französisches Gedicht ein, von dem ich augenblicklich wußte, daß es Britta gefallen würde. Ich schrieb also:

J'aime deux choses
Toi et les roses
La rose pour un jour
Toi pour toujours

Ich gab das Buch zurück und sagte, daß ich am Nachmittag den Rosenstrauß nachreichen würde. Beschämt aber war ich, weil ich den gleichen Vers etwa 50 Jahre zuvor schon einmal einer Untersekundanerin ins Poesiealbum geschrieben hatte. Das sind dann so die Resultate, die herausspringen, wenn man zu Stegreifdichtungen veranlaßt wird, für die mein Intelligenzquotient nun mal nicht ausreicht.

Die Zeit lief. In konvulsivischen Zuckungen hastete der Sekundenzeiger der Borduhr über das Zifferblatt und nahm den gemütlichen, dicken blauen Stundenzeiger unerbittlich ins Schlepptau. Die Sonne kletterte in den Zenit, als auf dem Nachbarschiff die Glocke glaste und mich zum Essen rief. Finnisches Originalgericht! Die Mädchen taten geheimnisvoll und beobachteten gespannt meinen Gesichtsausdruck, als ich meinen Löffel aus einem grauen, kleisterartigen Brei zog, zum Munde führte und verdutzt innehielt. Beileibe nicht, weil mich — wie die Mädchen annahmen — der Wohlgeschmack hätte stutzen lassen. So doll war der eigentlich gar nicht, sondern weil ich genauso einen Brei schon einmal irgendwo gegessen hatte. Aber wo? Natürlich in Finnland.

Die Fülle verschiedenartiger Fronteinsätze hatte es mit sich gebracht, daß auch ich in Finnland einige Monate mitfocht. Unserem Bundesgenossen Carl Gustav Freiherr von Mannerheim, finnischer Feldmarschall und ehemaliger Zarengeneral, traten damals — der Krieg neigte sich seinem Ende zu — die Russen so erbarmungslos auf die Stiefelspitzen, daß er auf letzte Hilfe sann und uns sofortige Kapitulation androhte, wenn ihm nicht unverzüglich zusätzlich einige kampfstarke deutsche Divisionen mit entsprechenden Panzerverbänden zu Hilfe geschickt würden. Tja, da kratzten sich unsere hohen Militärs wieder den

Kopf über diesen Marschall Mannerheim und seine immer drohender werdenden Gebärden, aus denen unmißverständlich herauszulesen war, daß er alle Vertröstungen und wortreichen Phrasen nunmehr satt hatte und Taten sehen wollte, nämlich deutsche Waffenhilfe. Nun war die Lage aber die, daß uns die Russen inzwischen genauso erbarmungslos auf die Stiefelspitzen traten und uns unaufhaltsam über Riga nach Kurland zurückdrückten. Unsere Generäle jedoch wollten den alten Mannerheim nicht vergrätzen, und um ihn bei der Stange zu halten, sahen sie sich um und fischten zwei in der Nähe Revals liegende, zusammengeschossene Divisionen aus dem mageren Bestand, taten ein paar Sturmgeschütze dazu und luden alles, darunter auch mich, auf einige klapprige Truppentransportschiffe. Auf ging's. Quer übers Meer nach Helsinki und von dort der Küstenstraße folgend in den Schärengürtel von Wiburg.

In dem sonst gutfunktionierenden Spionagenetz der Russen schienen in diesem Falle aber doch einige Maschen aufgegangen zu sein. Jedenfalls hatten sie diese Truppenbewegung nicht richtig mitbekommen und griffen ausgerechnet dort an, wo wir gerade angekommen waren: bei Wiburg. Natürlich kriegten sie für soviel Leichtsinn eins auf den Deckel und kniffen den Schwanz schleunigst wieder ein. Darüber freute sich Marschall Mannerheim und belobigte uns sehr. Wir mußten unsere Soldbücher abgeben und bekamen sie wenig später mit einem hübschen finnischen Orden zurück. Ordensverleihungen müssen nämlich registriert sein. Unser General erhielt einen, der mit einer Kette um den Hals getragen werden konnte. Aber weder er noch wir erfreuten uns lange dieser sichtbaren Testate unserer Tapferkeit. Mannerheim hielt nicht durch und tat das Vernünftigste, was er einer millionenfachen Übermacht gegenüber tun konnte. Er kapitulierte. Diesen Standpunkt teilte unsere Heeresleitung jedoch nicht.

,,Wollt Ihr von einem solchen Mann etwa einen Orden tragen?'' fragte sie an.

,,Ganz gewiß nicht'', sagte unser General für uns alle, hing seine Silberkette ab und legte sein Soldbuch eneut vor.

Bei zurückgegebenen Orden mußte die Registrierung durch Streichung natürlich wieder aufgehoben werden. Solidarisch taten wir es unserem General nach. Dann ging es schleunigst wieder auf die Schiffe und zurück nach Kurland, wo uns die Russen schon erwarteten und uns mit ihren Stalinorgeln so lange zum Tanz aufspielten, bis uns unsere oberste Heeresleitung wissen ließ, nun sei Schluß, und jeder könne machen, was er wolle. Zu machen war allerdings nichts mehr.

Alles das erzählte ich Britta und Anna und auch, daß wir nicht ausschließlich Krieg geführt, sondern in den Pausen unter den finnischen Soldaten und wortkargen Bauern an den zahlreichen einsamen Seen manch guten Freund gefunden hätten. Viele Namen der Seen und kleinen Walddörfer wußte ich noch, wußte von den unermeßlichen rauschenden Wäldern und den kleinen übers Seewasser gebauten Saunas, aus denen man kochend heraussprang und in weitem Hechtsprung im kalten Wasser landete. Immer aber wären Knäckebrot, Magerquark und auch dieser merkwürdige Brei mit im Spiel gewesen. Er sei also für mich ein echter Erinnerungsbrei, und er schmecke schon deswegen hervorragend. Die Mädchen waren gerührt und sichtlich erfreut. Der Brei war schnell ausgelöffelt. Es folgte das Hauptgericht. Original finnisch. Mit Salami, Schinken und Pilzen war es einer italienischen Pizza nicht unähnlich und schmeckte auch so.

Dem kleinen Kater Pit wurde freundlich von beiden Gerichten angeboten, aber er roch nur daran und ging still beiseite.

,,Ein wahres Glück, daß uns bald ein halber Ozean trennen wird, du leckermäuliger Leisetreter", schimpfte Anna.

Den Kaffee tranken wir nach bremischer Art auf meinem Schiff und ruderten dann zum Heckenrosenbusch. Erst Anna und ich, dann Britta, Pit und ich.

Ich benutzte die Gelegenheit, Anna zu fragen, warum Britta so sensibel und nicht so richtig glücklich sei. Und warum sie ohne Rücksicht auf den Altersunterschied meine Freundschaft suche.

Ich erfuhr, daß Brittas Vertrauen in einen Mann zwei Jahre zuvor bitter enttäuscht worden war. Ungewöhnlich intelligent, aber drogen- und alkoholabhängig, hatte er sie um eine kleine Erbschaft gebracht und war dann außer Landes gegangen. Seitdem hatte sie nur an ihr Studium gedacht, ein glänzendes Staatsexamen bestanden und würde nun eine von ihr sehr begehrte Stellung als wissenschaftliche Mitarbeiterin antreten. Sie sei sehr allein.

,,Ich will dir ganz ehrlich gestehen, daß ich nie vermutet hätte, daß sie dir so viel Vertrauen entgegenbringen würde", sagte Anna. ,,Sie hat endlich wieder vergnügte Augen".

Dann holte ich Britta und Pit. Britta saß in meiner Kajüte und blickte auf den roten Zeiger. Pit lag behaglich schlafend auf ihrem Schoß.

Wir blieben lange am Rosenstrauch. Der Große Bär schob bereits wieder sein kleinstes Sternenkind Alkor über die alte Schärenkiefer, als wir an Bord von AZIMUTH gingen. Wir redeten, und einer war dem anderen sehr zugetan, während die Nacht dämmrig und ernst um den

193

kleinen Schiffsraum stand, der vom rotgoldenen Licht der Petroleumlampe erhellt war. Drei Menschen, drei Segler, die Rasmus zusammengeweht hatte und die einander nie vergessen würden.

Am nächsten Morgen klickerten die Stagreiter am Vorstag des Schärenkreuzers hoch und nahmen die Fock mit. Sie wehte in schönem Bogen aus und stand dann im leichten Frühwind voll und weiß über dem Schiff. Das Boot nahm Fahrt auf und legte sich sanft auf den Leebug. Trotz allen seelischen Kummers entging mir die faszinierende Schönheit der Linienführung dieses Schiffstyps nicht. Anna hatte mir den Rücken zugedreht, denn sie saß an der Pinne und hatte auf Segelstellung und Kurs zu achten. Britta stand am Mast und schoß das Fockfall auf. Sie sah zu mir hin und hob abschiednehmend die Hand. Der Kreuzer schwenkte um die Schärenkante. Die Flagge Suomis — ein blaues Kreuz auf weißem Grund — wehte noch einmal aus und grüßte vom Heck herüber. Da stand ich alleingelassen, meinen kleinen Kater auf dem Arm, auf AZIMUTHS Vorschiff. Vor Wohlbehagen und Zuneigung begann mein lüttjer Pit zu schnurren wie ein Spinnrad und sah mit seinen leuchtendblauen Augen vertrauensvoll zu mir auf. Ich war jetzt froh, jemanden bei mir zu haben. Offensichtlich ist Abschiednehmen auch für Einhandsegler eine zu Herzen gehende Sache. Ich hätte jetzt meine Klippe besteigen können, um vielleicht doch noch einen kleinen Zipfel der davonziehenden finnischen Yacht zu erhaschen. Ich tat das nicht. Abschiedsschmerz wird dadurch nicht geringer, und außer meinen Seelenfrieden hätte ich den der Seeschwalbeneltern auch noch empfindlich gestört.

VIII

Allmählich mußte ich mir Gedanken machen, wie es denn nun mit mir und meinem Pit weitergehen sollte. Da er wenig anderes zu kennen schien, schlabberte er brav sein mit etwas kondensierter Milch interessanter gemachtes Wasser und knabberte eine Art Hundekuchen für Katzen dazu. Meiner Auffassung nach konnte das zum Aufbau von Körperkraft und Intelligenz eines hochseesegelnden Schiffskaters nicht ausreichend sein. Mir waren zwei große Blechtrommeln mit Katzenfutter übergeben worden. Eine davon holte ich hoch und besah sie mir näher. Der aufgedruckte schwedische Text — eine Mischung von Plattdeutsch und medizinischem Kauderwelsch — war unschwer zu übersetzen. Es ging daraus hervor, daß die kleinen Kuchen alles enthielten, was jeglichen Mangelschaden von Katzen fernhielte. Der Fabrikant war aber anständig genug, wenn auch kleingedruckt, zuzugeben, daß ab und an ein wenig frische Leber oder Fisch das Herz einer Katze noch euphorischer schlagen ließe, als es dieses Futter ohnedies schon täte.

Irgend etwas mußte geschehen, wenn ich mit meinen Gedanken von dem finnischen Schärenkreuzer loskommen wollte, der im Augenblick etwa drei Seemeilen entfernt mit Kurs Oxelösund segelte. Ich beschloß, daß ab sofort für Pit Schluß sei mit diesen albernen Keksen. Mittags würde ich Labskaus mit Ei und Rollmops und er frischen Fisch essen. Ich zog den Gummikreuzer längsseits, warf Rute und Angelkasten hinein,

Pits Dreimasttoppsegelschoner hinterher und ließ ihn selber dann vorsichtig auf sein Kissen fallen. Natürlich hatte er zunächst erhebliche Angst, als wir so dahinruderten. Als uns mit hellem Katzenschrei eine Heringsmöwe überflog, sauste er unter die Ruderbank. Aber schließlich war das sein erster Schritt auf dem dornenreichen Wege zum Erhalt des Patents für vollwertige Schiffskater.

Am Schilfgürtel angekommen, warf ich ihn vorsichtig über Bord ins Gras. Angsterfüllt blieb er zunächst regungslos liegen. Aber da kam ein Zitronenfalter seines Wegs dahergetaumelt. Unverzüglich machte Pit sich mit den merkwürdigsten Bocksprüngen an dessen Verfolgung, während ich einen winzigen Haken mit einem Kügelchen Fischbrot beköderte. Wie ein Miniaturtiger kam Pit dann herangeschlichen, setzte sich neben mich und starrte fasziniert auf die schmale, rote Pose, die dicht vor der Schilfkante trieb. Er war wirklich ein entzückendes Katerchen, dem die Natur kohlrabenschwarze Dreiecke als Ohren auf seinen schiefgestellten hellen Pelzkopf genäht hatte. Schnell hatten wir ein zappelndes Siberfischchen und mit ihm die glücklichste kleine Katze der Welt. Daß ich nur nicht zu erwähnen vergesse, daß der kleine Fisch vorher getötet wurde, ehe ihn das junge siamesische Raubtier überantwortet bekam.

Britta und Anna hatten jetzt sicherlich schon acht Seemeilen hinter sich gebracht, denn der Wind wehte mit leisem Raunen im Birkengezweig hinter mir. Es war ein guter, fördernder Segelwind.

Ich aß mittags kein Labskaus, und ich aß auch kein Abendbrot. Da der Wind durchstand, ging ich ankerauf, als der Mond kam. Ich hätte doch nicht schlafen können. Lautlos trieben wir unter der Genua aus den Schären in den freien Seeraum hinaus. Schon meiner kleinen schlafenden Zwergseeschwalbenfamilie wegen hätte ich den Motor nie und nimmer angelassen. Ich hatte auch keine Lichter gesetzt, weil ich die Nachtruhe des Getiers, ob Kuckuck, Seeschwalben oder Drosseln, das mich so viele Tage erdulden mußte, nicht stören wollte. Wenn jemand kommen sollte, konnte ich das Licht immer noch anknipsen. Außerdem waren die Nächte um diese Zeit hier sehr hell — so dachte ich zumindest.

Als ich weit genug vom schlafenden Getier entfernt zu sein glaubte, setzte ich zunächst den Kurs auf den Leuchtturm Gustaf Dalén ab, der mit seinem Kreisfunkfeuer jede Minute aufkommen konnte, um von dort dann den Leuchtturm Landsort auf der Südhuk der Insel Öja anzusteuern. Wenn Landsort aufkam, würde es schon heller Tag sein. Dann warf ich zur Probe den Motor an. Eine rein routinemäßige Sache, denn Wind hatte ich genug in den Segeln. Tuck — tuck — tuck — pfft — pfft machten Anlasser, Schwungscheibe und Auspuff und glaubten damit das ihrige für den Fortgang der Reise getan zu haben.

Mir war blitzschnell alles klar. Die Batterie hatte ganz schlicht keinen Saft mehr. Kein Wunder bei der reichlichen Stromentnahme in der wundervollen letzten Faulenzerwoche. Die Sache war spielend zu beheben. Ich habe ja schon früher auf die Vorzüge meines kleinen Jockels hingewiesen. Wenn er wegen mangelnden Stroms über den elektrischen Anlasser nicht anspringen will, klappt man die Motorhaube hoch und findet dort einen gutdimensionierten Stropp um die Schwungscheibe gewickelt. An dem zieht man ein-, zweimal kräftig, und, rums!, ist der Laden im Handbetrieb wieder auf Vordermann gebracht. In Nynäshamn, 50 Seemeilen von hier, wohin ich ohnedies jetzt wollte, konnte ich die Batterie aufladen lassen.

Für den Augenblick stand jedoch fest, daß ich in dieser Nacht nicht das erbärmlichste kleinste Positionslicht für längere Zeit zum Leuchten bringen konnte. Es sei denn, ich würde stänkernd unter Motor durch die Nacht knattern. Das war in diesem wunderbaren, geheimnisvollen, mondbeschienenen Sommernachtsidyll aber mehr als sündhaft. Ich holte also eine starke Taschenlampe aus der Kajüte, um im Bedarfs- und Notfall die Segel anleuchten zu können. Ich brauchte weiter nichts zu tun, als hellwach und aufmerksam zu sein, und war heilfroh, eine solch ablenkende Beschäftigung gefunden zu haben, denn AZIMUTH, Pit und ich standen jetzt querab von Oxelösund, und dort war Britta und schlief gewiß auch nicht.

Ich paßte also scharf auf, und nach zwei Stunden unbeschreiblich schöner nächtlicher Segelei — Mitternacht war gerade vorüber — setzte wieder eines meiner kleinen erheiternden Erlebnisse ein, die für mich einfach das Salz in der Suppe meiner Skipperei sind. (Ich befürchte allerdings, daß so mancher dieses Erlebnis gar nicht so erheiternd finden wird; schließlich sind die Verordnungen für die Seeschiffahrtsstraßen nicht dazu da, von Leichtsinnsbrüdern mit Füßen getreten zu werden und fünf gerade sein zu lassen.)

Kurz nach Mitternacht dröhnte aus der Ferne ein Schiffsdiesel heran, den ich als zu einem Kümo mittleren Kalibers gehörig identifizieren konnte. Nach einer Weile kam er denn auch grün-rot vierkant auf mich zu. Und das bedeutete: Wahrschau! Entgegenkommer auf Kollisionskurs! Ich zog also schleunigst an dem erwähnten Schwungscheibenstropp und blies meinem Knatterheinrich so lange Pfeffer unter den

Frack, bis das grüne Licht des Kümos ausgewandert und nur noch seine rote Backbord-Positionslaterne sichtbar war. Es konnte mich also nicht mehr übermangeln und würde in gut 150 Meter an Backbord an mir vorbeilaufen.

Alles verlief fast wie vorausgesehen. In der schönen Gewißheit, mich in sicherer Distanz vom Kümo zu befinden, und weil der Mond sich gerade hinter einer silberfarbenen großen Wolke versteckt hielt, funzelte ich mit der Taschenlampe nicht mehr umher. Ich war absolut sicher, mich ungesehen an ihm vorbeischmuggeln zu können. Die Situation auf den Kümos ist um Mitternacht nämlich im allgemeinen so, daß in wenig befahrenen Gewässern zwei Mann an Deck Dienst tun, einer am Ruder, der andere als Deckshand. Alle anderen liegen in tiefstem Schlaf. Der Rudergänger aber drehte vermutlich lässig am Rad und dachte saturiert und genüßlich grinsend an die in Stockholm verlassene und in Kalmar neu aufkommende Liebste.

Da zog der Mond die Silberwolke vom Gesicht. Wie mag der Steuermann zu Tode erschrocken sein, als er auf 150 Meter an Backbord plötzlich ein gespenstisches, vom Mond fahl beleuchtetes weißes Dreieck auf der nächtlichen See sah — meine Segel. Er wäre kein Seemann gewesen, wenn er nicht für Sekunden an den Fliegenden Holländer nebst Klabautermann auf dem Klüverbaum gedacht hätte. Dann aber war ihm blitzschnell klar, daß ihm ein segelnder Halunke einen solchen Schrecken eingejagt hatte. Wie jeder normal reagierende Mensch, ganz gleich, ob Autofahrer oder Schiffsführer, wollte er den aufgestauten Zorn irgendwie wieder loswerden. Normalerweise reagiert man das durch lautes Tuten ab. Das jedoch wagte er nicht, weil er damit vermutlich seinen Kapitän aus dem wohlverdienten Schlummer gerissen hätte. Und die sind in solchen Fällen dann ziemlich humorlos und motzen ihre Steuerleute an: Was das Getute eines solchen spinnenden Segelfritzen wegen um Mitternacht denn solle — so was mangele man über, wenn es einem vor den Steven laufe.

Nee, nee, da mußte er sich etwas Besseres einfallen lassen. Das tat er auch. Er ließ seinen Kahn eine Weile unter Selbststeuerung laufen und stellte den Scheinwerfer an. Da hatte er mich sehr schnell in aller unschuldsvollen Weiße und Reinheit im grellen Lichtkegel. Ich stand auf und hob bedauernd Schultern und Arme. Vom Licht geblendet, sah ich nur das gleißende Scheinwerferauge, nicht jedoch die dahinter dräuende Gebärde. Das wußte er auch und dachte kurz nach. Dann schob sich jäh ein schwarzer, zur Faust geballter Arbeitshandschuh vor die Scheinwerferlinse und bewegte sich drohend mehrfach hin und her. Das sollte besagen: ,,Paß bloß auf, du Hundesohn!'' Ich machte eine tiefe, Verzeihung erheischende Verbeugung und hob den linken Arm: ,,Hab verstanden!'' Versöhnlich gab er mit dem Scheinwerfer noch schnell dreimal kurz, dann zog das rote Backbordlicht vorbei; das weiße Hecklicht kam auf und wanderte langsam in die Nacht davon. Wir setzten unsere Kurse fort — er nach Süden, ich nach Norden der Ålandsee entgegen.

Die Heckseen des Kümos brachten das stille Wasser in Aufruhr. Klatschend setzte der Bug in das Wellengeschwabbel ein. Eine See kam über und schoß rauschend den Speigatten zu. Wie eine Pistolenkugel kam Pit aus der Kajüte nach oben gesaust und stürzte sich in gewaltigem Satz an meine Brust. Ich streichelte ihn und merkte, daß seine Muskulatur vor Angst erstarrt war. Also holte ich sein Kissen hoch, legte es neben mich auf die Backskiste, schob meine Handfläche unter seinen Kopf und redete leise mit ihm. Er war doch noch so klein und stand erst auf der untersten Sprosse seiner Karriereleiter.

In solchen Nächten denkt man, seines Weges dahinsegelnd, über mancherlei nach. Weil mein Herz ohnedies nicht gerade fröhlich gestimmt war, dachte ich unter anderem, daß diese kleine, neben mir liegende Katze eine Lebenserwartung von etwa fünfzehn Jahre hätte und ich zu diesem Zeitpunkt gegen achtzig Jahre alt sein würde. Zu schaffen war das, und an mir sollte es nicht liegen, dem kleinen Pit die Zeit unseres Zusammenlebens so nett wie möglich zu machen. Mit der seemännischen Erziehung konnten wir uns Zeit lassen.

Wie so oft war Rasmus keineswegs dieser Ansicht. Gegen drei Uhr kam die Sonne. Gegen sieben Uhr hatten wir Landsort querab und schwenkten in das lange, nach Nynäshamn führende Schärenfahrwasser ein, als ein schweres Gewitter über uns herfiel. Ein übermäßiger Seegang konnte sich hier nicht mehr aufbauen, aber der Wind heulte im Rigg und fegte schwere Regenflagen übers Schiff. Ich segelte unter kleiner Fock und hatte zwei Reffs im Großsegel. Mein Ölzeug hatte ich rechtzeitig anziehen können, und Pit saß in der Kajüte. Damit er, falls er das Bedürfnis danach haben sollte, mich sehen konnte, hatte ich das untere Steckschott offengelassen. Mit dem ersten herunterschmetternden Blitz und dem sofort einsetzenden paukenden Donnerschlag kam er in den strähnenden Regen herausgestürzt. Was blieb mir übrig? Ich mußte mein Ölzeug aufknöpfen und das vor Angst halb ohnmächtige Kätzchen an meinem Bauch bergen. Natürlich schloß der Verschluß der Öljacke nun nicht mehr vernünftig, und wir wurden beide klatschnaß. Als es aber bald darauf heller wurde und ich meinen Kater wieder an Luft und Sonne zurückholte, begann er, kaum halbwegs abgetrocknet, sofort zu schnurren und mit einem herumliegenden Bändsel zu spielen. Zu gern hätte ich gewußt, was sich so eine fremdländische, in unseren Breiten verschlagene Katze bei hartem Wetter auf See wohl denken mochte. Auch Rasmus schien das zu interessieren, denn er nahm mir noch des öfteren größere Teile von Pits seemännischer Erziehung im Schwerwettersegeln ab. Wir beide jedenfalls erreichten unangefochten den Yachthafen von Nynäshamn. Ein gut Deutsch und Englisch sprechender Student wies uns einen Gastliegeplatz an, der Heckanker klatschte ins Wasser, die Trosse kam steif, und wenig später lag AZIMUTH ordentlich vertäut am Steg.

Der Student kam auf eine Whiskylänge an Bord. Teilnahmsvoll hörte er sich meine Besorgnisse wegen des kleinen, staatenlosen Katertramps Pit an und riet mir, falls überhaupt ein Zöllner hier am Steg auftauchen sollte, zu sagen, die Katze gehöre auf ein schwedisches Nachbarschiff, und ich sei gewissermaßen nur ihr Babysitter, der sie eine Weile zu beaufsichtigen hätte. Bei Komplikationen möge ich den Zöllner getrost an ihn verweisen. Für meinen Fall sei Zöllnern gegenüber Dämlichkeit gepaart mit einer Art Zeichensprache sowieso das Beste. Im übrigen wäre es doch — verdammt noch mal — gelacht, wenn ich dieses kleine Tier nicht auch ohne Papiere ungeschoren nach Deutschland bekäme.

Alles kam natürlich wieder völlig anders, als von uns so sorgfältig geplant, aber es kam besser als angenommen, was die Vermutung sich immer mehr in mir festigen ließ, daß sich einem alten Einhänder das Glück oft liebevoll an die teerige Jacke hängt. So war's nämlich hier in Nynäshamn. Ich baute meine Batterie aus und schleppte sie zum Aufladen zu einer Tankstelle, konnte auf dem Rückweg einem Fischer nicht widerstehen, kaufte ihm einige Schollen ab, und so kam es denn, daß Pit und ich uns wenig später randvoll fraßen. Ein Fläschchen Bier dazu, ein zweites hinterher, und dann schliefte ich zufrieden zu Baue, um auf meiner Koje die ausgefallene Nachtruhe nachzuholen. Nach meiner Gewohnheit hatte ich die Hände fromm über dem vollen Bauch gefaltet. Unter diesen Händen, wohl weil sie noch aromatisch nach Schollen dufteten, hatte sich der kleine Pit angesiedelt. Er hob und senkte sich mit meinen Atemzügen. Zwei friedfertige Weggenossen gaben sich einem wohlverdienten Verdauungsschläfchen hin. Die Sonne schien übers blanke Wasser, kleine, weiße Buffwolken zogen über die blaue Himmelsseide, ein freundlicher, warmer Sommerwind wehte durchs aufgeschobene Kajütdach, und die Lachmöwen schrien und zeterten in der ihnen von Mutter Natur vorprogrammierten Art. Dem müden Segler, auf seinem Pfühl im sicheren Hafen behaglich grunzend, kam das vor, als wenn Nachtigallen im mondüberglänzten Hain schluchzende Kantilenen schlügen — ach, eigentlich noch schöner.

Nach geraumer Zeit holte uns ein dezentes Klopfen aufs Kajütdach ins Dasein und in die Wirklichkeit zurück. ,,Der Student'', dachte ich zunächst. Aber er war es nicht. Von der Nachmittagssonne liebevoll angestrahlt, stand im Cockpit in all seiner tressen- und metallsternglänzenden Herrlichkeit, einem forschen jungen General nicht unähnlich, ein schwedischer Zollbeamter. Mir stockte der Atem. Pit war da ruhiger. Auch er erwachte, drehte dem fremden Eindringling aber nur belästigt den Kopf zu.

,,Come on, sit down and let's have a little drink together'', sagte ich müde und ziemlich verzweifelt.

Pit setzte ich auf den Kajütteppich. Der Zöllner kam herein, hob Pit auf, redete Schwedisch mit ihm und kraulte seinen Bauch. Der Kater beroch den General zunächst mißtrauisch, fand ihn sympathisch und begann zu schnurren. Wir Erwachsenen tasteten zunächst unsere Sprachkenntnisse ab und einigten uns schließlich auf das gute alte Sailorenglish, das, angepaßt an nationale Sprachgewohnheiten, Dialekte und Zungenschläge, das internationale Verständigungsmittel an den Küsten der Welt ist. Die Zollformalitäten brachten wir schnell hinter uns; schließlich hatte ich nichts zu verbergen. Über die Katze wurde kein Wort verloren.

,,Alles okay'', sagte der Zöllner und gleich hinterher: ,,Haben Sie zufällig den Riß Ihres Bootes an Bord? Ich meine die Konstruktionswasserlinie und so.''

,,Jetzt geht's los'', dachte ich. Ich befürchtete, daß er mich das halbe Schiff auseinandernehmen lassen wollte, um nach verborgenen Schnapsbeständen, nach Zigarettenstangen, Hasch und Heroin zu suchen. Ich kramte den Riß hervor und sagte ziemlich ärgerlich:

,,Warum eigentlich dieses Mißtrauen einem deutschen Hafengast gegenüber? Sehe ich denn wie ein Schmuggler aus?''

Er sah mich erstaunt an und meinte:

,,Ich habe doch gesagt, es sei alles okay. Was haben Sie denn?'' Wenn ich mir etwa wegen der Zeichnung Sorge machte, so sei das unbegründet. Er gehöre zu einem Seglerteam, das sein Land auch außerhalb der Grenzen vertrete. Ihn interessiere das Schiff aus Bremen sehr, und er würde es gern einmal auf Einzelheiten hin ansehen.

,,Sofort und solange Sie wollen. Aber vorher noch eins. Was ist mit der kleinen Katze? Sie ist hier in Schweden geboren und mir auch hier geschenkt worden. Ich habe aber keinen Impfpaß für sie."

Die englische Bezeichnung für Impfpaß wußte ich natürlich nicht, und ich schlug das Wort deshalb im Wörterbuch nach. Doch er kannte es auch nicht. Also nahm ich Pit hoch und tat so, als wenn er mit einer Fußballpumpe ein Klistier bekommen sollte. Das war unmißverständlich, und er sagte denn auch:

„Okay, okay, we'll find a solution, no trouble for that reason."

Alles war klar. Ein Segler hilft dem anderen. Sofort war eine gelöste, kameradschaftliche Stimmung da. Er rauchte nicht und trank nicht. Aber er nahm gern mit mir einen Tee und blieb auch noch zum Abendessen. Wir arbeiteten an Echolot, Funkpeiler und Kompaß, und ich bekam von ihm hervorragende Einzelheiten über den Fortgang meiner Reise gesagt. Er malte mir alle guten Ankerplätze in die Seekarten. Bis zu den Ålandinseln und deren Hauptstadt Mariehamn waren es von hier nur noch etwa hundert Seemeilen. Bengt hieß er mit Vornamen, und er empfahl mir, von Nynäshamn aus Stockholm mit der Eisenbahn zu besuchen; es sei ein Katzensprung von einer guten Fahrtstunde.

Als er in sein Auto stieg, waren wir Freunde. Am nächsten Morgen holte er Pit ab und verlud ihn und eine halbe Flasche Doppelkorn in sein Dienstauto. Keine zwei Stunden vergingen, und er gab mir mein Katerchen und einen Impfpaß mit den Worten zurück:

„Nimm's leicht wegen des Schnapses. Dieser Doktor gießt ganz gern einen auf die Lampe, und für das Fläschchen hätte er auf Verlangen deine Katze so mit Impfstoff aufgeladen, daß ihr das Zeug aus den Ohren gelaufen wäre. So, und nun hab eine gute Reise, mein Alter".

Ich gab ihm für seinen kleinen Jungen ein winziges Modell des Leuchtturms Roter Sand in der Außenweser mit auf den Weg. Es hatte einen drehbaren Kopf und ließ sich mit einer kleinen Batterie in Rot, Weiß und Grün zum Blinken bringen. Er selber erhielt den Stander meines Vereins und war sehr glücklich darüber. Wenn mich irgendwo im Ausland ein Zollbeamter kraft Uniform und Amtsgewalt herrisch behandelt, denke ich an den Zöllner Bengt.

Für Pit, nunmehr schwedischer Staatsbürger und Paßbesitzer, arrangierte ich ein kleines Fest mit frischer Milch und Rinderherz. Ich war betrübt, daß ihn dieses für ihn so lebenswichtige Dokument einen Dreck interessierte. Er war lediglich von dem rohen Stück Fleisch angetan. Ich schloß daraus, daß sein fürstliches Geblüt doch durch einen gehörigen Schuß Proletarierblut verwässert zu sein schien. Ich machte mich allerdings auch über ein Fleischstück her, aber das war wenigstens gebraten.

Der finnische Schärenkreuzer war nun zwar aus meinem Blickfeld gesegelt, und eigentlich konnte ich mit meinem Seglerdasein zufrieden sein und als Folge dieser Zufriedenheit in meine früheren zweifelhaften Gewohnheiten und Schlampereien zurückfallen. Aber das war nicht mehr zu machen. Ich wußte, daß Anna und Britta jetzt, wenige Dutzend Kilometer von mir entfernt, in Stockholm ihr Auto auf ein Schiff verluden, um nach Helsinki weiterzufahren. Mancherlei in mir forderte gebieterisch, mich unverzüglich auf den Weg zu machen und die beiden im Hafen zu suchen. Aber diesen Gedanken trat das Alter behutsam und hilfreich zur Seite, und ich machte mir schnell klar, was in der Liebe sinnvoll oder kindisch ist. Die Aussicht, in einer so großen Stadt mit gewaltigen Bahn- und Hafenanlagen zwei Mädchen, diesmal ganz sicher nicht in den gewohnten Jeans, mit ihrem Auto aufzustöbern und sie mehr oder weniger störend von ihrer Verladeaufgabe abzuhalten, war sehr gering.

Ich setzte mich also in meine Kajüte und schrieb an Britta, damit sie sich freue, wenn sie in Helsinki einen Brief von mir vorfände. Ich schrieb in wenigen Zeilen, daß die kleine Katze Britty nunmehr ein registrierter Impfling mit vollgültigem Paß und damit endgültig den Katzenfängern des Königs Carl Gustav entgangen sei, und daß sich unsere Freundschaft von Tag zu Tag mehr festige, und ich schrieb auf vielen Seiten von vielerlei Gedanken, die mir in der Nacht zu schaffen machten und doch so voller Sehnsucht, Zärtlichkeit und Hoffnung seien.

Dann trug ich den Brief zum Postamt und war froh, daß ich das unverzüglich tat, weil mir sonst eins meiner kleinen merkwürdig-komischen Erlebnisse entgangen wäre. Sie sind sehr wichtig, denn sie sind es, die allen vergnügten Leuten die vielen kleinen Lachfalten um die Augen sticheln, die davon zeugen, daß ihr Träger auch nicht die kleinste Gelegenheit zu harmlosen Amüsements ausläßt. Seemannschaft ist nach meiner Auffassung Routinesache, während Menschlichkeit Herzenssache ist.

Ich habe da zwei große Vorbilder, einen alten und einen jüngeren Mann. Der alte ist der legendäre Joshua Slocum. Als er so alt war wie ich jetzt, holte ihn die See von Bord seiner ,,SPRAY''. Dieser wunderbare alte Segler und Seemann war der erste Mensch, der einhand die Welt umsegelte. Er tat das ohne Reklame — einfach so für sich, weil er die See liebte und eben nicht anders konnte. Der zweite heißt Bernard Moitessier und ist ein Mann, der die Ängste und Zweifel, die ihn bei seinen Weltumseglungen überkommen, nicht verschweigt. Was mir an ihm nicht so ganz gefällt, ist seine Hilflosigkeit der Tierwelt — in seinem Falle den Seevögeln — gegenüber. Sie sind seine einzigen Weggenossen. Er liebt sie über alles, und es gelingt ihm oft, ihr Vertrauen zu gewinnen. Das macht ihn sehr glücklich. Er weiß jedoch nie, wie sie heißen und welcher Gattung sie angehören. Er führt eine Menge Bücher an Bord mit sich, kommt aber nicht auf die Idee, sich für ein paar Mark ein Bestimmbuch für Seevögel anzuschaffen. Wenn er von dieser Kritik wüßte, würde er mir sofort auf die Schulter klopfen und murmeln: ,,Mensch, ist ja auch wahr!''

Aber nun zu zwei Männern, die sich von Slocum und Moitessier nicht nur deswegen unterschieden, weil sie vom Segeln auf hoher See keine Ahnung hatten.

Nachdem ich den Brief zur Post gebracht hatte, erkundigte ich mich auf dem Bahnhof — er liegt in der Nähe des Hafens — nach der Abfahrt des Stockholmer Frühzuges. Vor den Gleisanlagen befindet sich eine Art Miniaturpark. Er hat einige Bäume, einige Bänke und einen Kiosk vorzuweisen. Letzterer bot unter vielerlei nicht gerade geschmackvollen Souvenirs auch Getränke und Eiscreme feil. Ich bin gewiß nicht übermäßig leckermäulig, aber alles, was ich auf See oder in den kleinen von mir bevorzugten Fischerhäfen nicht haben kann, zieht mich wie der Honig die Fliegen an, und sichere Instinkte führen mich zu den Bezugsquellen. Hier also handelte es sich um rosafarbenes Eis in einer Riesenwaffel. Lobend ist anzumerken, daß die Dänen und Schweden den Italienern in der Eisfabrikation in nichts nachstehen.

Es war ein heißer Vormittag mit einer lodernden, platinfarbenen Sonne im tiefblauen Himmel, so recht geschaffen, im Baumschatten Eis zu schlabbern. In behaglicher Trägheit räkelte ich mich bald auf einer Parkbank, sah Yachten und Masten im Hafenwasser hoch und nieder, von rechts nach links dümpeln und schwojen, wenn ein Motorboot in eiliger Fahrt um die Ecke kam, und war ein in sich selbst ruhender, still vor sich hindösender Mensch, dem es viel zu beschwerlich war, seinen Gedanken eine bestimmte Richtung zu geben. Einem Gammler nicht unähnlich, tat ich eigentlich weiter nichts, als zu atmen.

Das blieb nicht lange so, denn zwei Bänke weiter zog ein Mensch meine Aufmerksamkeit auf sich. Er war, wenn ich von einem mir bekannten Bremer Kneipenwirt absehe, der dickste Mann, der mir je begegnete. Er winkte ein vorüberlaufendes Kind heran, stattete es mit Geld aus, übergab ihm die neben ihm stehende geleerte Bierflasche, und seine sparsamen, kraftschonenden Gesten ließen unschwer darauf schließen, das er eine kühle gefüllte Flasche herantransportiert wünschte. Aus dem Tempo, mit dem das Kind davoneilte, war außerdem zu ersehen, daß er ihm ein Trinkgeld in Aussicht gestellt hatte.

Nachdem er das alles zufriedenstellend hinter sich gebracht hatte, sah er in meine Richtung, sein Gesichtsausdruck nahm ein gewisses Interesse an, und er winkte mir mit einem Finger, ich möge zu ihm kommen. Weil mir aber seine Geste ein wenig selbstherrlich und gebieterisch erschien, schüttelte ich den Kopf. Wenn er etwas von mir wollte, konnte er genausogut zu mir herkommen. Er erhob sich. Seine Hose sah aus wie ein großer, grauer Trichter, der von seiner ungeheuren Leibesmitte sich zuspitzend zu den braunen Sandalen abfiel. Halt bekam dieser Trichter durch zwei rote, breite Gummihosenträger, die er über einem weißen, halbärmligen Hemd trug. Über dem dicken, roten Gesicht saß schmalkrempig und wenig Schatten spendend ein gelber Strohhut mit einem lustigen schottengemusterten Band. Wie er so plump und auch ein bißchen hilflos vor seiner Bank stand und dann die ersten Schritte in meine Richtung machte, hatte ich das Gefühl, als wenn er in seinem eigenen Fett auf mich zuschwömme. Augenblicklich tat mir mein Verhalten leid. Ich stand auf, und um ihm zu verstehen zu geben, daß ich kein Landsmann von ihm sei, rief ich ihm auf englisch zu: ,,Stop, Mister! Wait a moment. I'm already on my way''.

Zufrieden nickend schwamm er zu seiner Bank zurück. Ich traf gleichzeitig mit dem kleinen Bierholer ein, dem er nach einem mißbilligenden Blick auf den Rest meiner Eiswaffel einen neuen Auftrag und Geld gab. Er, Herr Petterson, begrüßte mich mit Handschlag und in einem Deutsch, wie ich es auch nicht besser spreche. Er hätte die Nationale an meinem Heck gesehen und würde gern mit mir ein bißchen in meiner Muttersprache klönen. Er unterhielte laufend Geschäftsverbindungen mit Hamburg und sei Holzkaufmann, der seiner Tochter wegen ein paar Tage hier in Nynäshamn zubrächte. Seiner Ausdrucksweise nach schien er ein gebildeter Mann zu sein.

Zunächst kamen wir aber noch nicht ins Gespräch, weil er — wieder in der ihm eigenen, ein wenig gebieterischen Art — einen gerade vorübergehenden, mageren Mann heranwinkte, der, nicht so halsstarrig wie ich, auch sofort kam. Mein Dicker stellte dem Mageren in schwedischer Sprache offensichtlich einige Fragen. Zunächst schien es mir ein ernsthaftes Gespräch zu sein, dann aber wurde es immer gelockerter, und beiden lachten und amüsierten sich schließlich königlich, während ich ziemlich einfältig dabeisaß. Der Dicke wollte den Mageren gern zu einem Bier dabehalten, aber der hatte keine Zeit und ging davon. Petterson entschuldigte sich bei mir und meinte, ich würde sofort einsehen, warum er mir gegenüber so unhöflich gewesen wäre. Dieser Magere sei nämlich ein Filou, wie es sie in Schweden nicht allzuoft gebe. Er sei gerade von der Polizei gekommen, wo er sich zu verantworten gehabt habe. Und dann erzählte er mir, was passiert war:

Am Tag zuvor hatte die Polizei den Mageren erwischt, als er aus seinem Kahn in einer Nachbarschäre gefischt und dabei friedlich eine Flasche Whisky ausgetrunken hatte, die mehr oder minder legal im nahen Fährhafen in seinen Besitz gelangt war. Die leere Flasche war dann von ihm zugekorkt und in hohem Bogen ins Wasser geworfen worden — just vor den Bug des um die Ecke schwenkenden Polizeibootes. Die schwedische Polizei — was die Reinhaltung der Gewässer anbelangt äußerst empfindlich — fischte die Buddel auf, hielt sie ihm unter die Nase und befragte ihn nach dem Sinn seines Tuns. Er war ziemlich betrunken und darüber hinaus wegen ähnlicher Vorfälle nicht eben ein Fan der Nynäshamner Polizei. Und so sagte er etwa folgendes:

„Hört mich an, Ihr Brüder. Sicher — ach was, ganz bestimmt — wißt Ihr nichts von den Königinnen dieser Erde. Da ist die Holländerin in Amsterdam. Versteh einer diesen Bernhard, mir wäre sie zu dick. Dann ist da noch die Queen in London. Versteh einer diesen Philipp, mir wäre sie zu langweilig. Aber dann — und jetzt hört genau zu, Jungs — ist da noch weit hinten in Thailand die Königin Sirikit von so anmutigem Liebreiz wie ein dunkeläugiges Reh. Und nun paßt auf, Ihr Polizisten! In diese Flasche, die Ihr da in den Händen haltet, habe ich einen Kuß für sie gehaucht, und der soll jetzt als Flaschenpost zu ihr hin. Also seid so nett und werft die Buddel schleunigst wieder ins Wasser, wenn Ihr meine schöne Exotin nicht zu lange warten lassen wollt!"

Na, das hatte den Ordnungshütern gelangt. Da der Magere polizeibekannt war, brauchten nicht erst die Personalien aufgenommen zu werden; sie bestellten ihn aufs Revier. Er ging auch hin, gab an, von einer Dame Namens Sirikit nie etwas gehört zu haben und überdies von Königinnen sowieso nicht allzuviel zu halten, weil seiner Auffassung nach auf einen Thron jemand mit Hosen gehöre, und zwar so einer, wie das sein geliebter und hochverehrter König Carl Gustav sei.

Er wurde ermahnt, den Alkohol tunlichst zu meiden oder seinen Konsum vielleicht doch ein wenig einzuschränken. Das zu überdenken, hatte er versprochen, befand sich aber auf dem Weg zum Fährhafen, um dort nach einer günstigen Gelegenheit zu spähen, vielleicht doch an eine Buddel kommen.

Vergnügt lachten wir und kamen uns dadurch bereits ein bißchen näher. Um das Gespräch in Gang zu halten, fragte ich Petterson nach der Holzwirtschaft seines Landes. Schließlich war das ja seine Branche. „Hören Sie", sagte er, „das können Sie aus vielerlei Statistiken ersehen." Er wollte mir jedoch etwas Interessantes über das Holz erzählen, wovon ich sicherlich noch nicht gehört hätte.

Sie in Schweden verfolgten mit Interesse die Versuche unseres Landes mit der Kernenergie, und sie wüßten um die Gefahr, die von den Brütern und dem ungeklärten Problem der Mülldeponie ausgingen. Wenn irgend möglich, wollte Schweden auf die Kernenergie verzichten, und sie wären schon eine Weile dabei, nach besseren Lösungen des Energieproblems zu suchen. Zur Zeit liefe folgender Versuch: Sie züchteten sogenannte Energiewälder, schnellwüchsige Pappel- und Weidenwälder, die nach drei Jahren schon gefällt und zerhackt werden könnten. Zu einem Brei verarbeitet, ergäbe sich eine Energiemasse, die, wenn man ein Achtel der Waldfläche Schwedens mit diesem schnellwüchsigen Holz bebauen würde, einen großen Teil des Energiebedarfs des Landes decken könnte. Es sei durchaus erfolgversprechend, was man bisher darüber wüßte.

Ich staunte, mit welcher Weitsichtigkeit dieses kleine Volk Probleme anging, die meinem Land so sehr zu schaffen machten. Außerdem konnte ich mich des Eindrucks nicht erwehren, daß mein neugewonnener dicker Freund seine Finger da auch mit im Spiel hatte. Vorsichtig, um nicht Gebiete anzusprechen, die ihn vielleicht verärgern konnten, erzählte ich ihm, daß ich in den letzten Jahren vielen schwedischen Seglern begegnet sei, die ihr Land für übersozialisiert hielten und die, wenn man ihren Berichten Glauben schenken könne, unter erdrückenden Steuerlasten zu leiden hätten. Auch in der guten alten Zeit habe man Steuern in Schweden gehabt, aber im Gegensatz zur Jetztzeit seien sie erträglich gewesen. Erst diese moderne Zeit habe in aller Welt diese Steuerkatastrophen ausgelöst.

,,Dazu wäre eine Menge zu sagen'', meinte Petterson. ,,Ich weise Sie aber darauf hin, daß Ihr in Deutschland den gleichen Weg der Sozialisierung gehen werdet und müßt, auf dem sich Schweden bereits befindet und mit dem wir mit Sicherheit fertig werden. Was nun aber den immer wieder dahergeschwätzten Unsinn mit der steuerfreien guten alten Zeit angeht, so will ich Ihnen dazu etwas sicher Einleuchtendes sagen. Ich kann mich da nämlich auf einen uralten Kollegen berufen, der vor rund zweitausend Jahren gleichfalls in einem holzverarbeitenden Betrieb tätig war. Sein Name ist Joseph, der seines Kaisers Augustus. Letzterer ließ dem Zimmermann Joseph einen Steuerbescheid zukommen, nach dem er sich unverzüglich bei seinem Finanzamtsvorsteher in Bethlehem einzufinden habe, damit er dort geschätzt, sprich, gemolken werde. Sie mögen daraus ersehen, daß es Besteuerungen schon recht lange gibt, nur daß sie früher erheblich rigoroser praktiziert wurden''.

Jetzt sah ich Herrn Petterson mit völlig anderen Augen. Etwas Lächerliches konnte ich an ihm nicht mehr finden. Mein Bier kam, wir tranken einander zu, und ich erfuhr in den folgenden Stunden das über Stockholm, was ich nie und nimmer allein herausgefunden hätte.

Ob ich schon einmal dortgewesen sei, wollte er wissen.

Ja, das war ich. Etwa 45 Jahre war es her, seit ich als junger Soldat zum ersten Mal nach Stockholm kam. Dem damaligen Hunderttausendmannheer zugehörig, mußten wir beim Verlassen des Schiffes die Seitengewehre zur vorläufigen Aufbewahrung an die schwedische Polizei abliefern. Wir taten das, wie wir vorher instruiert worden waren, als siegreiche Verlierer des Ersten Weltkrieges äußerlich gelassen, innerlich jedoch nahmen wir das zähneknirschend als Schande hin. Trotz allem aber nahm der kleine Rekrutentrupp, der mit nach Stockholm durfte, diesen Makel gern in Kauf, weil die Seitengewehre, die uns vom Kammerbullen zugeteilt worden waren, ein beträchtliches Gewicht und eine solche Länge hatten, daß sie dem Träger unbarmherzig in Kniekehlen und Waden stießen. Wir waren damals überhaupt ein mitleiderregendes, kleines Heer, das aus Panzerabwehrkanonen, deren Rohre aus Holz zurechtgehobelt waren, nach Panzern schoß, die aus einem mit Tarnfarbe angepinselten Holzgerüst bestanden, das, auf einen Hanomag montiert, gebrechlich und gemächlich durch das Heidekraut des Übungsplatzes Döberitz zockelte.

Was ich da verloren hatte? Ganz einfach. In der damaligen Inflationszeit gab es in Deutschland ein Heer von Arbeitslosen. Gar nicht daran zu denken, meinen Wunschtraum, Forstmeister zu werden, verwirklichen zu können. Auch Kriegs- und Handelsmarine stießen mich brüsk zurück. Nach längerer Wartezeit jedoch nahm mich die Reichswehr — eigentlich aber auch nur deswegen, weil ich mir als Fünfkämpfer einen Namen gemacht hatte und sie zufällig einen solchen brauchten. ,,Noskehund, verdammter!" schrien gewisse politische Randalierer hinter uns her. Wir waren gehalten, falls wir im Übergewicht waren, ihnen dafür eins in die Zähne zu pfeffern, und taten das auch.

Die Wartezeit zwischen Abitur und Einberufung hatte ich dazu benutzt, mit dem Fahrrad nach Venedig zu juckeln. Venezia — erbaut auf 118 kleinen Inseln in den Lagunen des Adriatischen Meeres, wie ja auch Stockholm auf einer Menge von Inseln erbaut ist. Kurz und gut, diese beiden wundervollen, so sehr unterschiedlichen Inselstädte sah ich innerhalb von etwa zwei Jahren. Als ich darüber nachdachte, welcher der Vorzug zu geben sei, entschied ich mich spontan für Stockholm als die liebenswürdigere und auch schönere. Eigentlich war ich damals über diese Entscheidung betroffen, und ich nahm zunächst an, daß ich mich als nordischer Mensch zu einer nordischen Stadt wie Stockholm mehr hingezogen und dort heimischer fühlte als etwa zu San Marco, dem Dogenpalast oder dem Kampanile. Heute weiß ich den Grund. Er ist sehr einfach und wie die meisten meiner Begründungen eigentlich nur auf mich zugeschnitten. Die alten mehr oder weniger miteinander verfeindeten italienischen Adelsgeschlechter — hochmütig, stolz und eitel — hatten ihre Prunkbauten den weniger Bemittelten ihres Standes vor allem deswegen vor die Nase gesetzt, damit diese sich vor Neid schwarz ärgerten. Wer da nur ein bißchen näher hinter die wunderhübschen Kulissen schaut, dem teilen sich sehr schnell Haß und Zwietracht, Prahlerei und Fehde, aber auch das Blitzen des brudermörderischen Stiletts mit und trüben das farbenfrohe Bild der Lagunenstadt.

In Stockholm erscheint mir nicht alles, aber doch sehr vieles durchsichtiger, klarer, anständiger und damit schöner. Ich bin nun eben aus dem Norden. Daß ich nur nicht zu erwähnen vergesse, daß Stockholm lange Zeit als das Venedig des Nordens galt. Darüber, daß das nicht mehr so ist, raufen sich die Schweden die Haare, weil sie wissen, daß sie aus purem Unverstand dieser wundervollen Stadt die Seele genommen haben. Unwiderbringlich.

Herr Petterson war es, der mir da eine Menge klarmachte. Seine blauen Augen in dem gutmütigen, dicken Gesicht unter dem lächerlichen Strohhütchen waren voll zorniger Trauer, als er begann, von Stockholm zu sprechen.

Im Jahre 1972 fand in dieser Stadt eine Umweltkonferenz der UNO statt. Es ist menschlich verständlich, daß die Bosse der Organisation vorher die Köpfe zusammengesteckt und beraten hatten, welches Plätzchen in der Welt wohl am geeignetsten und hübschesten sei, um die nicht gerade kleinlich bemessenen Tagegelder, Diäten und Spesen nach anstrengender Sitzungstätigkeit in der Freizeit zweckmäßig auf den Kopf zu hauen. Man einigte sich schnell auf Stockhom, weil diese Stadt als hübsch galt und, wie man so hörte, dort auch einiges los sein sollte. Jedenfalls war den Teilnehmern berichtet worden, daß es den schwedischen Stadtbaumeistern gelungen sei, Tradition und Moderne so geschickt miteinander zu verbinden, daß eine ideale Stadt entstanden sei. In neugieriger Erwartung reisten die Umweltfachleute aus aller Welt an und waren entsetzt und erschüttert, daß eine der schönsten Städte der Welt ihrer Seele beraubt war. Was war geschehen?

Petterson wußte das sehr genau. In den vergangenen zwölf Jahren waren im Stadtzentrum 270 000 m^2 Hausgrundfläche dem Erdboden gleichgemacht worden, und zwar ohne Rücksicht auf Verluste. Die Verluste aber waren Bauten von unersetzlichem kulturellem und architektonischem Wert. Trotzdem war mein dicker Freund gerecht genug, zuzugeben, daß einschneidende Veränderungen im Stadtzentrum unabdingbar notwendig waren, nur daß eben die dabei angewandte Holzhammermethode besser einer intelligenteren und nicht so voreiligen Stadtplanung Raum gegeben hätte. Petterson liebte seine schwedischen Landsleute über alles, und es erfüllte ihn mit Bitterkeit, daß sein altes Wikingervolk im Land der Sverige unter der jähen Wandlung vom uralten Bauern- zum modernen Industriestaat — diese Wandlung vollzog sich in nur fünf Jahrzehnten — seelischen Schaden genommen haben könnte. Er wußte das gut zu begründen, und mir wurde klar, was Urbanisierung überhaupt bedeutete. In Schweden jedenfalls ging sie in einem so enormen Tempo vor sich, daß sich in den wenigen Jahrzehnten eine gewaltige Landflucht vollzog und seitdem 80 Prozent des schwedischen Volkes in den Städten wohnen. Weg war der Bauer. Eine kühle Rechnung ergab, daß Holz- und Erzexport gewinnträchtiger als Agrarwirtschaft waren.

Ich begriff, daß bei einem solchen Tempo der Inbesitznahme der Städte mit ihren Industrien mancher städtebauliche Entschluß getroffen werden mußte, der mehr diesem ungeheuren Tempo als Tradition und Kultur Rechnung trug. Das gab auch Petterson zu, wenn auch ein bißchen widerwillig. Anklagend wies er darauf hin, daß diese Bevölkerungsexplosion in den Städten dazu geführt hatte, daß an der Peripherie von Stockholm neue, moderne Stadtteile erbaut werden mußten, sogenannte Schlafstädte, deren Einwohner, wie der Name schon sagt, nur dort schlafen, tagsüber aber in der City arbeiten. Die Regierung liebt die Bezeichnung Schlafstadt nicht so besonders und sieht sie lieber durch Satellitenstadt ersetzt. Aber nun sind sie da, diese Neubaustädte, und mit ihnen kam, was kommen mußte, nämlich Kriminalität, zunehmende Selbstmordrate, steigende Trunksucht und die Isolierung des einzelnen in der Masse. Mein kleines nordisches Lieblingsvolk hat auf seinem Wege zum Reichtum über Holz und Erz sein gerüttelt Maß an schwerwiegenden Problemen vor sich herzuschieben, von denen der Gastsegler nichts ahnt, wenn er mit einer hübschen Backstagsbrise im Segel an den Tausenden von lustigen Holzhäuschen vorübersegelt, die da so friedlich und auf die Naturverbundenheit ihrer Bewohner hinweisend auf den Schären und vor den dunklen Wäldern stehen.

Petterson sah mein nachdenkliches Gesicht, klopfte mir auf die Schulter und tröstete mich damit, daß trotzdem noch genug übriggeblieben sei, um mich in Stockholm von Herzen zu erfreuen. Ich dachte an die zu besichtigenden Dinge, die ich mir schon vorher auf einen Zettel geschrieben hatte, zum Beispiel das königliche Schloß, das Stadthaus, die Altstadt mit Kopmannsgatan und Skippsbron, Museen und vor allen Dingen Storkyrka mit dem St. Georgsdrachen von dem berühmten deutschen Bildschnitzer und Maler Bernt Notke.

Petterson examinierte mich, ob ich wüßte, daß unser damaliger Kanzler Willy Brandt in dieser Storkyrka seine Nobelpreis-Rede gehalten hätte. Natürlich wußte ich das nicht. Ich wußte es genausowenig, wie ich wenige Wochen zuvor in Kalmar gewußt hatte, daß die Schwiegertochter des Kanzlers Adenauer in diesem Kalmar geehelicht worden war.

Petterson war gerade dabei, mir das schönste Bauwerk Stockholms, das im 17. Jahrhundert erbaute Riddarhus — Versammlungshaus des schwedischen Adels —, warm ans Herz zu legen, als sich volltönig wie Wagnersche Posaunenchöre die Dreiklangsirene eines Automobils vom Straßenrand her meldete. Ein großer amerikanischer Straßenkreuzer rollte majestätisch, chromblinkend, mit dunkel getönter Verglasung heran. Die Hupenakkorde waren deswegen ausgelöst worden, weil unser kleiner Bierholer gerade wieder mit zwei frischen Buddeln vergnügt über die Straße flitzte. Vorsichtshalber sah sich der elegante Amerikaner zum Bremsen genötigt.

Meine anfängliche Sorge um das Kind war völlig unbegründet. Sie machte dafür der ehrlichen Faszination darüber Platz, wie sich dieser lange Schlitten beim Bremsvorgang verhielt. Jedenfalls tat er das sehr unterschiedlich zu meiner Volkskarre, die, wenn man ihr aufs Bremspedal tritt, ihre Pneus sofort in den Straßenbelag krallt, steif wie ein Bock noch ein Stückchen vor sich hinrutscht, um dann teilnahmslos stehenzubleiben. Nee, nee, dieser Cadillac, oder was immer es sein mochte, benahm sich da völlig anders. Er wippte zunächst mit der Motorhaube stark nach unten, sein gesamtes Fell erzitterte wie das eines Araberhengstes, erregt wippte das lackglitzernde Gebilde eine ganze Weile auf und nieder, ehe es sich beruhigte, um dann aus großen Glasaugen die Straße entlangzuglotzen.

,,Ich werde abgeholt'', sagte Petterson unglücklich und sah angewidert auf Auto und Chauffeur. Letzterer wollte herbeieilen, aber sein dicker Chef streckte in der für ihn charakteristischen gebieterischen Art den Zeigefinger aus und bannte ihn damit an seinen Platz. Resigniert nahm Petterson dem Kind die Bierbuddeln ab, gab ihm eine Münze und mir die beiden Flaschen. Dann griff er nach meinem Arm und schwamm dick und unbeholfen mit mir dem Straßenkreuzer zu. Der Fahrer öffnete dienstbereit die Wagentür. Petterson machte kehrt und stellte sich nunmehr mit dem Rücken zur Wagentür, faßte mit beiden Händen deren Rahmen und ließ sich auf das Lederpolster sinken. Ächzend ging das Luxusauto in die Knie und kam dann langsam wieder hoch. Der Chauffeur half, die Beine Pettersons nach vorn zu bringen. Er schien darin Übung zu haben, denn es gelang auf Anhieb.

,,Mach's gut, Mann aus Bremen, und viel Spaß morgen in Stockholm'', sagte mein dicker Freund und gab mir die Hand. Fast lautlos rollte der Kreuzer davon. Ich hätte Petterson sehr gern wiedergesehen oder doch wenigstens seine Anschrift gehabt. Na gut, es sollte nicht sein, aber sicher hätte es ihn interessiert, zu erfahren, wie unsere umsichtigen Planungen hinsichtlich der Besichtigung Stockholms ins Wasser fielen. Die Schuld daran trug ich.

IX

Auf großer Butterfahrt — Wie Sven dem Zoll ein
Schnippchen schlug — Die Sache mit der Maus —
Schären und Watt: Der große Unterschied — Gustav Adolf,
schwedischer Staatsbürger h. c. — Ausgestoßen aus
Finnland — Kursänderung — Eine Stunde der Schöpfung

Den um sechs Uhr nach Stockholm gehenden Frühzug erreichte ich
nicht. Und das kam so:

Als ich eine Stunde vorher frischgewaschen und zähneputzend im
Cockpit stand, ruderte der Sirikitfan vorbei. Die Unternehmungslust
leuchtete ihm so hell aus den Augen wie der Flaschenhals aus seiner
Jackentasche. Grüßend erhob ich die Hand. Er erkannte mich, änderte
sofort seinen Kurs, hielt hart Steuerbord und kam herangepflügt.
Längsseits angekommen, lachte er mich in wirklich entwaffnender Manier an, entkorkte seine Buddel, hielt sie mir einladend hin und pala-
verte vergnügt los. Ich verstand zwar nichts, sah aber, daß er den Pegel
seiner Schnapsflasche nicht unbedeutend gesenkt hatte. Um ihn einer-
seits nicht zu beleidigen, andererseits nicht zu sehr zu schädigen, nahm
ich einen winzigen Schluck, so klein, daß er nicht einmal die Reste meiner Zahnpasta aus dem Munde zu spülen vermochte und daher mehr
nach Pfefferminzlikör als nach Whisky schmeckte. Gerührt über seine
Freundlichkeit, bedeutete ich ihm mit senkrecht nach unten gehalte-
nem Zeigefinger und dem internationalen Wort „stop!", an Ort und
Stelle zu verharren, ging nach unten, wo ich einen kleinen, mit den un-
terschiedlichsten Schnapsproben angefüllten Pappkarton suchte und
auch fand. Als ich sie ihm schenkte, gelang es mir, ihm zu verdeutlichen,
daß diese Fläschchen als kleine Flaschenpost für Sirikit gedacht seien.

In dem Augenblick, als er lachend und dankend sein Geschenk in Empfang nahm, erschien Pit auf der Bildfläche, gähnte uns herzhaft, spitzzähnig und blauäugig aus rosarotem Rachen an und sprang neben mich auf die Backskiste, neugierig und vertrauensselig. Man sah dem Schweden an, wie fasziniert er von dem kleinen Kater war. Mit aller Vorsicht stellte er den Karton auf die Ruderbank. Dann griff er mit geübter Fischerhand, die einen glitschigen Aal leicht festhalten kann, nach Pit und erwischte ihn auch mit sicherem Griff. Zugegebenermaßen ist Pit auch von mir zuweilen einen dezenten aromatischen Alkoholdunst gewöhnt, hier aber schien ihm wohl des Guten zuviel getan worden zu sein. Unvermittelt fauchte er los wie ein Blasebalg, so daß ihn der verdutzte Schwede losließ. Er sprang aufs Deck, von da auf den Steg, hüpfte auf diesem wie ein Gummiball entlang und verschwand unter der Persenning der übernächsten schwedischen Yacht.

Weg war er und leider auch der Zug, ehe mir einfiel, wie ich seiner wieder habhaft werden könnte. Das war schließlich gar nicht so schwer. Ich klapperte vor der Yacht mit seiner Katzenkekstrommel. Sofort kam er hervor, um mit schiefgestelltem Kopf und allerlei Intelligenz im Blick festzustellen, was geboten würde. Er hatte noch nicht gefrühstückt, sonst hätten ihn diese lausigen Kekse wohl kaum veranlaßt, sich so willig einfangen und abführen zu lassen. Als er den Schweden sah, knurrte er. Dieser — ein Mann, der mit Tieren umzugehen wußte — ruderte schnell und bewegungsarm davon, vermutlich zu einem der Polizei nicht so ohne weiteres zugänglichen Schlupfwinkel in den Schären.

Ich versorgte Pit, sperrte ihn diebessicher ein und erreichte mit dem nächsten Zug gegen halb neun Stockholm, festentschlossen, nunmehr meine Besichtigungstour planmäßig abzuspulen. Ich muß daran erinnern, daß ich ja schon einige Wochen unterwegs war und gerade aus einer friedlichen, stillen Schärenlandschaft kam. Denn nun wurde ich unvermittelt mit dem ohrenbetäubenden Lärm und dem infernalischen Benzingestank einer Großstadt konfrontiert. In mir kam eine Art Entsetzen auf, gepaart mit Widerwillen und Furcht. In Stockholm hatte die Rush-hour eingesetzt. Zwischen Ampelgeblinke, Blechlawinengeheule und Menschenpulks wurde ich der City zugeschoben, in die ich ja schließlich wollte. Ich fühlte mich sehr allein und fremd und hätte einiges darum gegeben, wenn ich auf meinem kleinen Schiff mit meinem schnurrenden Katerchen hätte sein können. Da tönte ganz dünn und aus der Ferne kommend — so was hören nur Eingeborene der Küstenregionen heraus — ein dunkler, sonorer Ton, wie der eines Tritonhornes, durch das Verkehrschaos.

,,Hej! Du! Paß auf!'' sagte da ein Schiff etwa sechs Sekunden lang zu einem anderen und auch zu mir. Ich änderte meinen Kurs leicht nach Backbord. Dann hörte ich das Schiff wieder. Diesmal teilte es mit, daß es nun gleich beginnen würde, seine Schraube rückwärtslaufen zu lassen.

,,Verstanden! Mach man! Ich paß auf!'' antwortete ihm ein anderes Schiff.

Für mich war es ein Trost, der von dieser verständlichen Schiffssprache für mich ausging. In markerschütterndem Donner trieb ich durch die Abgründe und Schluchten der Straßen mit sicherem Kurs dahin. Wenn ich ihn zu verlieren drohte, sagten mir die Schiffe Bescheid. ,,Komm man, Jung, komm man!''

Langsam schor ich aus dem Gejaule aus: eine Wasserfläche tat sich auf, an deren jenseitigem Ufer ein hübscher alter Dreimaster schwamm.

216

Weiter hinten lag eine Art großes, weißes Bäderschiff. Das steuerte ich zunächst mal an. Die Gangway war ausgefahren. Passagiere gingen und kamen. Zufrieden steckte ich die Hände bis zu den Ellenbogen in die Hosentaschen und machte mich genüßlich daran, das Gehabe der schwedischen Schiffahrt ein bißchen unter die Lupe zu nehmen. Gefiel mir gut, wie sie da alles sicher im Griff hatten. Das Schiff hieß PRINZESSAN oder so ähnlich, es kann auch „COMTESSAN" gewesen sein, in jedem Falle aber nicht meiner schlichtbürgerlichen Abkunft zugehörig. In dieser Beziehung sind die Schweden ohnedies ein merkwürdiges Völkchen. Wenn man friedlich und privat irgendwo mit ihnen zusammensitzt, einen ganz Kleinen trinkt und sich was erzählt, sind sie Supersozialisten und Demokraten, die wie die Rohrspatzen über ihr kostspieliges Königshaus schimpfen, das sie sich zum reinen Privatvergnügen halten. Aber laß bloß mal eins der gekrönten Häupter heiraten oder ein Kind kriegen, dann ist bei diesen traditionsbewußten, königstreuen Wikingern der Teufel los — keine noch so kleine Fensterscheibe ohne Königsfamilienbild. Fröhliche Feste haben wir da schon gefeiert. Bei näherem Hinsehen erwies sich COMTESSAN aber doch schon als ein bißchen ramponiert. Jedenfalls war dieses Comtesschen lange aus dem Backfischalter heraus. Um Ankerklüse und Steven war die weiße Schminke zwar dick aufgetragen, aber dieses Make-up hinderte den darunter diskret verborgenen Rost nicht, die aristokratische Blässe durch seinen bräunlich-derben, bäuerlichen Akzent zu mildern. Aus diesen kleinen Äußerlichkeiten ersah ich, daß Comtesschen kein Faulenzerdasein führte, gestützt auf fürstliche Apanagen, sondern ihr täglich Brot hart erarbeiten mußte. Die Passagiere waren nette bürgerliche Leute, die Körbe, Taschen und Plastiktüten in den Händen hielten. Sie stauten sich vor der Gangway, wo Billets verkauft wurden. Aber wozu? Für Hafenrundfahrten war COMTESSAN zu groß.

Dann schluckte der Schiffsbauch ganze Lastwagenladungen von Bier, Schnaps und Lebensmittel. Eine Ahnung dämmerte in mir auf. Sollte das Comtesschen ein Butterdampfer sein, die Passagiere aber Eintagsfliegen, erwartet von einer den Helgoländern vergleichbaren Inselbevölkerung, die auch die Devise „Ausbooten! Ausbeuten! Einbooten!" auf ihr Panier geschrieben hatte? An eine Schuppenwand war ein großes Plakat genagelt, das unter anderem in Deutsch das Geheimnis lüftete. Das arme Fürstenkind war tatsächlich ein Butterdampfer, der zu den Ålandinseln ging, mein nächstes Ziel Mariehamn in Finnland zum Endziel hatte und gegen 20 Uhr wieder zurück sein würde. Ich zog bei einem pfeiferauchenden Besatzungsmitglied nähere Er-

217

kundigungen ein. Der Mann betrachtete mich aufmerksam und fragte dann: ,,Pensioner?"

,,Yes, something like that", antwortete ich.

Dann nannte er einen so lächerlichen Fahrpreis für die immerhin bis zur Rückkehr zurückzulegenden etwa 180 Seemeilen, daß ich ihm nicht glaubte und — nur so aus Neugier — zum Billetverkäufer ging. Dieser hatte, weil COMTESSAN bald ablegen sollte, nicht mehr allzuviel zu tun.

,,Aha, Pensioner!" sagte er nach einem prüfenden Blick in mein Gesicht.

Mich kränkte das etwas, weil ich mich natürlich für jünger aussehend hielt, diesem erfahrenen Verkaufspsychologen aber mehr Glauben schenken mußte als irgendwelchen Schmeichlern, die mit ihren faustdicken Lügen vermutlich nur ein Gläschen mehr aus mir herauslocken wollten. Mein ungläubiges Erstaunen zerstreute er mit der Bemerkung, daß der Fahrpreis das Geringste sei, was sie von mir erwarteten. Schon hatte ich ein Billet in der Hand, mußte lediglich der Grenze wegen einen Paß vorzeigen, zahlte wenige Deutsche Mark und verschwand im Schiffsbauch.

Ich dachte an den dicken Petterson, an das königliche Schloß, den St. Georgsdrachen, ans Riddarhus, überhaupt an Stockholm im allgemeinen und wußte, daß ich diesmal wieder mit leeren Händen in meinen Verwandten- und Bekanntenkreis zurückkehren würde, dem an Schiffsreisen auf Butterdampfern so wenig liegt wie mir am Verkehrsgeheul von Stockholm. Na, vielleicht das nächste Mal. Schließlich lag Stockholm so ziemlich an meiner künftigen Route, sei es nun zu Wasser, zu Lande oder in der Luft, einfach deswegen, weil Britta am Ende dieser Straße wohnte. Was die wohl zu meiner Stockholm-Besichtigung sagen würde. Vermutlich würde sie sich darüber amüsieren und das Ganze als typisch für mich halten. Nach Helsinki war es von hier aus ein Katzensprung, und ich befand mich ohnedies gerade auf dem Wege in ihr Geburts- und Heimatland.

,,Wirst du dich gleich zusammennehmen, du verliebter alter Kater!" rief ich mich zur Ordnung. In diesen seelischen Wirrwarr griff COMTESSAN mit einem heiseren ,,tut!" ein. Ihre drei Decks fingen an zu beben, Leinen flogen los, Schraubenwasser brodelte auf, das Comtesschen machte sich auf den Weg nach Finnland. Ruhig, ohne Schwingenschlag, hing eine Silbermöwe über dem Flaggenknopf, unter dem das gelbe Kreuz auf blauem Grund auszuwehen begann. An den Ufern zogen die bunten Sommerhäuschen der Stockholmer vorüber, in unserer Hecksee dümpelten Jollen und Ruderkähne, und alle diese hübschen, einfachen Dinge wurden von der Sonne liebevoll in strahlendes Licht und dunkelnde Schlagschatten getaucht. Ich stand im allmählich aufkommenden Fahrtwind auf dem dritten Deck hoch über der Bugwelle und war mit meinen Lebensumständen wieder einmal sehr einverstanden.

Da fiel mir auf, daß ich eigentlich ganz allein hier herumstand. Kurze Zeit vorher aber waren ganze Schwedenkaravanen die Gangway hochgewandert. Wo waren sie geblieben? Eine leise Besorgnis kam in mir auf. Nicht wegen der abhanden gekommenen Schweden, sondern ein bißchen deswegen, weil mir der Billettverkäufer zu verstehen gegeben hatte, daß der geringe Fahrpreis das Wenigste sei, was von mir erwartet würde. Was mochten die denn noch von mir wollen? Mir gingen Presseberichte und Fernsehreportagen durch den Kopf, nach denen — wenn man ihnen Glauben schenken durfte — so unglückliche, hilflose, arme, alte Rentner wie ich von skrupellosen Moneymakern für einen lächerlich geringen Fahrpreis zu Kaffeefahrten in Busse gelockt wurden, denen sie nach angemessener Zeit mit einem Nerzmantel über dem einen und einem Staubsauger unter dem anderen Arm, einem Perserteppich über der Schulter und einem kleingedruckten Bauvertrag für ein hübsches Häuschen in der Tasche wieder entstiegen. Mißtrauisch besah ich mir die Rückseite meiner Fahrkarte. Sie war unbedruckt, wenn man von einem Reedereistempel absah. Ich konnte keinerlei Fußangeln entdecken.

Ich machte mich auf den Weg, die Schweden zu suchen, und fand sie schnell. Sie waren doch wirklich genau solche Hamsterer und Eintagsfliegen wie wir Deutschen auch. Da kümmerten sie sich einen Dreck um Aussicht und Schärenschönheit und standen in ganzen Trauben erwartungsvoll vor Warentischen und Buffets, um ihre mitgebrachten Taschen zu füllen, vermutlich in dem Augenblick, wenn wir aus der Dreimeilenzone heraus waren. Davon also ernährte sich mein Comtesschen und vermutlich gar nicht einmal so schlecht.

Ich stieg wieder auf mein Oberdeck. Wenn man so verhältnismäßig weite Reisen mit einem kleinen Segelschiff macht, hat man vorher die Seekarten sehr genau studiert. Also wußte ich, daß nun bald die Abzweigung des Fahrwassers kommen mußte, aus dem ich mit AZIMUTH in zwei Tagen erscheinen würde, um in jenes einzuschwenken, das COMTESSAN jetzt befuhr. Ich errechnete, daß wir uns bei handigem Wind wohl zweimal begegnen würden, da ich zu den Ålands den gleichen Kurs wie sie zu laufen hatte, beide auf dem Wege nach Mariehamn. Wunderschön war diese Schiffsreise durch die Schärenkanäle, hoch über den kleinen, bewaldeten Felsinseln. Der heilige Georg mit gezogenem Schwert über dem schauderhaft anzusehenden Drachen, mir vermutlich auch weiterhin nur von Abbildungen bekannt, würde in seiner verkehrsumtosten Storkyrka Verständnis für mein Verhalten haben, und von seinem Erschaffer, dem alten Bildschnitzer Bernt Notke, hoffte ich das gleiche.

Zu dem Zeitpunkt wußte ich noch nicht, daß sich der Drache — seit uralten Zeiten das Symbol für Falschheit und abgrundtiefe Schlechtigkeit — auch auf mich bereits zuringelte. Doch aus mir wurde kein strahlender Ritter in silbern glänzender Rüstung, der mit blitzendem Schwert dem Gewürm den Kopf abschlug wie St. Georg in Storkyrka oder Siegfried in Burgund. Nein, nichts dergleichen, ich unterlag zwar jämmerlich, dafür aber höchst amüsant, schädigte niemanden und half doch, dem Zoll ein Schnippchen zu schlagen.

Mir war schon längere Zeit aufgefallen, daß sich ein kleiner, nicht besonders gut ernährter Mann in meiner Nähe aufhielt. Er trug eine Bluse aus weißem Drillich. Vorn war sie mit einer blauen Kordel geschnürt. An den Küsten nennt man diese Art von Blusen Taklerhemden. An den Beinen Jeans, auf dem Kopf eine blaue Pudelmütze, wies er sich unmißverständlich als Seemann aus. Ein gelockter, graumelierter Vollbart rund um hellblaue Augen machte ihn mir sehr sympathisch. Ich lachte ihm also zu. Er kam heran und erkundigte sich, ob ich Amerikaner sei. Ich sagte ihm woher und wohin, und schon war ein in Sailorenglish geführter Klönschnack in vollem Gange.

Die Schärenufer wichen jetzt zurück, eine gut betonnte ,,Autobahn'' tat sich auf, die Diesel von COMTESSAN wurden lauter, das Comtesschen erzitterte, und mit ,,voll voraus'' hielten wir auf das Feuer Tjärven zu, das am Eingang zur Ålandsee liegt. Ich sah mir jede Tonne und meine Umwelt genau an, weil dies drei Tage später mein Seglerrevier sein würde. Wenn kein Sturm aufkam, würde ich hier seglerisch und navigatorisch nicht besonders gefordert werden. Das sagte ich meinem neuen Freund und Matrosen Sven. Den erfreute das sehr, weil er nun seine höfliche Zurückhaltung fallenlassen und zu seinem eigentlichen Anliegen kommen konnte. Er war auch ein bißchen in Terminnot, denn wir näherten uns der Dreimeilenzone. Ich habe noch nachzutragen, daß er auf Grund eines Magenleidens nicht mehr Seemann, sondern, wenn ich ihn richtig verstanden habe, so eine Art Hilfsableser für Gas und Wasser in Stockholm, zur Zeit jedoch krankgeschrieben war. Sein Anliegen an mich bestand in folgendem:

Die Masse der Passagiere unseres Schiffes setzte sich aus Eintagsfliegen zusammen, die ausschließlich der zollfreien Lebensmittel wegen mitfuhren. In dieser Teigmasse gab es aber auch Rosinen, wie beispielsweise mich und, wie sich herausstellte, noch einige andere. Wo diese anderen — einige Engländer und Amerikaner — im Augenblick und auf welchem Deck stationiert waren, wußte er haargenau, und er wußte auch, daß keiner dieser Ausländer Wert auf die zollfreien Viktualien legte. Darauf baute sich sein Plan auf. Wenn ich ihm nur für einen Augenblick meine Fahrkarte überließe — mich selber um den Einkauf mit der damit verbundenen Geldausgabe zu bemühen, wollte er mir keinesfalls zumuten —, könne er diesen Einkauf tätigen und so in den Genuß einer für ihn sehr wichtigen Einkommensverbesserung kommen. Mir leuchtete das ein, und weil mein Interesse für derlei Unternehmungen stets sehr rege ist, willfahrte ich auch seiner nächsten Bitte, mit ihm ein Deck tiefer zu kommen. Dort standen drei Engländer: Vater, Mutter und deren Sohn. Mich gewissermaßen als Aushängeschild benutzend, vereinnahmte er auch verhältnismäßig schnell deren Fahrkarten, ließ uns ein wenig verunsichert zurück und verschwand im Niedergang zum tiefergelegenen Deck, nicht ohne mir vorher noch schnell seine Pudelmütze als Pfand in die Hand gedrückt zu haben. Für mich ein sicheres Zeichen seiner Lauterkeit.

Die englische Mutter war die erste, die sich nach einer Weile beunruhigt zeigte. Sie warf ihrem Mann indignierte Blicke zu und gab ihm zu verstehen, daß schließlich er es war, der diesem *robber* — wie sie sich ausdrückte — die Karten in typischer Vertrauensseligkeit überlassen habe. Ich versuchte sie zu beruhigen und verwies auf die Pudelmütze, die er ganz gewiß nicht im Stich lassen würde. Sie nahm die Mütze zwischen zwei spitze Finger, betrachtete sie angewidert und bemerkte, daß an ihr nicht besonders viel dran wäre. Damit hatte sie leider recht.

Ihr Mann hatte vergnügte, in lauter Lachfältchen eingerahmte Augen. Ich sagte ihm, daß ich sicher wäre, die Karten zurückzuerhalten, daß mir aber wirklich schleierhaft sei, wie unser Gasableser diese unzulässige hohe Warenmenge vom Schiff und durch den Zoll bringen wolle. Außerdem sei ich überzeugt, daß wir vier nicht die einzigen Sponsoren seines Unternehmens auf diesem Schiff seien.

,,Das ist es ja, was mich an dieser Sache so interessiert. Hier gibt es was zu lernen'', erwiderte der englische Gentleman. Er war keine Spur besser als ich.

Wir warteten also. Ziemlich lange. Als blauschattig Åland über der Kimm aufkam, kam auch Sven, übergab jedem von uns eine große Plastiktüte sowie die Fahrkarte. Mir nahm er seine Mütze aus der Hand und setzte sie auf. Verdutzt standen wir mit unseren Tüten in den Händen ziemlich dämlich da. Der Engländer — zweifellos ein Kaufmann — begriff die Zusammenhänge am ehesten.

,,Als nächstes bittet er uns jetzt, das ganze Zeug in Mariehamn mit an Land zu nehmen und es ihm erst nach Passieren des Zolls wieder auszuhändigen!'' sagte er.

Genau das tat Sven. Auf Befragen gab er zu, in Mariehamn einen Geschäftsmann zu wissen, der ihm seine Ware zu einem guten Preis abnähme. So sei beiden geholfen, und wir, seine lieben Mäzene, hätten ja schließlich auch weiter kein Unrecht begangen, wenn wir die uns zustehende Ration an Bord erstanden hätten. Wer sei denn geschädigt? Keiner! Na also! Daß wir den Tütentransport am Zoll vorbei auf uns nehmen müßten, täte ihm wirklich leid.

Selbst die ziemlich hölzerne Lady lachte vergnügt, als drei Amerikaner, drei Engländer und ein Deutscher unter der Führung Svens die COMTESSAN verließen. Den Zöllnern war unser Gehabe völlig gleichgültig. Sie waren lediglich an unseren Pässsen interessiert — übermäßig allerdings auch nicht. Ein Stückchen vom Anleger entfernt wartete ein reichlich klappriges, dreirädriges Auto, in das wir unsere Tüten stellten. Sven gab uns allen die Hand, bedankte sich vielmals und fuhr mit seinem Geschäftsfreund sichtlich zufrieden davon.

Ich hatte für Mariehamn etwa zwei Stunden Zeit, dann mußte ich mich zur Rückfahrt wieder an Bord von COMTESSAN einfinden. In zwei Stunden kann man nicht allzuviel auf die Beine stellen. Zu gern wäre ich sofort auf die ,,POMMERN'' geklettert. Das ist eine sehr schöne, alte Viermastbark, die nahe der Zollstelle liegt und ihre letzten Tage in wohlverdienter Ruhe als eine Art Museumsschiff verbringt. Dazu war aber keine Zeit. Also bestieg ich einen Oldtimer von Straßenbahnwagen, der mit mir den Hügel zur kleinen Stadt Maarianhamina — so heißt Mariehamn auf finnisch — heraufjuckelte. Ich war gespannt, denn zahlreiche Hochseesegler hatten mir in Bremen und auf dem Wege hierher allerlei über Mariehamn erzählt. Warum sich alle diese Erzählungen lediglich auf die ,,POMMERN'', die Liege- und Ankerplätze, die gastfreundliche Åland-Segelgesellschaft und den nicht unerheblichen Schiffs- und Fährverkehr nach Schweden und Finnland beschränkten, war nun augenscheinlich. Das Städtchen ist wirklich eine kleine Metropole der Mittelmäßigkeit, die, abgesehen von den genannten Sehenswürdigkeiten, wenig attraktiv ist.

Aber sie haben da ein Postamt, und dieses war von mir als nächste Relaisstation für meine Post ausersehen worden. Eine Handvoll Briefe lag für mich bereit, darunter eine Ansichtskarte aus Stockholm. Darauf waren zwei Abbildungen zu sehen — selbstredend Storkyrka und der heilige Georg mit dem Drachen. Diese Karte war von Britta. Es standen auch nur zwei Sätze darauf: ,,Dein Schiff liegt jetzt in Nynäshamn, und das ist nur eine Bahnstunde von mir entfernt. Wenn Anna nicht hersieht, heule ich — toi pour toujours. B.''. Meinen rosaroten Träumen entriß mich der des Weges daherkommende Gasableser Sven. Seinen Dank brachte er in einer seemännisch-kameradschaftlichen Art zum Ausdruck, die mich tief berührte.

,,Zeig mal deine Uhr her'', sagte er.

Wenn auch voller Mißtrauen, das mir nach den Vorkommnissen mit ihm auf der COMTESSAN niemand verübeln konnte, hielt ich doch meinen Arm mit der Uhr hin, zumal diese mit einem Stahlarmband am Handgelenk sicher verankert war.

,,Stell um eine Stunde vor — sie haben hier osteuropäische Zeit; sonst klappt das vielleicht mit deiner Rückfahrt nicht''.

Sprach's, klopfte mir leicht auf den Rücken und ging seinen Geschäften nach, ein Freund und Matrose, dem ich eine Fülle saftiger Rosinen im tristen Gewimmel der Eintagsfliegen wünschte. Warum aber osteuropäische Zeit? Ich befand mich doch hier noch auf 60°06' Nord und 19°56' Ost, da hätte doch eigentlich noch mitteleuropäische Zeit gelten müssen. Rechtzeitig fiel mir ein — ein schönes Zeichen profunden Wissens um die Weltuhr —, daß von Leningrad kommend und über Finnland gehend der 30. Längengrad verläuft, der für die Zeitdifferenz von zwei Stunden zu Greenwich verantwortlich ist. Wenn aber die Finnen mit ihren Fahrplänen für Schiff, Flugzeug und Eisenbahn zurechtkommen wollten, mußten sie eben die ihnen gehörenden ein bißchen abseits gelegenen Ålandinseln in ihre Berechnungen mit einbeziehen. Diese Zeitabweichung ist, wenn man von einigen Beamten und der am Hafen wehenden finnischen Nationalflagge absieht (sonst haben die Ålands ihre eigene Flagge), tatsächlich das einzige, was finnisch in Mariehamn ist. Das Städtchen befindet sich fest in schwedischer Hand. Kein Mensch spricht hier finnisch oder zahlt in dieser Währung. Die finnische Briefmarke, die ich brauchte, um mich für die Stockholmer Drachenkarte zu bedanken und Britta zu erklären, warum ich schon so ungewöhnlich zeitig auf den Ålands sei, bezahlte ich mit Schwedenkronen.

Natürlich stand noch eine Menge mehr in dem Brief. Es war nicht leicht, einer Kunsthistorikerin begreiflich zu machen, daß man beispielsweise auf die Besichtigung einer so wunderbaren Sache, wie es das

Notke-Reptil nun einmal ist, verzichten kann, nur weil da ein bißchen Verkehrslärm um das Tier tost. Ich versuchte aber auch, behutsam und dennoch herauslesbar meine Sorge zum Ausdruck zu bringen, daß ich sie schon bald wieder verlieren könnte. Erst durch diesen Brief ausgelöst, begriff ich immer mehr, daß wir, älter geworden, vielerlei, eins jedoch ganz bestimmt falsch machen: Vom Schicksal unzählige Male hart geprüft, erwarten wir, kampfesmüde und mutlos geworden, von dem uns verbleibenden Lebensrest sehr viel eher Enttäuschung als Glück, und gerade diese negative Einstellung und Erwartungshaltung ist es, die sich der Jugend mitteilt und uns für sie noch älter und unverständlicher macht. Ich fragte an, ob Britta diese Anschauung teile; schließlich gehörte sie selber noch zur Jugend. Nicht lange, und sie schrieb mir, daß ich ja ein einhandsegelnder Philosoph sei, dessen tiefschürfenden Gedankengängen sie kaum zu folgen wage, und daß sie nur die eine Bitte hätte, alles dafür zu tun, daß wir einander nicht verlören. Das aber war gewiß das Letzte, was ich wollte.

Ich schrieb diesen Brief in einem Hotel, in dem man auch zu Mittag essen konnte. Ich sagte dem Kellner, er möge mir, da ich ja nun einmal in Finnland wäre, ein typisch finnisches Mahl servieren. Einzelheiten könne ich nicht benennen, sie wären mir auch egal. Gespannt erwartete ich nun den Mannerheimschen Mehlkleister oder die von Italien abgeguckte Pizza, wie ich sie wenige Tage zuvor in den Schären noch geboten bekommen hatte. Nichts dergleichen. Mir wurde ein Stück gebratenes Fleisch gebracht, auch ein wenig Gemüse und Kartoffeln, jedenfalls ein völlig normales Wirtshausessen, wie man es in allen Gasthäusern dieses Erdballs vorgeworfen bekommt. Meine Frage, ob er finnisch sprechen könne, beantwortete der Kellner mit ,,no, Sir''. Das Fleischstück allerdings war so groß, daß ich für Pit davon ein Stück abzweigen und unauffällig in eine Serviette wickeln konnte. Dann war es an der Zeit, zur geduldig wartenden COMTESSAN zu gehen.

Völlig desinteressiert ließ mich der Zoll passieren, völlig desinteressiert tat das auch der Zoll in Stockholm, das wir gegen 21 Uhr erreichten. Entweder waren die Brüder zu faul oder aber so clevere Psychologen, daß sie in mir den kleinen Fisch sahen, der ich ja auch wirklich war. Wie ausgestorben lag Stockholm da — eine stille Stadt, deren Bewohner sich in die Schlafstädte zurückgezogen hatten. Zwölf Stunden später würde hier wieder der Teufel los sein.

Es war wohl Mitternacht, als ich mit einem Spätzug endlich mein Schiff erreichte. Es erfüllte mich mit Rührung, daß ich erwartet wurde. Als Pit meine Schritte auf dem Anleger hörte, fing er jämmerlich an zu klagen. Tja, hart ist das Leben auf See, kleiner Siamese! Bei einem Schälchen Milch und dem finnischen Bratenstück jedoch war sein Herzeleid schnell vergessen. Seine Wartezeit schien er sich mit dem tickenden Wecker verkürzt zu haben, weil der auf dem Kajütteppich lag, aber auch da und auf dem Kopf stehend unverdrossen seine Pflicht tat. Als gerechten Ausgleich durfte Pit mit unter meine Decke. Dort schnurrte er noch eine Weile vor sich hin, ehe er vor Wohlbehagen leise seufzend einschlief.

Ich konnte das lange nicht, weil mir immer klarer wurde, daß diese Schiffsreise zwar ganz schön, aber wenig durchdacht war, einfach deswegen, weil ich die Ålands nicht auf AZIMUTH, sondern auf einem Butterdampfer erobert hatte. Und das war durchaus nicht ein und dasselbe. Ob Segler oder Motorbootfahrer, im Grunde ist jeder soweit ganz zufrieden, wenn er weiß, wie der Hafen beschaffen ist, der ihn erwartet. Erst recht, wenn er auf seinem Schiff allein und darüber hinaus auch noch alt ist. Man kann sich vorher auf die Gegebenheiten einrichten, kann seine Segel rechtzeitig wegnehmen, seinen Heckanker klarmachen, die Fender auf der richtigen Seite aufhängen, Vor- und Achterleine hübsch aufgeschossen griffbereit an Deck bereitlegen, eine nicht ganz so abgegriffene Mütze aufsetzen und dann lässig sein Anlegemanöver fahren. Und doch: Trotz aller dieser Vorteile ist es für mich spannender, wenn ich, scharfäugig wie ein Kormoran, gezwungen bin, mit hellwacher Aufnahmebereitschaft nach Anlegern, Lücken, Tonnen, Stegen und Dalben auszuspähen, kurz: sicher und reaktionsschnell mein Schiff auf den vorgesehenen Liegeplatz zu bugsieren.

Ich war also ein wenig unzufrieden. Dazu kam noch ein leises Schamgefühl, der Hauptstadt meines Lieblingsvolkes nicht die ihr gebührende Achtung durch einen eingehenden Besuch erwiesen zu haben.

Der Morgen kam und mit ihm mein Student, der meine von der Autowerkstatt angelieferte und gefüllte Batterie entgegengenommen und bezahlt hatte. Dem kleinen Pit machte er einen Fisch zum Geschenk. Wir drei frühstückten gemeinsam. Dann ließ ich den Motor anspringen, und eine leichte bläuliche Wolke hinter uns herziehend, verließen wir stänkernd den gastfreundlichen Hafen Nynäshamn.

Bis zu den Ålandinseln waren es etwa hundert Seemeilen nach Nordosten. Sie führten durch wunderschöne Schärengebiete und nahmen wegen schwacher Windverhältnisse drei Tage in Anspruch. Nach Belieben konnte ich mir stille, verträumte Ankerplätze aussuchen, um dort nach dem Tagewerk in die Sterne zu gucken und mit mir und meinem Dasein in bestem Einvernehmen zu sein. Skipper und Kater waren wirklich als zufrieden, eher sogar noch als glücklich zu bezeichnen. Trotz aller Glückseligkeit las ich aus den Augen und dem Betragen von Pit heraus, daß er ganz gern einmal eine der Schären, die wir oft auf Armeslänge passierten, in Augenschein genommen hätte. Neben der Tatsache, daß mir der kleine Bursche schon sehr ans Herz gewachsen war, hatten wir ja auch soviel Zeit, wie wir wollten, zumindest aber so viel, um meinem Katerchen eine Freude zu machen.

Ich ließ also zur Mittagszeit vor einem besonders hübschen kleinen Inselchen den Anker fallen, schwamm mit der Vorleine an Land und belegte sie an einem geeigneten Granitbrocken. Nachdem alles ordentlich festgemacht war, befand sich der Bug etwa zwei Meter vor der felsigen Inselkante. Wegen des Tiefgangs von AZIMUTH konnte ich nicht näher herankommen. Pit stand auf dem Vorschiff, wand sich vor Verlangen nach einem Landgang wie ein Aal, miaute wie eine Heringsmöwe und kroch um Assistenz bettelnd an meinen Hosenbeinen hoch. Der Sprung von da oben ins Schärengeröll erschien ihm offensichtlich zu riskant. Statt ihn herunterzuheben, beschloß ich, seine Intelligenz zu testen. Meine Neugier in solchen Dingen ist ja schon hinlänglich bekannt. Mit wenigen Handgriffen baute ich aus meiner Mastschere eine Art Laufplanke, die ich vom Schiff zum Ufer herunterlegte. Scheinheilig setzte ich mich ins Cockpit und beobachtete meinen Kater. Der begriff die Zusammenhänge sofort und machte sich an den Abstieg, der wirklich sehr steil war. Es erschien mir unwahrscheinlich, daß er da allein wieder hochkommen könne, aber das hielt ich für seine Angelegenheit. Ich legte mich zufrieden und satt auf meine Koje, ließ mir von Wind- und Wellengemurmel etwas vorplaudern und schlief — ein rechtschaffener, müder Fahrensmann.

Pit hatte sich angewöhnt, auf meinen Bauch zu springen, wenn ich so dalag, um gestreichelt zu werden. Ein liebebedürftiges Tier. Zufrieden pflegte er nach erfolgter Liebkosung seinen Geschäften nachzugehen. Für mich war das schon eine so automatische Streichelei geworden, daß ich dazu nicht einmal mehr die Augen aufmachte. Aber hier vor dieser kleinen Insel öffnete ich sie, um ihm meine Anerkennung für die Überwindung der steilen, glatten Teakholzplanke auszusprechen und ihn dafür zu streicheln. Leider bot sich mir insofern kein sehr erfreulicher Anblick, als wenige Zentimeter über meinem Gesicht eine kleine Maus hing. Sie hatte einen rosafarbenen Bauch und zappelte noch ein bißchen mit den dünnen Beinchen — aber nur ganz wenig. Pit

zeigte mir stolz seine allererste Beute vor, die er eigens für mich hoch-
geschleppt hatte. ,,Bist du noch nicht weg, du Stinktier?'' wäre natürlich eine völlig falsche Reaktion gewesen, Pit hätte mich nicht verstanden. Also sagte ich das, was ich dachte: ,,Na, dann gratuliere ich auch,
und: Weidmannsheil! du großer Jäger''. Das war wohl auch richtig,
denn Pit und die Maus verließen die Kajüte, wobei ersterer den Schwanz
stolz steil aufgerichtet hatte, während letztere den ihrigen trübselig her-
unterbaumeln ließ. Ich fragte bei Britta an, wie sie sich in gleicher Situation verhalten haben würde. Sie hätte wohl zunächst aufgeschrien und
damit Pit vertrieben, schrieb sie, aber später hätte sie ihn dann wissen
lassen, daß sie ihr dummes Verhalten bereue, und sie wäre ganz sicher
verstanden worden.

Die Schweden haben großartige See- und Schärenkarten, und wenn
man sie nach einer Weile richtig und in Einzelheiten zu lesen versteht,
ist die Skipperei in diesen Felsenrevieren ein echtes Vergnügen, das den
Mann an der Pinne ganz gewiß nicht einschlafen läßt. Die Karten sehen
aus wie große Kolleghefte und haben einen Ringverschluß, so daß man
sie bei Erreichen eines neuen Schärenabschnittes nur umzublättern
braucht. Sie sind zwar ziemlich teuer, dafür aber mit ihrem großzügigen
Maßstab von 1:50 000 sehr gut. Es ist eigentlich nicht einzusehen, warum wir in Deutschland so etwas Hervorragendes nicht haben. Den Ein-
wand, wir hätten bei uns ja schließlich nicht so schwierige Schärenfahrwasser, kann ich im Hinblick auf die noch komplizierteren Wattfahr-
wasser der Nordsee nicht gelten lassen.

Wie ich so achtsam dahinsegelte, den schwedischen Kartographen
Lob zollte und an den heimischen so ein bißchen herummäkelte — eigentlich nur deswegen, weil man seinen Landsleuten gern am Zeuge
flickt —, kamen mir plötzlich und fast visionär Gedanken und Vergleiche zwischen Schären und Watt, die mich bestürzten, unbegreiflicher-
weise von mir noch nie angestellt worden waren und die meine ohnehin
schon große Liebe zur See noch verinnerlichten. Beim Segeln auf offe-
nem Meer spricht die See zu mir. Ihre Stimme ist dabei dem Wind und
dessen Launen angepaßt. Manchmal flüsternd oder plaudernd vor dem
Steven, klatschend oder gurgelnd an Bordwand und Heck, donnernd
und rumpelnd auf Deck und Aufbauten, kreischend und heulend in
Stagen und Wanten. Die Stimme der Hochsee ist dabei auf allen Mee-
ren gleich. Aber hier — jetzt im Augenblick in den Schären — wurde
mir klar, daß nicht der Wind es ist, sondern das Land, das der See die
Stimme gibt. Der Wind kommt erst an zweiter Stelle. Er gibt nur die

notwendige Bewegung her. Die Stimme gibt das Land. Der Unterschied dieser Stimmen an den Küsten ist so gegensätzlich wie die Strände selbst. In den Schären redet das Wasser daher anders als in den Watten, silberner, vielstimmiger, freundlicher. Da flüstert es um glattgeschliffenen Granit, da gluckert und kichert es in kleinen Höhlen im unterwaschenen Uferfels und läßt seinen Tropfenfall wie Glöckchen hinterherklingeln, da trommelt sein Schwall in heranschäumender Welle im steinigen Ufergeröll, da paukt seine Woge gegen Steilufer im Urgestein. Der Wind säuselt oder harft in Birken und Kiefern sein Lied dazu.

Im Watt ist das ganz anders. Da ist nichts so starr und stationär wie hier der Schärenfels. Das Wasser der Priele läuft wie feines Geäder — verästelt, gefiedert, verzweigt, grob aufgespalten und weit auseinanderklafternd in Bögen, Widergängen, Serpentinen und Steilkurven — nicht in Felsgestein, sondern in festen oder wandernden Sänden dem Ebbstrom nach und schäumt in reißenden Strömen durch die Seegaten über die vorgelagerten Barren. Dann kehrt die See zurück. Sie erklettert die Sände der Watten. Ihre Stimme ist raunend, geheimnisvoll, zischelnd und wispernd, wenn sie die Sände überflutet. Zweimal im Tagesablauf verwandelt sie Land in Meer und Meer in Land. Sie ist hallend und volltönig, wenn der Wind härter und auflandig wird, sie ist von donnerndem Gebrüll in der wilden Unregelmäßigkeit ihrer Kreuzseen im Sturm. Hier geht auch kein leiser Wind durchs Birkengezweig. Hier pfeift er sein klagendes Flageolett um die Fahrwasserbezeichnungen im Watt, und das sind keine finnischen Birken, sondern tief in den Sand gerammte Spieren, Strohpricken, Besenpricken und Zweigpricken. Unterschiedlich wie meine Segelreviere redet die See mit mir. Lange war mir die Entscheidung schwer, ob ich der Nord- oder der Ostseestimme lieber zuhöre. Erst jetzt im Alter weiß ich es. Ich höre der friedlicheren Ostsee deswegen lieber zu, weil sie mit der Stimme meiner Vorväter zu mir spricht.

So hangelte ich mich denn an Hand der vorzüglichen Karten durch die Stockholmer Schären und gedachte das eigentlich bis zum Eingang in die Ålandsee zu tun, um ganz zum Schluß ins erkundete Fahrwasser der COMTESSAN, meinem Butterdampfer, einzuschwenken. Eins hatte ich dabei nur nicht bedacht. Ich war in ein Wochenende geraten. Hunderte Segler aus dem nahen Stockholm belebten schlagartig das sonst so stille Schärenrevier. Keine leere Ankerbucht war zu finden. In der, die ich mir schließlich aussuchte, ankerte bereits eine ganze Flottille vergnügter Schweden. Es schien, daß sie nicht mehr leben könnten, ohne mich an Bord zu haben. Gerne nahm ich ihre Einladung an. Alle wollten sie wissen, wie mir ihre Hauptstadt gefiele, und allen mußte ich ehrlicherweise das traurige Ergebnis meiner Stockholm-Besichtigung mitteilen. Aber offensichtlich sind Wassersportler merkwürdige Menschen. Meine Gastgeber hätten doch wenigstens ein gewisses Bedauern über meine laxe Einstellung zu ihrer Metropole zum Ausdruck bringen können. Statt dessen zeigte sich ein Teil von ihnen sichtlich erfreut, auf einen Ausländer gestoßen zu sein, der genauso wie sie gegen ihre Stadtplanung aufmuckte.

Einer dieser Segler — er war etwa meines Alters — wies sich als Führer eines Interessenverbandes aus, der keinerlei kurzsichtige städtebauliche Maßnahmen widerspruchslos hinzunehmen gedachte. Er krempelte den Ärmel seines Hemdes hoch und wies uns Zuschauern mit einem gewissen Stolz eine Narbe am Oberarm vor. Dieses Renommierstück war ihm bei einem Scharmützel zugefügt worden, das er als Führer eines starken Bürgeraufgebotes durchstehen mußte. Da hatte ein Baurat ein Sägekommando zusammengestellt, mit dem Auftrag, eine lange Reihe alter Ulmen abzuholzen. Als der Arbeitstrupp seinen Tätigkeitsort erreichte, standen vor jeder Ulme drei knüppelbewehrte Bürger. Der Kolonnenführer pfiff den Arbeitsbeginn an. Auf dieses Zeichen hin erhob ein Teil der Leute seine Äxte, der andere seine Knüppel. Lange Zeit wogte der Kampf unentschieden hin und her. Selbst ein stärkeres Polizeiaufgebot konnte nicht beschwichtigend eingreifen. Die Widerständler trugen schließlich den Sieg davon. Die Ulmen stehen noch heute, eine Tatsache, die dem Anführer der Bürgerwehr dieser lächerliche Axthieb wert war.

Das war ein Grund, einer Flasche den Kragen umzudrehen. Nach angemessener Zeit sang ich diesmal statt Lili Marleen ,,In München steht ein Hofbräuhaus''. Das kannten auch alle. Die Tatsache, daß ich von ziemlich weither kam und dazu noch allein segelte, war diesen Nachfahren der Wikinger außerordentlich sympathisch. Kurz vor Mitternacht — die letzten Klänge von ,,There's plenty of gold so I am told on the banks of Sacramento'' erstarben gerade in der warmen Dunkelheit — ergriffen mich drei stämmige Schweden und zogen mir das Hemd aus. Am Tampen ließen sie eine Pütz zu Wasser und gossen mir deren Inhalt über den Kopf. Der Bürgerwehrkommandant teilte mir in englischer Sprache mit, daß hier soeben ein Taufakt vollzogen worden sei, der nur bei gekrönten Häuptern und Einhandseglern angewandt würde, um ihnen die schwedische Staatsbürgerschaft ehrenhalber zuzuerkennen. Ich trüge nun innerhalb der Landesgrenzen den Namen Gustav Adolf und möge mich dessen würdig erweisen. Der Kommandant trat zurück und eine Schwedendame reiferen Alters streifte mir gekonnt ein weißes Trikot über, in dessen Brustteil ein großes gelbes Kreuz in blauem Wappenfelde eingestickt war. Ich trug nun also den Namen des Königs, der meinen unglücklichen pommerschen Landsleuten — so um 1630 herum — den Schwedentrunk aus der Jauchegrube schmackhaft zu machen versucht hatte. Mit mir verfuhren sie glimpflicher und gaben mir zum Abschluß der Zeremonie ein Zahnputzglas voll Whisky.

Im Laufe der Nacht erfuhr ich dann noch, daß die Schwedendame reiferen Alters eine Witwe sei. Verstohlen betrachtete ich mein Schwedenhemd. Ganz neu war es nicht mehr. Ich kam von dem Gedanken nicht los, daß sein vorheriger Besitzer der Ehemann der Dame war, der sie durch sein frühes Hinscheiden zur Witwenschaft verurteilt hatte.

Irgendwann in der Nacht wurde ich, Gustav Adolf, an Bord meiner Staatsyacht zurückgerudert. Dort erwartete mich mein kleiner Kater Pit. Der aber mag Angetrunkene und deren Ausdünstung gar nicht. Ich habe das schon bei seinem Zusammentreffen mit dem Sirikitfan erwähnt. Zwar fauchte er mich als seinen Freund und Ernährer nicht an, aber als ich in der plump-vertraulichen Manier Angeheiterter auf ihn zugehen und ihn auf den Arm nehmen wollte, hüpfte er davon und verschwand in Verstecken, die nur ihm zugänglich sind. Tiere geben ihrer Verachtung in sehr natürlicher und klarer Form Ausdruck. Ich saß also auf meiner Koje, bekleidet mit dem Taufhemd — gelbes Kreuz auf blauem Grund —, mit vom Taufakt noch nassen Hosen und einem unguten Geschmack im Mund, verlassen und verachtet von meinem Mitsegler, Freund und Pflegebefohlenen, der traurig in einem dunklen Winkel saß und die Welt der Menschen nicht begriff — seine jedenfalls war in Unordnung. Ich schämte mich. Aus dem Spiegel, den ich zu Rate zog, sah mir ein Gesicht entgegen, das wenig Gewinnendes hatte.

Ich wusch und rasierte mich, frühstückte, holte die Schärenkarte hervor und ging im hellen Frühlicht gegen drei Uhr ankerauf. ,,Polnischen Abschied" nennt man in Seglerkreisen diese Methode, sich davonzustehlen. Mir war das gleichgültig. Es zog mich aus den überfüllten Schären in den freien, kühlen, winddurchwehten Seeraum hinaus. Als AZIMUTH gemächlich Fahrt aufnahm, gesellte sich Pit zu mir. Aus seinen vergißmeinnichtblauen Augen sah er mich zwar mit forschendem Ernst, aber immerhin versöhnungsbereit an. Als ich ihm die Hände hinhielt, sprang er hinein, drückte seinen kleinen, runden Kopf an meine Brust und war wieder mein glücklicher Bordkater, der seinem Kapitän den alkoholischen Ausrutscher bereits verziehen hatte.

Die Bordroutine setzte ein: Pricke recht voraus, Kompaßkontrolle, angesteuert, passiert, sorgfältig in der Karte abgehakt, nächste Pricke gesucht, angesteuert, passiert und so weiter und so weiter. Behaglichkeit kam auf, so eine richtig zufriedenmachende Gemütlichkeit, bei der allerdings die eine Hälfte des Gemüts immer schön wach bleiben mußte. Ich glaube, das gibt es nur auf Segelschiffen, die lautlos vor einer kleinen Brise dahinwehen. Mir ist dann so, als ob der Atem Gottes behutsam ein Blütenblatt übers Wasser weht.

Wir passierten Sandhamn und hielten dann auf das Feuer Revengegrundet zu. Die Wasserflächen wurden jetzt zusammenhängender, die Schären und Riffe spärlicher. Aus dem wispernden Geschwätz der Bugwelle wurde ein gleichmäßiges Rauschen. Das Feuer kam auf. Wie eine Hornisse steht sein Turm orangefarbig mit zwei schwarzen Bändern in der See. AZIMUTH stand jetzt 60 Seemeilen vor Mariehamn und segelte im freien Seeraum. Schnell verloren wir im Morgendunst alle Landsicht. Wundervoll anzusehen standen Großsegel und Genua vollbäuchig im tempofördernden Südost. Wir segelten, segelten, segelten. Da war so ein bißchen Whisky schnell aus dem Kopf geweht.

Gegen Abend schlief der Wind fast ein. Die Sonne versank für kurze Zeit in der See, ließ ein dunkelrotes Abendrot schnell wieder in ein hellrosa Morgenrot übergehen, und schon schob sich die liebe, alte Apfelsine am Gegenhorizont wieder über der Kimm hoch und rollte hinauf ins Himmelsblau. Zu dieser Zeit etwa hatten wir die Lotseninsel Kobbaklintarna querab, die unmittelbar vor Mariehamn liegt.

Keiner möge nun glauben, ich hätte da eine beachtliche navigatorische Leistung vollbracht. Überhaupt nicht — man braucht nur ein bißchen aufzupassen, wie der Schiffsverkehr läuft, und kann gemütlich hinter ihm herzockeln, wenn er auf gleichem Kurs liegt.

Im Niedergang erschien der gähnende Pit und machte mir klar, daß auch ich nach zwei durchwachten Nächten redlich müde war. Dicht hinter der Viermastbark ,,POMMERN'' machte ich fest, kümmerte mich den Teufel um Zoll- und sonstige Formalitäten und fiel, den Kater wärmend auf dem Bauch, in einen tiefen Schlaf. Mariehamn war erreicht, unter der Steuerbordsaling wehte die finnische Nationale — blaues Kreuz auf weißem Grund — und darunter die Gastlandflagge der Ålands.

Am Nachmittag holte mich die Zöllnerschaft zur Erledigung der Zollformalitäten aus dem Schlaf, spielte mit Pit und fand alles in guter Ordnung. Dann ging ich zum Postamt hoch und fand unter anderem Briefe von Britta und Anna vor. Mir wurde warm ums Herz, was mir die

beiden da zärtlich, liebevoll, mütterlich besorgt und zur Vorsicht mahnend schrieben. Mit meinen Lebensumständen zufrieden, wanderte ich heiteren Sinnes zu AZIMUTH und Pit den Berg zum Hafen hinunter. COMTESSAN legte gerade wieder ab, tutete noch einmal und machte sich auf den Weg zum Notke-Drachen in Stockholm. Matrose Sven war nicht auszumachen.

Am Hafen angekommen, überschlugen sich die Ereignisse jedoch jäh und dramatisch. Jedenfalls fand ich mich zwölf Stunden später auf See wieder. Mein finnisches Gastland Suomi hatte mich ausgestoßen.

Zunächst entging mir ein Mann nicht, der vor dem Heck meines Schiffes kniete, sich mit einem Zollstock zu schaffen machte und irgendwelche Berechnungen anzustellen schien. Gummistiefel, Ostfriesennerz — so werden die gelben Öljacken sinnigerweise auch genannt — sowie eine blaue Schiffermütze wiesen ihn als zur Seefahrt gehörend aus. Er war Finne, und nach dem Sinn seines Tuns befragt, erfuhr ich folgendes: Für seine zum Verkauf stehende kleine Segelyacht, die er auch einhand segelte, hatte sich ein Interessent gefunden, der jedoch unverständlicherweise die dazugehörige Selbststeueranlage nicht miterwerben wollte. Und da ich doch von weither käme, hätte er sich gedacht, ob ich nicht vielleicht . . . Er sei gerade mit der Prüfung der Abmessungen beschäftigt, und er könne schon jetzt sagen, daß Spiegel und Heckkorb für eine Montage der Anlage bestens geeignet seien. Er sei Autoschlosser und würde die Anbringung übernehmen, wenn ich ihm insgesamt 500 Mark gäbe. Es sei ein deutsches Fabrikat, fast neuwertig und von bester Qualität.

Zu der damaligen Zeit waren 500 Mark etwa ein Drittel dessen, was eine solche Windfahnen-Selbststeueranlage tatsächlich kostete. Natürlich wollte ich keine Katze im Sack kaufen und das Ding erst einmal sehen. Das leuchtete ihm ein, und er machte sich unverzüglich davon, um nach etwa zehn Minuten mit einer nach Öl kreischenden Schubkarre angerollt zu kommen. Zahnräder, Klemmhebel, Gestänge und Windfahne waren in tadellosem Zustand, an ihrer Funktion gab es keinerlei Zweifel. Ich kaufte die Anlage, und wir machten uns an die Montage. Ausreichend Werkzeug hatten wir, lediglich für die Bohrmaschine fehlte ein Verlängerungskabel. Aber da wußte der Finne Rat. In der Zollbaracke hatte er eins hängen sehen. Der Zoll überließ ihm tatsächlich das Kabel, und damit nahm das Unglück seinen Lauf. Wir ließen ein kleines Beiboot zu Wasser, und nach einer knappen Stunde saß die Selbststeueranlage paßgerecht, fest und zuverlässig am Heck. Der Wind spielte mit der Windfahne. AZIMUTH sah noch einmal so hübsch aus. Am nächsten Morgen wollten wir einen Schlag in See machen und alles ausprobieren.

So ist das unter Hochseeseglern, allerdings nur, wenn sie der nicht sonderlich vermögenden Kaste angehören. Da gibt es immer etwas zu tauschen, zu verkaufen oder zu borgen. Ich erinnere an den Sextantentausch auf Utklippan.

Der Finne Jan und ich saßen nach getaner Arbeit bei einem Kaffee im Cockpit. Neben uns schnurrte Pit. Frieden und Verträglichkeit lagen über der Szenerie. Neugierig kam ein Zollbeamter längsseits, um nach dem Kabel und dessen Verwendungszweck zu sehen. Doch was er sah, war der Kater Pit. Ob ich bereits klariert hätte, fragte er mich. Jawohl, hätte ich. Ein Kollege von ihm sei bereits an Bord gewesen. Alles sei in Ordnung. Was denn der Kollege zu der Katze gesagt hätte, wollte er wissen. Er hätte keinerlei Notiz von ihr genommen. Ober er die Papiere denn mal haben dürfte. Ich gab sie ihm. Er nahm die Impfbescheinigung des schwedischen Arztes an sich und ging damit fort.

,,Du, jetzt kriegst du Ärger. Die lassen hier keine Katzen an Land'', sagte Jan.

Der Zollbeamte kam zurück. In seiner Begleitung ein zweiter, der, seinem dekorativeren Abzeichen nach, der Oberinspektor oder was immer sein mochte. Er sprach nicht Englisch, sondern Finnisch mit mir. Ich machte ihm klar, daß ich ihn nicht verstünde. Dann möge ich Finnisch lernen, sagte er, immer noch in seiner Landessprache. Jan übersetzte mir das, und er übersetzte mir auch, daß mir drei Möglichkeiten offenstünden. Die erste: den Kater töten zu lassen. Die zweite: ihn unter Zollaufsicht in einem Käfig oder Karton nach Deutschland zu schicken. Die dritte: unverzüglich meine Leinen loszuschmeißen und Finnland zu verlassen. Meine Impfbescheinigung sei nämlich keinen Pfifferling wert.

,,Sag, du schicktest ihn morgen ab. Du müßtest erst einen Käfig, Karton oder so etwas ähnliches beschaffen'', riet mir Jan flüsternd.

,,Na gut, übersetze ihm das'', bat ich.

Erst wollte der Obermacker auch das nicht, aber sein Untergebener wies ihn darauf hin, daß heute keine entsprechende Fährverbindung mehr bestünde. Daraufhin murmelte er irgend etwas, das einer Verwünschung näherkam als einem Abschiedsgruß, und ging davon.

,,Deutschenhasser, aber die Zollbestimmungen sind auf seiner Seite. Geh morgen zurück nach Schweden'', sagte Jan. ,,Von deinem Katerchen wirst du dich doch nicht trennen?''

Das wollte ich ganz gewiß nicht. Wenn sie mir den finnischen Mannerheim-Orden nicht sowieso weggenommen hätten, dann hätte ich ihn jetzt an die Türklinke der Zollbaracke gehängt. ,,Schöne Landsleute hast du dir da ausgesucht, Britta!'' dachte ich.

,,Wenn du morgen früh abhaust, habe keine Angst um die Selbststeueranlage, die funktioniert garantiert. Mach's gut, Kumpel. Sind nicht alle so, die Finnen'', verabschiedete sich Jan.

Ich nahm Pit auf den Arm. Vertrauensvoll und ahnungslos sah er mir ins Gesicht. Dann hörte ich alle Wetterstationen ab, die ich erreichen konnte. Von der Biskaya bis weit über Rußland erstreckte sich ein gewaltiges Hoch, das mit Winden um Ost wetterbestimmend für die nächsten Tage sein würde. Ich studierte die Seekarte. Von Mariehamn bis Visby auf Gotland waren es quer über See rund 150 Seemeilen. Unter Berücksichtigung dessen, daß in den Nächten der Wind einschlafen würde, ließ sich das in zwei Tagen und zwei Nächten schaffen.

Es war später Abend, als ich zur Zollbaracke ging und denen meine Absicht mitteilte. Der Hochdekorierte war nicht da. Ich möge um drei Uhr in der Frühe auslaufen, weil er erst um fünf wiederkäme, und nichts für ungut, er hätte zu bestimmen, hätte hier in Mariehamn nicht nur Freunde und müsse sich verdammt vorsehen, bei Nichteinhaltung solcher Einfuhrbestimmungen nicht selber eins ans Schienbein zu bekommen. Ich erzählte noch ein bißchen von Mannerheim und dem weggenommenen Orden, dann schieden wir als Freunde:

Ich stellte den Wecker auf zwei Uhr. Aus Trotz nach mitteleuropäischer Zeit, die außerhalb der Dreimeilenzone Finnlands ohnedies wieder für mich gültig sein würde. Nach Altmännermanier mit den Dingen redend, sagte ich dem Wecker noch, daß er bald seinen Geburtsort Visby wiedersehen würde, wo ich ihn, wie ich schon erwähnte, einst gekauft hatte. Meinem Katerchen gestattete ich, mit unter die Steppdecke zu kriechen.

Morgens um drei Uhr passierte ich den Zoll. Die vollständige Zöllnercrew — nächtens waren das nur zwei Mann — stand vor ihrer Bude. Ich hielt Pit hoch. Gerührt und tierlieb hoben sie die Hand zum Abschiedsgruß. Unbeleidigt verließ ich Finnland, ein Land, das vor Sympathie für uns Deutsche nicht gerade überzufließen schien.

Wenn man alt und mit einer gewissen Welterfahrung so allein für sich dahinsegelt, denkt man über die Menschen und ihre Beweggründe nach. Ich überlegte, was den Zöllner veranlaßt haben mochte, mich des Landes zu verweisen. Gewiß, seine Dienstvorschriften mußte er befolgen, aber warum nur diese Grobheit? Ich kam zu dem Schluß, daß sie den gleichen Grund haben mochte, aus dem der Zöllner in Borgholm so grob zu dem deutschen Fräulein mit seiner Windmühlengeschichte gewesen war, aus dem die Maler auf Bornholm in Sorge um ihr kleines Königreich waren und aus dem der dicke Herr Petterson von so zorniger Trauer erfüllt war. Sie hatten Angst um ihre Heimat.

Mir fiel ein, daß ich bei den Vorbereitungen für diese Finnlandreise aus Prospekten ersehen hatte, daß sich Finnland wegen permanenter Devisenschwierigkeiten schweren Herzens entschlossen habe, die so bitter benötigte Einnahmequelle durch den Tourismus zum Sprudeln zu bringen. Dabei rechneten die Finnen mit zwei Millionen deutschen Besuchern im Jahr. Natürlich wußte dieser Zollinspektor darum und war — ein Widerstandskämpfer auf verlorenem Posten — grob zu mir, weil er um die letzten Kostbarkeiten seines Landes bangte. Diese unersetzlichen Kleinodien Finnlands aber sind die klare, kalte Eigentümlichkeit

Lapplands und der heimliche, blauschattige Frieden der einsamen Wälder. Wir beide, Zöllner und Einhandsegler, wußten, daß diese Paradiese nunmehr als verloren anzusehen sind.

In friedlich-versöhnlicher Stimmung segelte ich davon, wenn man das bei der kaum spürbaren Morgenbrise so nennen konnte. Bei diesem Wind, der nicht imstande war, mir den Dampf von der Kaffeetasse zu blasen, sprach auch die Selbststeueranlage nicht an. Da windabhängig, versagte sie jegliche halbwegs zufriedenstellende Funktion. Um neun Uhr schwabberte ich immer noch in guter Landsicht vor den Ålands umher. Aber dann kam der Wind auf flinken Füßen über den glatten Seespiegel herangehüpft. Wie erhofft, wehte er aus dem Osten und steigerte sich schnell auf fünf Beaufort. Unter Vollzeug segelten wir mit 180° am Kompaß und rauschender Bugwelle durch die blaue See. Hervorragend, wie sich mein Schiff ohne mein Zutun steuerte! Der Finne Jan hatte mich mit dieser Windfahne nicht übers Ohr gehauen.

Zufrieden begaben Pit und ich mich aufs Vorschiff. Wunderbar, wie die Sonne uns beschien, wunderbar, wie AZIMUTH die gröber werdenden Seen anschnitt und stetig ihren Kurs hielt. Anfangs sahen wir noch ab und an ein Schiff an der Kimm, später passierte uns ein Fischkutter, der eilig nach Hause tuckerte, und schließlich überholte uns eine Meile an Backbord ein Unterseeboot. Ich betrachtete es mit erheblicher Reserviertheit. Zwischen Gedser und Rügen war nämlich mal ein solches ziemlich dicht neben meinem Schiff aufgetaucht. Es ergriff mich ein panischer Schrecken, als sich mit klatschendem Rauschen naßglänzend ein grauer Koloß aus der friedlichen See hob. Den Schrecken verwandt ich schließlich, lange jedoch blieb das Gefühl in mir wach, daß sich da irgendein Seeoffizier oder Maat mit ausgefahrenem Periskop an AZIMUTH herangepirscht hatte und im Strahlengang seiner Optik das Entsetzen im Gesicht eines rechtschaffenen, weißhaarigen alleinsegelnden Oldtimers von ganzem Herzen genoß und vermutlich auch noch andere durch sein Sehrohr gucken ließ. Eine willkommene Abwechslung in des Dienstes Eintönigkeit.

Der Tagesbogen der Sonne neigte sich der Kimm zu. Das Singen des Windes in Segeln, Wanten und Stagen ging in ein leises Summen über, aus dem Rauschen der Bugwelle wurde ein Flüstern und Raunen. Sonne, Wind und See gingen zur Ruhe. Ich barg Großsegel und Genua, um eine kleinere Fock zu setzen, die ausreichen würde, um das Boot während der kurzen Nacht am Wind zu halten und Ruder im Schiff zu haben. Den Großbaum holte ich dicht, damit er bei schwächer werdender Brise nicht gegen Dirk und Großschot rebellieren könne. Mit dem

Anknipsen der Lampen wartete ich noch — meine Sparsamkeit in Sachen Stromverbrauch ist beinahe schon friderizianisch. Insgeheim spielte ich schon wieder mit dem Gedanken, im Bedarfsfalle mit meiner Taschenlampe umherzufunzeln. Als ich aber mit dem Glas die Kimm nach fremden Lichtern absuchte, turnte ich mit der Geschwindigkeit eines Eichkaters zum Lichtschalter und ließ die doppelfarbige Laterne am Bugkorb aufleuchten. Grün und rot strahlte sie freundlich in die Dämmerung hinein und teilte damit ihrer Umwelt mit: ,,Leute, geht aus dem Weg. Hier ist ein kleines, ausschließlich auf den Wind angewiesenes Segelschiff, und dem steht alles Wegerecht zu, Ihr großes, motorisiertes Volk!''

Der Grund meiner Eile war der, daß ich im Nachtglas dicht über der Kimm ein rotes über einem weißen Licht entdeckt hatte. Das aber ist ein alarmierendes Signal, zumindest für einen Segler, denn Rot über Weiß bedeutet ,,Treibnetzfischer''. Das ist ein Fischkutter, der gemächlich vor sich hintuckert und langsam Hunderte Meter von Netzen hinter sich herzieht. Eigentlich soll er durch eine Menge von Lichtern kenntlich machen, in welcher Richtung sein Fanggerät in der See verläuft, wie lang es etwa ist und so weiter und so fort. Natürlich tut er den Teufel und begnügt sich mit seinem rot-weißen Hinweis, daß er Lachse fische und dabei nicht gestört zu werden wünsche.

Ich habe mit schwedischen Treibnetzfischern schon manchmal einen Kleinen getrunken, daher weiß ich, daß sie keineswegs böse sind, wenn sich ein fremdes Boot in ihren Maschen verstrickt. Mit spinnengleicher Behendigkeit sind sie zur Stelle und holen sich die Beute aus dem Netz. Mit ihren fremdsprachlichen Talenten ist es nicht so besonders weit her. Ein Wort aber beherrschen sie in allen Sprachen, die an den Gestaden der Sieben Weltmeere gesprochen werden: ,,Versicherungspolice''. Schnell ist dann ein altes, schon ein wenig vergammeltes Netz in ein strahlendes Perlongebilde verwandelt, und der entgangene Fang umfaßt alle Lachse der Ålandsee.

Sorgsam umging ich also den Kutter. Als sein Topplicht achteraus blieb, war nichts mehr zu befürchten. Der Seegrund fiel jetzt auf etwa 180 Meter ab. In diesen Tiefen fischen sie nicht mehr. Nun konnten mir nur noch große Schiffe vor den Bug laufen, und die sind nachts beleuchtet wie die Reeperbahn. Trawler und Netzfischer waren erst wieder am übernächsten Tag vor Gotland zu erwarten.

Das Mondschiff hatte sich aus der leichten noch über der Kimm liegenden schwachen Dunstglocke freigesegelt. Anfänglich rot, war es nunmehr platinfarben geworden. Die Sternbilder standen in goldener, silberner, grünlicher und rotfarbener Pracht im dunklen Sammet der Nacht. Der Ostwind atmete Kühle über die dunkle See. Pit kam wärmesuchend unter meinen Arm gekrochen. Ich brachte ihn nach unten und legte ihn auf meine Koje, auf der er sofort in einen ruhigatmenden Schlaf verfiel.

„Rasmus, laß ihn mir!" dachte ich und wußte, daß mir mit ihm sehr viel genommen würde. Ich nahm meinen Wecker und ging an die Pinne, weil AZIMUTH kaum noch Fahrt machte und von dem Kunststeuermann nicht mehr gesteuert werden konnte. Ich wollte immer 45 Minuten schlafen, dann sollte der Wecker klingeln. Ich würde erwachen und die See mit dem Nachtglas nach Lichtern absuchen, die mit Kollisionskurs auf mich zulaufen könnten. Die Nacht dauerte zu dieser Jahreszeit hier ohnedies nur etwa drei Stunden. Aber ich schlief nicht. Ich arbeitete einen Reiseplan aus.

Ich hatte es mir bisher nur nicht eingestanden, aber der finnische Zöllner in Mariehamn, der mich rausgeschmissen und Pits wegen daran gehindert hatte, den Bottnischen Meerbusen auf der finnischen Seite weit nach Norden hochzusegeln, hatte mir doch eine Menge mehr angetan, als wohl beabsichtigt — einfach deswegen, weil er einen sorgfältig vorbereiteten, lange durchdachten Plan mit unfreundlichem Verhalten und gewissermaßen mit einem Fingerschnipp zunichte machte. Zehn Jahre früher — sozusagen als junger Mann — hätte ich meine Leinen wieder losgeschmissen und dem verdutzten Zöllner eine seglerische Aufforderung zukommen lassen, wie sie zwar nicht sonderlich hygienisch, aber an allen Küsten üblich ist, wäre aus den finnischen Hoheitsgewässern herausgesegelt und auf schwedischer Seite den Bottnischen Meerbusen nach Norden gegangen. Dort hätten sie Pits Impfpapier akzeptiert. Aber ich war älter geworden, gelassener und versöhnlicher, wohl auch geduldiger, in jedem Falle aber kompromißbereiter, einen schiefgegangenen Plan aufzugeben, ohne in neurotischer Manier Schicksal und widrige Umstände anzuprangern.

Zur Zeit jedenfalls war nichts widerwärtig, denn ich segelte in einer Schönwetterlage, wie sie mit ihrer Ostdrift günstiger für mich nicht sein konnte. Ich segelte auf der lieblichsten und schönsten aller Seen, der Ostsee, meinem Heimatrevier, und ich hatte wundervolle Ziele anzusteuern. Klar, übersichtlich und jedes Seglerherz anrührend lagen sie vor mir: das gewaltige Wikingergrab Ale Stena auf windumsaustem Hang über dem kleinen Fischerhafen Kåseberga, dann etwa 300 Seemeilen weiter auf der Schäre Stensholmen — nicht leicht zu finden —

das Grab von Gorch Fock, erkenntlich an einem großen Grabstein mit einem Stockanker darauf, und schließlich nach weiteren 200 Meilen Nansens Polarschiff, die FRAM in Oslo.

Um jedoch ganz ehrlich zu sein, will ich den vielleicht sogar ausschlaggebenden Grund für die Kursänderung in Marienhamn nicht verschweigen. Von Utklippan bis zu den Ålandinseln war ich fast immer im Windschatten von Schäre, Berg und Wald in Landsicht gesegelt. Der Wind konnte mir nur gezähmt ins Segel blasen. Jetzt aber sagten die Wetterfrösche — und mein meteorologischer Instinkt bestätigte es —, daß der Ostwind lange anhalten würde. Das Verlangen, mich unter Vollzeug vor einen so herrlichen Wind zu hängen, tagelang dem Teufel den Schwanz abzusegeln und mich irgendwann weit, weit hinten vom Oslofjord auffangen zu lassen, wurde übermächtig und war nicht mehr aufzuhalten.

Pit und der finnische Zollbeamte kamen gerade recht, lieferten großartige Vorwände und halfen mir, mein Gesicht zu wahren, Finnland vorzeitig den Rücken zu kehren, jetzt schon mit leisem Schauder an die Unberechenbarkeit des Skagerraks zu denken, um schließlich blauschattig Norwegens Gebirge über der Kimm aufkommen zu sehen.

Ich habe das dann auch alles wie geplant durchgeführt, nur daß da eine böse Sache mit Rasmus dazwischenkam.

Ich hatte dem Alten auf Ale Stena meine Reverenz erwiesen und mich am frühen Morgen des nächsten Tages nach Trelleborg auf den Weg gemacht. Der Seewetterbericht war zwar nicht besonders gut, aber auch nicht so schlecht, daß ich im Hafen hätte bleiben müssen. Ich segelte also, ließ aber, von einer inneren Stimme gewarnt, im Bordradio Rügen angeschaltet. Als ich etwa zehn Meilen vor Trelleborg stand, quäkte es dann plötzlich los: ,,Sturmwarnung — Sturmwarnung — all ships — all ships.'' Windstärken um 12 wurden angesagt. Viel zu schnell fiel das Barometer. Kein Windhauch. Die Sonne schwamm in flüssigem Blei. Der niedrige Druck quälte Atem und Kreislauf. Dumpf ging das Herz. Munter, hurtig und kameradschaftlich zuverlässig aber knatterte mein Motor durch die regungslose See. Wir schafften es.

Voller Entsetzen sah ich, ehe ich in die Hafenfeuer schwenkte, wie sich aus blauschwarzem Gewölk ein grauweißer Rüssel auf die See senkte. Doch ehe Rasmus über mich und AZIMUTH kam, lagen wir, alles verfügbare Tau- und Fenderwerk ausgebracht, fest und sicher am Bollwerk. Ein Sturm von nie erlebter Stärke raste über Land, See und Himmel und heulte wie tausend Teufel im Rigg des Schiffes. Pit lag stun-

239

denlang, vor Entsetzen jeder Muskel schreckensstarr, unter meinem Troyer auf meinem Schoß. Nach Stunden ließ der Wind nach. Besorgt telefonierte ich mit Bremen. Dort lagen Schornsteine und Baumreihen, etwas weiter ganze Waldkomplexe am Boden. Millionenwerte waren es, die Rasmus da — mal eben so — kaputtgepustet hatte. Man sollte ihm gar keinen Rum mehr geben. Aber mir hatte er ja schließlich davongeholfen. Nee, nee, ich belasse lieber alles beim alten.

Der Wind war auf Nordwest gegangen, drehte aber nach zwei Tagen auf Ost zurück und brachte wieder Schönwetter.

Um Mitternacht warf ich die Leinen los und lief unter Motor durch die breite, gut betonnte und befeuerte Baggerrinne auf die nächtliche See hinaus. Neben dieser Rinne ist die See flach, steinig und voller Stellnetze. Jedenfalls muß man sehr aufpassen. Draußen im freien Seeraum drehte ich die Nase von AZIMUTH auf 225°. Dieser Kurs führte auf die dänische Insel Mön zu, die nur durch ein schmales Fahrwasser von der Insel Falster getrennt ist. Mön gehört mit zu dem Schönsten, was die Ostsee zu bieten hat.

Was treibt mich im Gegensatz zu den normalen und vernünftigen Seglern zu so nachtschlafener Zeit aus den Häfen? In der Mehrzahl der Fälle tue ich es deswegen, um die Sonne kommen und in den blauen Himmel hinaufschweben zu sehen, diesmal aber, um den von mir so sehr geliebten Sonnenaufgang mit einem noch faszinierenderen und doch damit zusammenhängenden Naturschauspiel verbinden zu können. Und das war nur zu erleben, wenn ich auf meinem Kurs zur Insel Mön zu dem Augenblick, in dem die Sonne sich über die Kimm schiebt, Trelleborg etwa zwanzig Meilen achteraus gelassen hatte. Deswegen also der mitternächtliche Aufbruch und der Verzicht auf Morgenzeitung und ofenwarme Brötchen.

Das, was dann geschieht, will ich versuchen zu beschreiben, wenn auch mein Wortschatz nicht ausreicht, um es so zu schildern, wie es die Schöpfung tatsächlich ablaufen läßt.

Im Ostwind sind die Nächte hier oben kühl. Das Sternen- und Mondlicht ist klar und kalt. Die Gestirne leuchten nicht so still und gleichmäßig, wie das bei Südwind meistens der Fall ist. Ihr Licht ist bei Ostwind unstet und von flackernder Bläue. Sie scheinen sehr nahe, fast reliefartig in die blauschwarze Kuppel der Nacht gehängt und sind doch Millionen Lichtjahre entfernt. Forschend fühle ich mich von den Augen dieser fernen, fremden, unbegreiflichen, schweigsamen Welten mit ihren Systemen, Sonnen, Monden, Kometen, Milchstraßen, Nebeln und ihrem kosmischen Gewölk angestarrt. Vor, neben, hinter und über meinem Boot jagen zu dieser Hochsommerzeit mit nicht vorstellbarer Geschwindigkeit Sternschnuppen durch die Nacht. Glühende Meteorgeschosse aus fernen Welten des Alls, die aufheulend in die Erdatmosphäre eintauchen und darin verglühen. Kleiner Segler, der ich doch bin, winzig, hilflos und so sehr alleingelassen in dieser Unendlichkeit. Mahnend teilt sich mir die unfaßbare Größe und Einsamkeit des Firmaments mit. Mich fröstelt — und nicht nur deswegen, weil nun bald die Sonne aufgehen wird und damit der kälteste Teil dieser Nacht im Ostwind gekommen ist. Prüfend blicke ich nach Osten. Dort hängt ein ganz kleiner, flacher, grauer Nebel über der Kimm. Das erste Frühlicht. Es beginnt sich zu verfärben, wird hellgrau, weiß, schwachgelb, grün, rosa, rot und tuscht schließlich den halben Himmel an.

Gebannt schaue ich jetzt voraus auf meinen Kurs. Da liegt im dämmrigen Frühlicht noch die Nacht über der See, wie ein flacher, schwarzgrauer Strich. Über diesem Strich aber flimmert zaghaft und zittrig ein rosafarbenes Feuerchen. Es ist anzusehen wie eine der kleinen, rosa gefärbten Muscheln, die man oft an den Stränden findet. Besser gesagt: Es ist, als wenn der hinter mir ins Blau auffahrende dunkelrote Sonnenball von einem winzigen Spiegelchen reflektiert wird.

Um das Boot herum braut dicht über der Wasseroberfläche feiner, staubartiger Seenebel. Das kleine Licht im Spiegel vor mir in der zurückweichenden Nacht wird jetzt so rosenrot wie eine Flamingofeder. Es erhöht, vergrößert und verbreitert sich. Die Sonne hinter mir hat sich mit einem kleinen Ruck von der Kimm abgestoßen und schwebt ins Firmament hinauf. Vor mir hebt sich, immer höher werdend, eine leuchtende Wand aus der See — zwei Seemeilen breit, etwa 150 Meter hoch. Silhouettenhaft steht blauschwarz und schattig ein zackiger Kamm über diesem seltsam schönen Gebilde.

Mein Herz ist voller Lebensfreude und weiß nichts mehr von der Bangigkeit inmitten des nächtlichen Alls mit seinen fernen, kalten Welten. Die Sonne, die gute, alte Allerhalterin, beginnt mich schon ein wenig zu wärmen. Vor mir aber erstrahlt in der jetzt goldenen Sonne die gewaltige Kreidewand von Möns Klint, hebt sich aus der See, wird heller und heller und wirft all ihr Licht auf das zu ihren Füßen liegende Meer. Dunkel steht der gezackte Kamm des Föhrenwaldes darüber. Die See ist hellgrün, dunkelgrün, hellblau, dunkelblau und schwarz. Aber da, wo sich die Kreidesteilwand darin widerspiegelt, ist sie kalkweiß.

Ein bißchen deplaciert schwimmt eine knallrote Tonne darin. Sie gehört aber dahin, weil sie für mich die Bestätigung der Richtigkeit meines Kurses ist. Deswegen stört sie mich nicht.

Voll tiefen Glücks sehe ich hinter mich auf die auffahrende Sonne, sehe um mich auf die im Morgenlicht grün werdende See und sehe vor mich auf die rosa leuchtende Kreidewand von Möns Klint.

Die Wissenschaft hat mich gelehrt, daß ich mit etwa 100 000 Stundenkilometern auf meinem Weg um die Sonne durchs All jage. Die Meere unserer Erde fliegen mit. Auf einem der kleinsten und blauesten dieser Meere treibt ein winziges Segeldreieck dahin. Darunter leben ein alter Mann und ein kleiner Kater — beide der Schöpfung zugehörig und beide zufrieden, daß unsere sausende Fahrt so großartig, so gut berechenbar und so seemännisch eingerichtet ist.